RCEP市场深度分析及投资贸易趋势研究报告（2020—2021）

——以云南省为例

云南省商务研究院　编

中国商务出版社
CHINA COMMERCE AND TRADE PRESS

图书在版编目（CIP）数据

RCEP 市场深度分析及投资贸易趋势研究报告：以云
南省为例：2020-2021 / 云南省商务研究院编 . —北京：
中国商务出版社，2022. 6
　　ISBN 978 - 7 - 5103 - 4246 - 2

　　Ⅰ . ①R… Ⅱ . ①云… Ⅲ . ①自由贸易区—市场分析
—研究报告—云南—2020-2021②自由贸易区—国际贸易—
研究报告—云南—2020-2021 Ⅳ . ①F752. 874

中国版本图书馆 CIP 数据核字（2022）第 091267 号

RCEP 市场深度分析及投资贸易趋势研究报告（2020-2021）——以云南省为例

云南省商务研究院　编

出版发行： 中国商务出版社
社　　址： 北京市东城区安定门外大街东后巷 28 号　　邮政编码：100710
网　　址： http：//www. cctpress. com
电　　话： 010-64212247（总编室）　　　010-64515151（事业部）
　　　　　　 010-64208388（发行部）　　　010-64286917（零售电话）
责任编辑： 刘姝辰
网　　店： http：//shop595663922. taobao. com
邮　　箱： 349183847@ qq. com
开　　本： 710 毫米×1000 毫米　1/16
印　　张： 21. 5
版　　次： 2023 年 1 月第 1 版　　　　**印　　次：** 2023 年 1 月第 1 次印刷
书　　号： ISBN 978 - 7 - 5103 - 4246 - 2
字　　数： 362 千字　　　　　　　　　**定　　价：** 80. 00 元

编 委 会

致　谢

2020 年 11 月，云南省商务厅在云南省人民政府指导下带头成立了云南省 RCEP 研究专班，开展了 RCEP 研究工作。云南省商务研究院作为专班核心成员单位，在云南省商务厅指导下，会同云南省 RCEP 研究专班成员单位、业界专家及研究人员开展了 RCEP 研究专报的编写。为系统展示 2021 年云南省 RCEP 研究专班成果，为云南加快对接 RCEP 贡献力量，云南省商务研究院牵头编写了《RCEP 市场深度分析及投资贸易趋势研究报告（2020—2021）——以云南省为例》。本书的顺利发布和出版得到了中华人民共和国商务部、中共云南省委、云南省人民政府、云南省商务厅、云南省 RCEP 研究专班成员单位、中国商务出版社的指导和大力支持，在此深表感谢。

云南省商务研究院

2022 年 2 月

前　言

2020 年 11 月 15 日，中国、东盟十国、日本、韩国、澳大利亚、新西兰 15 个国家正式签署《区域全面经济伙伴关系协定》（RCEP），这是我国对外开放的里程碑。中共云南省委、云南省人民政府的领导高度重视和关注 RCEP（《区域全面经济伙伴关系协定》Regional Comprehensive Economic Partnership），《云南省国民经济和社会发展第十四个五年规划和二〇三五年远景目标纲要》《2021 年云南省人民政府工作报告》等多个文件以及云南省人民政府常务会议都明确提出云南省要主动参与和融入 RCEP，对认真贯彻落实 RCEP 提出了相关工作要求。

本报告全面展示了 2021 年云南省 RCEP 研究专班核心成果，报告共分为七篇：第一篇为综合报告篇，主要对协定具体条款进行解读，云南参与 RCEP 的机遇及挑战进行简要分析；第二篇为贸易合作篇，主要聚焦云南省的花卉、烟草制品、咖啡、水果、蔬菜等特色产品在 RCEP 背景下与各成员国之间贸易往来的优劣势展开精细分析，同时围绕跨境产能合作、优质产品开展跨境电商业务等提出云南省开展对外贸易合作的对策建议；第三篇为单品分析篇；第四篇为投资促进篇，主要对园区合作、农业、能源、基础产业、基建、专业服务等方面的对外投资力度及 RCEP 服务贸易与投资规则及市场准入的开放性政策进行深度剖析，积极探寻云南省"三张牌""三重塑"的产业链、供应链、价值链向东南亚国家布局、转移和深度融合的有效路径；第五篇为产业发展篇，主要对云南跨境农业、农业现代化、纺织业、制造业、旅游业在 RCEP 机遇下的发展以及如何承接东部产业转移等进行研究，为云南省利用 RCEP 机遇夯实开放经济发展的产业基础提供有力支撑；第六篇为物流畅通篇，主要以综合交通、集装箱运输、跨境物流为切入点，为云南全面参与 RCEP 大物流发展、国际大通道服务提供全新思路；第七篇为综合保障篇，主要从推动人员出入境便利化、构建法律服务支撑体系、防控行业投资法律风险及建设人力资源支撑体系等四个方面展开研究分析，为云南省在与 RCEP 各成员国经贸合作中提供切实有效的风险防控措施。

希望研究报告的出版对政府相关部门、从事国际经贸业务的企业以及对 RCEP 等相关领域感兴趣的研究人员有所裨益。

编委会

2022 年 2 月

目 录
CONTENTS

第四篇　投资促进篇

第五篇　产业发展篇

第六篇　物流畅通篇

第七篇　综合保障篇

第一篇 **01**

|综合报告篇|

紧抓 RCEP 发展机遇
谱写云南开放合作新篇章

周希宁① 　徐阳

2020 年 11 月，RCEP 签订标志着全球最大自贸区落地，成为世界上规模最大、影响最广的自贸区，其聚焦现代发展领域，开放水平高于 WTO，实现各方面的利益平衡。RCEP 扩大和深化区域经济一体化的核心目标与国家给予云南的建设面向南亚东南亚辐射中心的开放定位有着很高的契合度。云南是我国面向南亚东南亚和环印度洋地区开放的大通道和桥头堡，与东盟有着经贸关系密切的天然优势，RCEP 的签署必将给云南带来双向贸易、双向投资和开放制度等方面的红利，云南应该利用好 RCEP 的签署，利用 RCEP 的关税优惠、"单一原产地"规则、投资领域负面清单等优势深化与周边国家合作，积极推动面向南亚东南亚辐射中心建设，开拓消费大市场、推动外贸大发展、积极吸引大外资、积极主动在国际国内双循环、区域一体化和周边命运共同体构建等国家重大战略中扮演更重要的角色，形成区域合作大格局。

一、RCEP 签署的背景与内容

（一）RCEP 签署背景

随着世界经济增长持续低迷，去全球化、单边主义和贸易保护主义现象越来越明显，一些发达国家通过推行各种贸易限制措施以强化本地市场保护。而

---

① 周希宁，云南省国际贸易学会。

亚洲地区身处贸易保护主义的核心地带，频繁受到来自发达国家的贸易调查与限制。特别是，美国特朗普政府的贸易保护主义政策正在打乱亚洲生产网络和全球价值链的正常秩序与发展，已经对亚洲地区的经济繁荣构成严重威胁。美国利用高关税挑起贸易摩擦的做法对包括其自身在内的众多国家的国际贸易形成了强烈冲击，这种不良情绪正在拖累亚洲经济体的经济增长，其形成的不确定性深深影响着跨国企业的投资活动，进而破坏亚洲区域稳定的价值链网络。

在这一背景下，RCEP 经过成员方多年艰辛谈判与协商即将修成正果。亚洲经济体主动作为、危中寻机，以消除关税和非关税贸易壁垒、促进投资便利化和自由化为重要目标，通过构建 RCEP，彰显对自由贸易和多边体制的坚定支持，对美国的贸易保护主义和单边主义行动做出有力反击。在世界经济形势复杂多变的背景下，RCEP 致力于共同打造一个跨区域、宽领域、高质量的贸易和投资环境。RCEP 的参与方以亚洲发展中经济体为主，维护了东盟在区域经济合作中的中心地位，沿用"东盟方式"的合作原则。

RCEP 的建立意味着全球约占 28.9%经济体量的亚洲地区将成为自由贸易和投资的集中地，这将极大地增加亚洲区域经贸政策的稳定性，优化投资预期，提振生产和消费信心，特别是有助于为全球提供一个区别于传统欧美市场的最终消费市场，为拉动世界经济走出低迷增长提供助力。作为全球最具潜力的区域自由贸易协定，RCEP 将进一步打破亚洲区域贸易壁垒，促使亚洲形成统一和稳定的生产与消费市场，将对亚洲乃至全球其他正在谈判的区域和多边自由贸易安排产生积极示范效应。

（二）RCEP 的内容

在货物贸易方面，RCEP 将贸易自由化与便利化作为首要任务，致力于建立逐步消除所有货物贸易关税和非关税壁垒的高质量自由贸易区。除了传统关税减让外，RCEP 将重点放在了原产地规则和贸易便利化议题之上。在遵守世界贸易组织现有的权利和义务的基础之上，RCEP 在海关程序与贸易便利化、卫生与植物卫生措施、技术法规与合格评定程序等领域引入更加透明的规则，进一步降低非关税壁垒，并为下一阶段部门贸易便利化倡议谈判提供支持，这些规则有助于进一步提高区域内生产要素和商品的自由流动，降低制度性成本。

在服务贸易方面，采用包括市场准入、国民待遇以及最惠国待遇等规则对不同部门进行开放。RCEP 成员方还承诺提高国内政策透明度和政策可预测性，为其他成员方企业降低因政策变化带来的损失，改善整个区域内的营商环境。其次，RCEP 将金融、电信等领域纳入开放条款之中，实质性提高了区域内服务贸易开放水平。在金融领域，通过加强金融服务供应规则的方式促进区域内投资活动，赋予成员方政府足够的金融监管政策灵活性，确保东道国金融体系的稳定性。在电信领域，RCEP 将采用高标准的市场开放规则，制定区域内电信服务接入和使用的规则框架，在移动电话号码的便携性、国际移动电话漫游费等议题上均做出开放性规定。

在投资方面，投资条款主要涉及投资促进、投资保护、投资便利化与自由化等议题，要求成员方不得歧视外国投资者，并向 RCEP 成员方投资提供最惠国待遇。RCEP 还将专门对核心投资资产的保护、投资设施征用赔偿、公平和公正待遇、冲突与内乱造成的损失赔偿以及投资资产自由转移等投资活动相关议题进行规定，旨在为本地区创造一个更加自由、便捷与公正的投资环境，以有效吸引外国投资。另外，RCEP 投资条款不包括投资者-国家争端解决机制（ISDS），该议题将在下一阶段再行讨论。

RCEP 还对电子商务、知识产权、政府采购、竞争政策等贸易新议题进行了规范。在电子商务方面，RCEP 将制定跨境传输数据的规则，并限制成员国政府对数字贸易施加各种限制，包括数据本地化（存储）要求。在政府采购方面，RCEP 政府采购章节将支持 RCEP 各方提高中央政府采购的透明度和合作。通过提高区域政府采购透明度和合作水平，为改善区域的商业监管环境和商业机会提供重要平台。在知识产权方面，RCEP 将制定一套适用整个区域的知识产权保护和执行规则。RCEP 在知识产权领域的标准化规则将有助于简化知识产权交易，提高透明度，降低业务成本，支持成员方创意和创新产业在本地区的落地和发展。

另外，在经济技术合作方面，RCEP 将注重成员方能力建设和技术援助，并通过相关条款保障协议有效实施和落实。RCEP 关于中小型企业的专门章节将为投资项目提供政策框架，以提高中小型企业经营能力并获得更多商业机会。

二、RCEP 签署提速东南亚东亚泛区域经济合作

（一）RCEP 将充分发挥全球最大自贸区辐射带动作用

15 个成员方的 RCEP 将涵盖 29.7% 的全球人口，其经济规模占全球经济比重高达 28.9%，规模将高于美墨加协定（USMCA）、全面与进步跨太平洋伙伴关系协定（CPTPP）或欧盟 28 国的比重。投资方面，RCEP 吸引外国直接投资流入额将占全球总额的 38.3%。相比之下，USMCA、CPTPP 以及欧盟的外国直接投资流入额所占比重分别为 28.3%、24.1% 和 4.2%。出口方面，RCEP 面向全球市场的出口规模高达 25%，而 USMCA 和 CPTPP 却分别仅为 10.7% 和 13.5%。

（二）RCEP 进一步加强亚洲产业价值链和生产网络构建

作为全球最具潜力的区域自由贸易协定，RCEP 将进一步打破亚洲区域贸易壁垒，促使亚洲形成统一和稳定的生产与消费市场，将对亚洲乃至全球其他正在谈判的区域和多边自由贸易安排产生积极示范效应。RCEP 的建立意味着全球约占 28.9% 经济体量的亚洲地区将成为自由贸易和投资的集中地，这将极大地增加亚洲区域经贸政策的稳定性，优化投资预期，提振生产和消费信心，特别是有助于为全球提供一个区别于传统欧美市场的最终消费市场，为拉动世界经济走出低迷增长提供助力。

三、RCEP 将有效化解云南高质量开放发展难题

RCEP 协定由序言、20 个章节、4 个部分的承诺表共 56 个附件组成，包括货物贸易关税减让、原产地规则、海关程序与贸易便利化、贸易救济、服务、投资、知识产权、经济技术合作等条款，也包括电子商务、竞争政策、政府采购等并不多见的准入性条款。总的来看，RCEP 是全面、高质量的自由贸易协定。

(一) 针对周边地区政局不稳加大云南对外开放合作风险的阻碍

困难："一带一路"沿线及南亚东南亚部分国家国内政治局面不稳定，领导更迭频繁，经济税收、吸引外资等政策甚至法律也随之变化。同时，南亚东南亚国家多为发展中国家，当地政府的决策程序不规范、官僚作风、腐败行为、缺乏运作经验和能力、办事效率较低等问题普遍存在，不同国家间可能存在宗教文化矛盾，这些因素都会直接影响到云南省企业境外投资，增加投资风险。

机遇 1：高标准营商环境。RCEP 还将专门对核心投资资产的保护、投资设施征用赔偿、公平和公正待遇、冲突与内乱造成的损失赔偿以及投资资产自由转移等投资活动相关议题进行规定。另外，还对电子商务、知识产权、政府采购、竞争政策等贸易新议题进行了规范。

机遇 2：海关程序简化。RCEP 在海关程序与贸易便利化、卫生与植物卫生措施、技术法规与合格评定程序等领域引入更加透明的规则，进一步降低非关税壁垒，并为下一阶段部门贸易便利化倡议谈判提供支持，这些规则有助于进一步提高区域内生产要素和商品的自由流动，降低制度性成本。

机遇 3：货物贸易自由化。RCEP 将贸易自由化与便利化作为首要任务，致力于建立逐步消除所有货物贸易关税和非关税壁垒的高质量自由贸易区。

（二）针对合作伙伴综合实力偏弱影响开展跨境合作的阻碍

困难：东南亚地区经济发展水平仍较为落后，市场规模较小，经过长时间的高速发展，东南亚部分国家的发展水平已经有了较大提升，但越南、缅甸、柬埔寨、老挝、文莱与东帝汶六国的国内生产总值仍不及云南省，其人均 GDP 更是大幅度落后。相对落后的经济发展水平限制了该地区投资、贸易和消费需求的增长并导致交通基础设施建设滞后。此外，由于东南亚部分国家尚处于工业化的起步阶段，劳动密集型或资源密集型产业在其经济结构中占主导地位，与同处于欠发达状态的云南形成了一定的竞争关系，不利于云南省企业实施"走出去"战略。

机遇 1：高水平相互投资。RCEP 进一步向外国投资者提供实质性开放待遇。RCEP 投资条款主要涉及投资促进、投资保护、投资便利化与自由化等议题，要求成员方不得歧视外国投资者，并向 RCEP 成员方投资提供最惠国待遇。

机遇 2：原产地规则。RCEP 原产地规则采用"二选一"原产地规则，即 RCEP 成员方可以任意选择区域价值成分标准或税目改变标准的原产地规则，企业利用原产地规则的灵活性和便利性大幅提高，更重要的是，简便易行的原产地规则有助于成员方以更低的成本保护区域内生产者利益，进一步打通区域内生产网络。

机遇 3：服务贸易创新发展。RCEP 采用包括市场准入、国民待遇以及最惠国待遇等规则对不同部门进行开放。将金融、电信等领域纳入开放条款之中，实质性提高了区域内服务贸易开放水平。在电信领域，RCEP 将采用高标准的市场开放规则，制定区域内电信服务接入和使用的规则框架，在移动电话号码的便携性、国际移动电话漫游费等议题上均做出开放性规定。RCEP 设置了专业服务附件，对资格认可、执照和注册、相互承认协议等边界障碍进行规范。

（三）针对人才、技术等高端生产要素相对不足的阻碍

困难：专业人才队伍建设不足，人才培养机制不完善，缺乏优秀企业家、产业领军人物、创新创业人才等各类高层次人才，专业人才评价方式不科学，激励和竞争机制不配套。云南省人才引进与沿海地区相比缺乏核心竞争力，导致人才流失。同时，部分地区、部门和干部开放意识不强，缺乏开放眼光和战略思维，专业素养和创新能力有待提高。政府部门与高校、咨询机构等智库合作不足，智库机构为政府部门提供决策咨询作用难以发挥。云南省技术密集型企业尤其是高科技型企业仍然较少，企业自有研发中心数量少，重点实验室、工程技术研究中心、重点学科等国字号平台很少，极大地影响了云南省对高层次人才的吸附和承载，导致云南省建设面向南亚东南亚辐射中心缺乏技术支持。

机遇1：全方位经济技术合作。RCEP将注重成员方能力建设和技术援助，并通过相关条款保障协议有效实施和落实。RCEP关于中小型企业的专门章节将为投资项目提供政策框架，以提高中小型企业经营能力并获得更多商业机会。

机遇2：商务人员自由流动。RCEP相关规则及承诺也有较为突出的改进，为区域内人员流动的发展提供了重要制度支持。RCEP对成员方商务人员在跨境商务旅行时所面临的审批手续、程序透明度、入境以及临时停留等方面都进行了改进。作为现代商务的重要特征，RCEP在商务人员流动规则方面的改进，有助于促进整个区域营商环境改善并带动商业增长。

（四）针对企业资金融通能力有待提高的阻碍

困难：云南外向型经济规模相对较小，市场主体应用创新业务的需求未有效激活。政策宣传不到位，不少企业对金融创新政策不甚了解，难以用好用活。发展和利用多层次资本市场的基础相对薄弱，受云南产业结构转型滞后、部分企业经营理念保守等因素影响，全省拟上市后备资源不足，借力资本市场

实现跨越发展的能力不足。省级财政资金投入也有待进一步提高，在加快推进面向南亚东南亚辐射中心建设 15 个实施方案各项工作任务推进落实过程中，缺乏国家级和省级财政对外合作项目预算和专项资金的支持，对部分项目的资金使用上存在使用欠灵活、使用低效或闲置等情况，政府职能部门作为鼓励指导企业走出去开展各领域合作的主力军，缺乏资金支持将导致项目推动落实较为困难。

机遇：在金融领域，RCEP 一方面通过加强金融服务供应规则的方式促进区域内投资活动，另一方面又赋予成员方政府足够的金融监管政策灵活性，确保东道国金融体系的稳定性。

四、紧抓 RCEP 合作发展红利，加速构建云南开放发展新篇章

在 RCEP 合作中，云南应定位为强大国内市场与南亚东南亚国际市场之间的战略纽带、"大循环、双循环"的重要支撑，建设成区域性经济贸易中心、交通物流枢纽、加工贸易梯度转移重点承接地、区域性人文交往聚集地、要素循环重要节点，书写更大范围、更宽领域、更深层次对外开放新篇章。

对云南而言，应抓好七方面的发展红利：

第一，抓住区域内产业调整红利，加快建设沿边大中城市群。疫情之后全球产业"靠近市场、区域化布局"的趋势不会变化，RCEP 将进一步加强区域内这一趋势。推动区域内产业链、供应链和价值链进一步发展，创造更多附加值的产业链环节集聚至 RCEP 内部，使区域内价值链更为有效地发展。

云南应利用产业链进一步发展，加快国际产能合作，鼓励海外布局，加快将现有边境开放城市打造成为陆路沿边开放新特区的"强点"。引导产业链中端布局我省沿边地区，积极融入区域产业链、价值链、物流链；以中老铁路建成通车为契机，积极扩大与中南半岛国家能源、交通、农业等领域的合作；建设边境地区、经济和文化发展的核心；积极以城镇化构建三个沿边中大型城市

群，"集群"城市化发展，形成若干国际性特色消费中心城市群；积极承接国内第四产业转移，以跨境产能合作加快构建"两型三化"现代产业体系，构建"技术密集"在内、"劳动密集"在外的产业链，畅通和南亚东南亚国家的外循环，促进国内、国外协调平衡发展。

第二，抓住关税优惠降低成本，要素流动更加顺畅发展红利。取消关税和非关税壁垒能够大幅降低成本，更多其他国家优质消费品会进入中国市场，企业和消费者都会从中获益，有利于刺激内需。

云南应利用RCEP的关税优惠，进一步形成"中国14亿+成员国8亿人口"的大市场，建设双循环战略的"南向支点"。云南省作为中国面向南亚东南亚的门户，沿边和跨境的特点显著，在全面开放新格局和"一带一路"建设中具有区位优势，而RCEP签署后，消除关税壁垒，能够打通东盟及东亚市场，云南省应进一步加强与周边国家互利合作支持，积极参与中缅、中老泰、中越、孟中印缅等经济走廊建设，着力推进"1+2"和口岸"3+N"建设，加快跨境产能、跨境金融、跨境旅游、跨境电商、跨境农业、跨境能源、跨境物流、跨境人民币业务等方面的合作。

第三，抓住"单一原产地"规则便利发展红利，推动云企"走出去"构建区域价值链。实现统一的区域原产地累计规则，只要整个供应链在RCEP内，不需要对所有环节分别提供原产地证明，原料采购、生产再出口可获得更低免税待遇门槛，有助于促进企业的投资和贸易，也有利于推动云南企业"走出去"。

云南应利用RCEP"单一原产地"制度+边民互市落地加工，积极加入亚太地区价值链、供应链，推进外贸合作平台建设，促进外贸大发展。转变对外投资和贸易观念，进行区域内产业布局，积极利用统一的区域原产地累计规则，降低原料采购成本。同时创造性用好边民互市创新发展的支持政策，在货源采购、通关便利、落地加工等重点环节予以政策保障，支持企业主动扩大进出口，加入区域供应链。突出云南特色，以自贸试验区建设为引擎，带动省内国家级经开区、综合保税区、边（跨）境经济合作区、重点开发开放试验区等各类开放平台转型升级，加强产业培育，深入区域经贸合作，推动云南省贸易高质量发展，发展更高层次开放型经济。

第四，抓住贸易创造效应的红利，用好边贸政策和 RCEP。RCEP 将进一步促进在成员国范围内建立更高水平的贸易投资自由化便利化，加速商品流动、技术流动、服务流动、资本流动，并在一定程度减轻中美贸易摩擦和 CPTPP 对中国的影响，形成"贸易创造"效应。

云南应转变贸易发展方式，加快培育外贸新主体、加快布局外贸新业态、加快拓展外贸新市场，不断扩大国际贸易市场份额。支持推动中小企业转型升级，走"专精特新"国际化道路，精准对接市场需求和云南供给，提升拓市场抢订单能力；支持通过第三国开拓营销渠道，积极主动与泰国、越南、缅甸等密切贸易往来的贸易企业合作，以外国企业为节点扩大营销网络；打造产业梯度转移的国际加工基地，积极推动加工贸易转型升级，加快发展外贸新业态，聚集外贸新动能，大力发展服务贸易，持续扩展服务领域开放程度。强化面向东盟 6.5 亿人巨大市场的优势，长期内促进出口竞争力迭代升级，扭转云南出口劣势。

第五，抓住成员国对华投资增加发展红利，带动利用外资高质量发展。RCEP 是我国首次在自贸协定中，在投资领域采用负面清单，开放程度将超过以往协定的承诺水平，这将对成员国企业来华投资形成强大的吸引力，云南作为面向南亚东南亚的开放窗口能够进一步提升利用外资水平。

云南应利用好 RCEP 投资领域负面清单制度，以自贸试验区为引领抓好招商引资，扩大利用外资规模。RCEP 达成能够激发区域市场活力，促进成员国之间的互相投资贸易。我省应抓好《外商投资法》及实施条例等政策的贯彻落实，利用重点展会平台资源，围绕全省八大产业、"三张牌"及数字云南打造实行精准招商。同时，把招商引资作为自贸试验区的核心和重中之重，充分发挥各片区招商主体作用，实现产业招商、资本招商、以商招商。还应充分发挥云南省外商投资企业投诉工作联席会议机制和投诉中心作用，加强对外商合法权益的保护。

第六，抓住人民币进行计价交易推动人民币周边国际化发展红利。随着RCEP 的不断深化，会有更多的东盟国家和地区选择以人民币进行计价交易，促使更多国家与我国开展人民币结算业务，有利于推动我省跨境贸易发展。

云南应利用好 RCEP 推动人民币进行计价交易，深化跨境和边境贸易，推动区域合作大格局的形成。RCEP 将带动服务贸易和投资在区域间的流动，促使区域内成员国经济网络深度连接，更好地实现优势互补。云南应紧抓原产地规则和相互认可等机制简化的便利，完善跨境人民币业务，巩固发展以云南为枢纽，辐射东南亚、南亚的跨境人民币结算网络，促进人民币区域化、国际化发展，带动边境贸易和跨境贸易发展，增强边境地区获得感，鼓励边民互市贸易多元化发展，朝着高质量发展和更高层次的开放新格局不断迈进。

第七，RCEP 的制度基础和合作红利，进一步加强与周边国家互利合作支持。云南在区域开放合作中的位置十分重要，是不少区域双边、多边合作机制的主体省份，应该寻求在区域合作中话语权的不断扩大，打造中国在对南亚东南亚区域合作影响力的输出渠道。

云南应在 RCEP 的利好之下强化云南在其他区域合作机制中的主体省份地位，强化与周边国家的政策规划、规则标准的沟通和对接。积极参与中缅、中老泰、中越、孟中印缅等经济走廊建设，推进大湄公河次区域，促进合作机制不断完善深化，提升云南作为主体省份的地位。加强推动周边国家经贸规则对接，打造规则对接的载体和平台，提升贸易便利化水平，进一步扩大南亚东南亚国际合作，在开放合作中寻求利益契合点，形成共商共建共享的最大合力。

参考文献

[1] 郑巍. RCEP 区域贸易协定对我国国际贸易影响及对外贸易企业发展对策研究 [J].《上海商业》，2021

[2] 沈铭辉，李天国. 一文详解"区域全面经济伙伴关系协定"（RCEP）[J].《全球商业经典》，2021

[3] 王璞. 一文读懂 RECP《网页》，北大纵横

［4］ 冯玲，刘小逸. RCEP 与中国面临的贸易政策不确定性 ［J］.《长安大学学报（社会科学版）》，2021

［5］ 常晓素，李芳，赵礼刚. 新发展格局下中国—东盟税收协调问题研究 ［J］.《税务研究》，2021

［6］ 郑春芳，肖旭. RCEP 的签署对中国跨境电商发展的六大影响 ［J］.《经济研究参考》，2021

［7］ 赵光辉. 双循环发展新格局下贵州融入 RCEP 的机遇与政策重点 ［J］.《贵州社会主义学院学报》，2021

［8］ 沈逸. 以 RCEP 签署落实为契机 扎实推进数字丝路的网络安全有效合作 ［J］.《中国信息安全》，2021

［9］ 方俊智，韩越，陈俊营. RCEP 机遇下中国（云南）自贸试验区建设研究 ［J］.《合作经济与科技》，2021

［10］ 夏融冰. 有效运用 RCEP 原产地规则把握贸易机遇 ［J］.《国际商报》，2021

［11］ 张世宇. 以三大定位引领云南经济高质量发展 ［J］.《环渤海经济瞭望》，2021

［12］ 许传坤，李瑞光，董美玉. 云南对缅高级家政职业教育探究 ［J］.《合作经济与科技》，2020

［13］ 沈铭辉，李天国. 区域全面经济伙伴关系：进展、影响及展望 ［J］.《东北亚论坛》，2020：149

［14］ 张全. 给中国、世界"送福利" ［J］.《解放日报》，2019

云南参与 RCEP 的主要机遇及对策建议

陈凤梅　李璇　肖媚月

徐阳　王海玲　何苏剑①

一、RCEP 给云南经济发展带来的新机遇

经过前期研究，相关专家和从业人员认为 RCEP 对于云南的主要优势宏观上体现在以下几个方面：一是 RCEP 是中国对外签署的最大的区域经济合作协定，是国家的战略选择，云南有主动服务和融入的责任和使命。二是 RCEP 是全球最大的自贸协定，是云南提升在大循环和双循环中的贡献度、嵌入度和价值链地位的重要平台。三是 RCEP 是新阶段新理念新格局下云南进一步扩大对外开放的重要方面，是让云南在全球眼光下再次检视对外开放姿态的重要舞台。四是 RCEP 将成为云南跨境产业链、供应链构建的"助推器"，是云南打造世界一流"三张牌"，实现传统优势产业"三重塑"的重要路径。

（一）RCEP 将成为新时期云南扩大对外开放的重要平台

我国积极推动 RCEP 的签署和实施，是为了商品市场开放和要素流动型开放，更是为了实现更高水平的区域合作。一方面，区域一体化大市场的形成将进一步促进区域内贸易和投资往来，有助于云南通过更全面、更深入、更多元的对外开放，进一步优化对外贸易和投资布局，为云南加快建设面向南亚东南亚辐射中心带来巨大发展机遇。另一方面，RCEP 促进在成员国范围内建立更高水平的贸易投资自由化便利化规则，有助于云南构建更高水平的开放型经济

---

① 陈凤梅，云南省商务研究院；李璇、肖媚月、徐阳、王海玲、何苏剑，云南省国际贸易学会。

新体制，不断扩大区域合作中的话语权，助力我国提升对南亚东南亚区域的影响力。

（二）RCEP 可助力云南成为"大循环、双循环"的重要支撑

云南是我国面向南亚东南亚和环印度洋地区开放的大通道和桥头堡，处于国内国际双循环"内圈""外圈"的战略交汇点，与东盟国家有天然接壤的开放优势，与 RCEP 成员国有长久以来形成的合作基础。RCEP 将带来区域经贸活动的增加，货物、资本、人员、技术、信息等要素的跨境流动也将增加，必将促进云南成为我国构建新发展格局中国内地市场与南亚东南亚国际市场之间的战略纽带，为形成国内大循环和国内国际双循环重要支撑提供强大的云南助力和有效支撑。

（三）RCEP 有望成为云南跨境产业链、供应链构建的"助推器"

新冠肺炎疫情后全球产业区域化布局的趋势愈加明显，RCEP 的实施将极大促进区域内部成员的专业化分工，可以预见，RCEP 区域内将迎来产业链供应链的深刻调整。一方面，国内劳动密集型产业的向外迁移将成为必然的趋势，将倒逼云南加强创新、推动改革，进一步促进产业转型升级，打造世界一流"三张牌"新优势、重塑云南支柱产业新优势。另一方面，随着 RCEP 不断深入推进，将会吸引更多附加值的产业链环节集聚至 RCEP 区域，对于云南优化跨境产业链供应链布局，加快建设成为 RCEP 区域产业链供应链的新节点等机遇重大。

从中微观的角度来看，RCEP 之于云南的机遇主要体现在以下八个方面：

一是 RCEP 将进一步助推云南加快建设绿色制造强省，打造"中国铝谷"和"世界光伏之都"，打造世界一流"绿色能源牌"。

二是 RCEP 将进一步促进云南水果、蔬菜、花卉、咖啡等特色农副产品进出口贸易，助力云南打造世界一流"绿色食品牌"。

三是 RCEP 将促进云南全面推进健康服务业高质量发展，与周边国家一道形成区域特色突出的国际精品文化康养旅游带，助力云南打造世界一流"健康生活目的地牌"。

四是 RCEP 将进一步助力云南提升面向南亚东南亚和环印度洋地区综合立体交通网络的物流优势，加快互联互通国际大通道建设，提升通关贸易便利化

水平，建设面向南亚东南亚的国际物流枢纽。

五是 RCEP 将有效促进云南农业、林业、服务业、水电和矿业等领域进一步开放，为云南扩大利用外商投资、加大境外投资和参与区域产业分工带来新机遇。

六是 RCEP 将为云南加快境外园区、海外仓、境外展销中心等建设提供重要机遇，助力云南构建覆盖南亚东南亚的跨境电子商务综合服务和线上线下交易体系。

七是 RCEP 将加快云南对接高标准经贸规则，依托中国（云南）自由贸易试验区和跨境合作区等政策优势，率先在 RCEP 原产地累积规则、签证制度和关税减免规则等领域开展制度创新。

八是 RCEP 将助推云南探索建立 RCEP 争端解决中心、各国法律查明中心与多元化纠纷解决机制，提升云南参与国际经贸纠纷解决的能力。

二、云南参与 RCEP 的主要困难与问题

总体来看，RCEP 之于云南是机遇与挑战并存，机遇稍纵即逝，挑战无处不在。RCEP 和所有的国际合作规则一样，也是强者主导的游戏规则。为避免出现强者恒强、弱者恒弱的情况，相关各国在 RCEP 谈判中设定了一些保护条款，以示公平。如允许缅甸在 10 年内逐步降低关税和开放市场。但在国内却不会因为云南是欠发达地区，中央特意安排特殊照顾性政策。因此，云南将在国内面临更大竞争压力。

2021 年云南省政府工作报告和省委书记阮成发在十九届五中全会专题学习班上的讲话指出：云南地区生产总值增速位居全国前列，经济总量实现历史性突破，在全国的排位从 2015 年第 23 位跃升到第 18 位；世界一流"三张牌"扎实推进，绿色能源成为第一大产业，高原特色农业全面提升，智慧旅游站到行业制高点，服务业撑起"半壁江山"；但我们也要清醒认识到，"欠发达"仍然是云南的基本省情，既有发展不平衡不充分的问题，又有与现代化差距较大的问题。与全国相比，存在"两个 30 个百分点"和"三个 10 个百分点"的差距，产业层次不高，市场主体数量偏少，民营经济占比低，农业产业化水平不高，县域经济不强。

将云南的省情放在 RCEP 的大背景上来看，我们毗邻中南半岛的传统优势

将被全域自贸协定削弱，云南参与 RCEP 难有先手优势。一是产业不强，实体经济发展不充分，原来的支柱产业被削弱，新支柱产业没有形成，具有国际竞争力的外向型产业更弱。二是城市经济发展不充分，进入全国百强的仅有昆明和曲靖。城市是经济发展的主要引擎，国家已在大力推动"京津冀""粤港澳""成渝"等城市经济圈的发展，提升生产要素的集中度，产业配套的完善度，产业链完成度。同时对第三产业而言，只有人口集中了，才能形成大规模的消费与服务业，才有细分的市场，才有集中形成消费拉动的产业发展。三是云南的民营经济发展严重滞后。民营经济在 GDP 占比低，显示了企业对未来预期不足，经济主体活力不足和营商环境差等问题。四是经济开放度不足。2020 年，云南外贸进出口总额为 2680 亿元，占全国的 0.83%；实际利用外资 7.59 亿美元，占全国的 0.52%，仅有 129 家世界 500 强企业落户云南。云南对外投资历年排名在全国 10～12 位，对外直接投资额为 10.17 亿美元，占全国的 0.77%，对境外市场开拓有限，影响力不足。国有企业普遍存在国际眼光，但参与国际竞争的能力明显不足。

RCEP 将会给云南带来巨大压力和挑战。如关税减让会压缩边境地区独有的边境贸易政策优势，让制造业发达的沿海地区更加轻松地获取原材料，加工后更加轻松地开拓国际市场；RCEP 原产地新规将吸引和促使区域内产业链供应链重新调整国际布局，国内原可以转移到西部地区的产业将进一步被市场牵引，"雄赳赳气昂昂，跨过广西和云南"；WTO 原产地规则优势以及国家赋予云南的跨境合作区试验和自由贸易区试验优势将被削弱。

三、云南积极融入 RCEP 的主要对策

有困难并不可怕，可怕的是只是嘴上叫可怕。我们要坚决地严格地按照省委省政府确定的"十四五"规划目标，综合思考支柱产业、区域经济、民营经济和对外开放等重大问题，找准自身的短板和长板，在 RCEP 中找到自身经济增长的空间，找到云南省重点产业的发展路径。重点围绕加快发展"三张牌"和"三重塑"等重点产业，做一个成一个，成一个带动一个产业上下游配套发展。一是要大力发展滇中城市群、沿边中大型城市群和特色区域性消费中心城市。二是要增强国际眼光，加强与周边国家的深度合作，做好大循环和双循环的"市场采购员"，国内市场需要什么就进口什么，境外市场要什么就出口什

么。三是要坚持围绕"三张牌""三重塑",走贸易高质量发展新路,钉住细分市场,做小而美,跳过中低端,奔向中高端。四是要主动将"三张牌""三重塑"的资源和市场对接到周边,生产资源拿进来,消费品卖出去,支持大循环,形成双循环。五是要"以外促内",真正营造良好的市场发展环境,培育结构合理的市场主体、开拓国内外市场。

(一) 绿色能源方面

RCEP 将全面促进域内各国经济的快速发展,能源将成为下一步经济发展的重要竞争性资源。云南能源资源丰富,可开发的水能、地热、太阳能等绿色能源资源均居全国前列,水能资源可开发量 9795 万千瓦,风能资源 1.23 亿千瓦,接收的太阳能相当于每年获得 731 亿吨标准煤。特别是以水电资源为主的电力资源具有富余电量规模大、绿色可再生能源占比高、上网电价低的优势。自全力打造"绿色能源牌"以来,云南能源产业加速发展,跃升为全省第一大支柱产业。2020 年,云南省电力装机超过 1 亿千瓦,清洁能源装机、发电量占比分别达 85% 和 92%,高出全国平均水平约 46 个和 67 个百分点。2020 年发、用电情况:云南全省全口径发电量 3674.44 亿千瓦·时,同比增长 6.13%;全年全社会用电量为 2025.13 亿千瓦·时,同比增长 11.76%,达到近 8 年来最好水平;西电东送方面,2020 年云南省西电东送电量 1457.94 亿千瓦·时,同比增长 0.43%;送境外方面,云南电网通过 1 条 500 千伏、5 条 220 千伏、4 条 110(115)千伏、11 条 35 千伏,共 21 条输电线路与越南、缅甸、老挝联网,已形成多电压等级互联互通的格局,2020 年对境外送电量 25.7 亿千瓦·时,同比增长 0.7%。省委省政府决定立足云南清洁能源优势,大力推动绿色铝、绿色硅产业发展,以减少发电企业弃水、降低云电外送压力,亦为实现碳达峰、碳中和目标作出贡献。

1. 发挥绿色能源优势,进一步扩大电解铝产能规模,带动铝加工产业链向境内境外延长

一是云南电解铝在碳中和背景下竞争力增强。据能源基金会报告,2018 年电解铝能源消费量为 1.41 亿吨标准煤,占比 6%,仅次于钢铁和水泥行业。国内电解铝行业碳中和或将主要从电解铝生产端单吨碳减排、产能总量缩减以及再生铝供给的增加等多个维度展开,云南可凭借水电等绿色能源实现生产端单

吨碳减排，并在征收碳排放费用背景下控制成本上升幅度。短期来看，电解铝行业 4400 万~4500 万吨指标尚有三重保险，且在国内和海外电解铝供应增量有限情况下，随着下游汽车轻量化、特高压建设、建筑用铝渗透率提升等领域的电解铝消费量逐步增长，全球电解铝供应过剩格局将得到进一步缓解，逐步从目前每年过剩 100 万~200 万吨过渡到供需紧平衡的状态。云南已建成电解铝产能 340 万吨，在建 293 万吨，拟建 148 万吨，全部电解铝项目建成后产能合计为 781 万吨，在全国产能占比约 14%。

二是利用 RCEP 投资规则，加快水电铝产业的境内外布局，做大规模、丰富品种，以长链强链带动创新增效能力。据有关数据测算，电解铝环节，800万吨电解铝达产后每年预计实现工业环节销售收入 1160 亿元，实现工业增加值约 240 亿元（增加值率约 21%），每年消耗电量约 1000 亿千瓦·时，带动电力实现产值约 430 亿元，实现增加值约 255 亿元；铝加工环节，800 万吨电解铝按铝加工转化率 70%（含铝合金材及深加工材）测算，达产后每年预计实现工业环节销售收入约 1120 亿元，实现工业增加值约 280 亿元（增加值率约25%）。在碳中和背景下，云南应抓住竞争力增强机遇，做大总量规模，力争"十四五"期间引进电解铝产能 220 万吨，突破 1000 万吨产能。围绕"铝土矿—氧化铝—电解铝"及"再生铝—铝合金—铝深加工制品"基本产业链，丰富深加工品种，大力引进铝合金材料设计、加工、制造、应用等领域优势企业，快速提升铝产品在整个产业链中的比例。提升市场开拓能力，按照公益最先进、环保水平最优、智能化程度最高的标准，在中南半岛国家加快推进绿色铝创新产业园建设，打造在全国乃至全球有影响力的绿色铝研发、生产基地，对标全球领先水平，打造国家级绿色铝技术创新中心，积极稳定国内外原材料供应市场，大力开拓水电铝终端产品的国际市场。

2. 抓住碳达峰、碳中和机遇，加快发展绿色硅全产业链

截至 2020 年末，云南省硅棒（片）建成产能 73GW，达产后每年可实现产值 560 亿元，工业增加值 140 亿元；预计 2021 年末，云南将建成多晶硅产能 4万吨，硅棒（片）产能 110GW，电池片产能 20GW，达产后预计实现产值 1000亿元，工业增加值 250 亿元；预计 2023 年末，云南将形成 15 万吨多晶硅、140GW 硅棒（片）、50GW 电池片、20GW 组件产能，达产后预计实现产值2100 亿元以上，工业增加值约 450 亿元。目前，硅光伏行业仍处于上升期。为

实现碳达峰、碳中和目标，国家规划风电、光伏发电总装机容量在 2030 年之前达到 12 亿千瓦以上。"十四五"期间光伏应用空间将进一步打开，预计光伏发电量将保持 20% 左右的快速增长，国内年均光伏新增装机规模在 70～90GW，全球大约 220GW。随着新技术、新模式、新业态的不断涌现，光伏发电在各领域的应用将更加深入，光伏+5G 通信、光伏+储能、光伏+新能源汽车、光伏+建筑（BIPV）、光伏+制氢等新应用场景将更加多元化，进一步支撑产业规模提升。但从云南实际来看，硅光伏上下游产能还不匹配，配套产业发展滞后，表现在多晶硅产能与硅棒产能不匹配，电池片产能与硅片产能不匹配，组件各环节生产所需设备和铝边框、光伏玻璃、胶膜、银浆等原辅料产业尚未起步，光伏装机规模量与拟建组件产能不匹配。应抓住 RCEP 中绿色发展的原则，大力开拓国际硅原材料的供应，依托实施碳达峰、碳中和的有利时机，打造绿色硅精深加工产业基地，引导企业面向南亚东南亚建设全球光伏上中游产品最大制造基地，将产业链和市场触角延伸至境外。一是拉长晶硅材料制造长板，补齐辅材制造短板，形成工业硅—光伏级多晶硅—单晶硅—硅片—电池片—组件为一体的硅光伏全产业链。二是全面发展硅化工产业，构建以有机硅单体为基础、硅烷、硅油、硅橡胶、硅树脂等下游产品全面发展的硅化工产业链。三是积极发展以电子级多晶硅、单晶硅和碳化硅制备技术开发和量产为核心的硅电子产业，以及汽车、食品加工、建筑防水等下游应用为核心的有机硅产业。

（二）绿色食品方面

1. 从出口看

首先，农产品是云南优势出口产业，与 RCEP 国家进出口关系紧密。我国对其他 14 个 RCEP 成员国农产品进、出口额分别由 2001 年的 36.1 亿美元、88.1 亿美元增长到 2020 年的 440.3 亿美元、356.4 亿美元，年均增长率分别为 14.1%、7.6%。2020 年我国对 RCEP 国家主要出口农产品类别集中在水产品（25%）、蔬菜（21%）和水果（16%）；主要进口农产品类别集中在畜产品（30%）、水果（16%）、植物油（11%）、水产品（10%）。2020 年在云南省农产品出口类别中，水果、花卉、咖啡出口总额分别为 2.66 亿美元、9546.38 万美元、1.38 亿美元，占全国该类品目出口比重为 37.68%、20.2%、60%，该三类商品出口额在全国省（区、市）中排名均第一。2020 年云南省蔬菜出口总额为 14.35 亿美元，同比增长 5.42%，占全国蔬菜出口额的 13.9%，在各省（区、市）中排名第二。

其次，RCEP 所带来的农产品出口的减税安排明显，市场空间扩大。RCEP 成员国是世界重要的农产品生产地，RCEP 生效后各成员国最终实现零关税的农产品总体比例达到 90% 以上的较高水平。东盟对中国农产品税目自由化除缅甸（65%）、老挝（61.3%）外，其余均实现了较高水平（如越南 91.5%、马来西亚 92%、印度尼西亚 93.3% 等）；澳大利亚和新西兰分别为 98.5%、96.1%；日本和韩国分别为 57.8% 和 62.6%。

以日本对我国农产品的 RCEP 减税安排来分析（表 1-1），日本是我国农产品最大出口市场（按单一国家计算），我国和日本首次达成关税减让安排，历史性地打开了日本农产品市场。

表 1-1　RCEP 项下日本对中国农产品减税安排

降税安排	农产品税目比例/%	主要产品
维持零关税或立即降零	29.3	活动物、羊肉、冻鸭肉、其他动物产品（猪毛、兽角）、活树、种用马铃薯、孢子甘蓝、椰子、甜杏仁、椰枣、木瓜、其他发酵红茶、马黛茶、已磨胡椒、利口酒等
11 年降零	13.0	鲜冷鳗鱼、冻罗非鱼及鱼片、冻鲶鱼及鱼片、冻鳕鱼及鱼片、海参、冷冻绿豆、冷冻甜玉米、干伞菌属蘑菇、梨、桃、谷物粗粉团粒、鱼子酱、梨罐头、烤杏仁等
16 年降零	15.3	鲜冷鸭肉、鲜冷罗非鱼、盐腌罗非鱼、熏制的虾蟹、冻牡蛎、墨鱼鱿鱼、西红柿、花椰菜、鲜或冷藏的牛蒡、鲜或冷藏的豌豆、干木耳、干竹笋、橘子、咖啡、人参、鲍鱼罐头、海参罐头、饼干、苹果汁、酱油、清酒等
21 年降零	0.2	其他发酵饮料、其他酒精饮料
例外产品	42.2	牛肉、猪肉、鸡肉、三文鱼及鱼片、金枪鱼及鱼片、天然蜂蜜、肉罐头、鱼罐头、乳制品、冷冻牛蒡、茶、粮食及其制粉、植物油、精炼糖、口香糖、甜饼干、巧克力及含可可的食品、大多数谷物制的食品等

最后，扩大绿色食品出口主要思路：一是要大力促进跨境电商、市场采购新业态与农产品相融合的发展。开拓"跨境电商+海外仓"和"跨境电商+海外运营中心"相结合的销售模式。设立海外分会场或运营中心，将面向消费者的展示销售窗口移到市场最前线。探索市场采购贸易方式与农产品出口相融合的新发展路径。二是要加快制定 RCEP 实施生效后"云南省农产品出口发展指引"。根据各成员国的减税规则，对比之前的双边自贸协定，指导企业选择最优贸易方式。针对个别国家对我国农产品主要关税消减期较短的特点，抢抓RCEP 生效后第一年的重要窗口期，提前谋划农产品出口重点产品、重点国家、重点企业，提高发展贸易替代的成功率，同时警惕对个别商品带来的替代危机，提早做好防范。三是要科学制定《云南省"十四五"打造世界一流"绿色食品牌"发展规划》。优化全省农产品区域布局，强化农产品产业各项支撑体系和能力建设；增加云南农产品"走出去"专章，科学、系统、长远地谋划"云品"出口发展思路和重点任务，并将农产品出口工作列入各州、市农业发展的重点工作计划中。

2. 从进口看

首先，云南对东盟的水果、蔬菜进口关税已基本实现了零关税，RCEP 框架下已经没有减税的空间。中国对东盟水果、蔬菜的进口已经在中国-东盟自贸协定框架下进行了大幅削减，目前已基本实现零关税。如表 1-2 所示，云南进口的前 15 大水果、蔬菜商品目前对东盟的进口关税都为 0。

表 1-2　云南主要进口水果、蔬菜商品情况

进口额排名	商品名称	进口额/万美元	对东盟现有税率/%
1	鲜龙眼	13554.20	0
2	鲜榴莲	11921.65	0
3	鲜或干的山竹果	11268.04	0
4	鲜火龙果	3438.31	0
5	其他鲜或干的香蕉（芭蕉除外）	1566.75	0
6	未列名鲜果	1321.17	0
7	鲜荔枝	882.72	0
8	未列名冷冻水果及坚果	839.12	0

续表

进口额排名	商品名称	进口额/万美元	对东盟现有税率/%
9	鲜或干的菠萝	658.44	0
10	鲜西瓜	547.22	0
11	其他干绿豆	492.29	0
12	葡萄柚（包括柚）	469.47	0
13	未去壳阿月浑子果（开心果）	418.19	0
14	木薯干	404.70	0
15	鲜木薯	352.12	0

数据来源：海关总署。

中南半岛国家是我国主要热带果蔬来源国。如表 1-3 所示，我国进口的所有鲜榴莲、鲜龙眼、鲜西瓜、鲜荔枝等产品都来自中南半岛国家，超过 80%的进口木薯干、鲜或干的山竹果、鲜火龙果、鲜或干的芒果等也都来自中南半岛国家。但是，云南进口这些商品的占比普遍不高，未能充分发挥其区位优势。木薯干、椰子、龙眼干、鲜红毛丹的进口额不到全国进口额的 1%，鲜榴莲、香蕉、鲜火龙果、芒果的进口额也在全国进口额的 10%以下。

表 1-3　主要热带水果蔬菜、商品

商品	中国总进口额/万美元	中南半岛进口额占总进口额/%	云南进口额占比/%
鲜榴莲	230231.42	100.00	5.18
其他鲜或干的香蕉（芭蕉除外）	93310.53	30.65	5.48
木薯干	77935.80	99.81	0.52
鲜或干的山竹果	67593.31	87.42	19.07
鲜火龙果	55292.23	99.96	6.22
鲜龙眼	49122.73	100.00	27.59
未去内壳（内果皮）的椰子	29535.97	74.45	0.12
其他干绿豆	18332.87	30.10	8.92
龙眼干、肉	17726.13	99.81	0.64

商品	中国总进口额/万美元	中南半岛进口额占总进口额/%	云南进口额占比/%
鲜或干的芒果	7627.46	80.29	5.24
鲜西瓜	1634.67	100.00	33.48
鲜荔枝	897.04	100.00	98.40
鲜木薯	352.12	100.00	100.00
鲜红毛丹	195.56	100.00	0.28
合计	676862.09	82.28	8.27

数据来源：海关总署。

3. 绿色食品进口主要思路

云南需要明确目标国家、目标商品和目标省份，提升水果、蔬菜进口的份额。一是要抓住主要国家的主要商品，开拓进口增量。如表1-4所示，泰国是最重要的目标国家，中国从中南半岛进口的果蔬有75%来自泰国，目标商品包括鲜榴莲、木薯干、鲜或干的山竹果、鲜龙眼等；越南同样也是我国的果蔬来源国，目标商品包括鲜火龙果、去壳腰果、其他鲜或干的香蕉、木薯干等。二是要与进口大省竞争，努力开展贸易替代。表1-5列举了几种热带果蔬商品的进口省份排名，可以看出广东是热带水果进口的一大强省，鲜榴莲、鲜火龙果、椰子的进口量都排名第一，山东对木薯干的进口比较亮眼，上海、广西等省份同样也是中南半岛果蔬产品的进口强省。

表1-4　从中南半岛国家进口果蔬情况

国家	进口额/万美元	占比/%	主要商品（进口额达800万美元以上）
泰国	465276.96	75.03	鲜榴莲、木薯干、鲜或干的山竹果、鲜龙眼、未列名冷冻水果及坚果、未去内壳（内果皮）的椰子、龙眼干（肉）、未列名鲜果、葡萄柚、鲜或干的芒果、其他鲜或干的香蕉（芭蕉除外）、鲜或干的菠萝

续表

国家	进口额/ 万美元	占比/%	主要商品 （进口额达 800 万美元以上）
越南	114534.96	18.47	鲜火龙果、去壳腰果、其他鲜或干的香蕉（芭蕉除外）、木薯干、鲜或干的芒果、未列名鲜果、鲜或冷藏的辣椒（包括甜椒）、未去内壳（内果皮）的椰子、其他暂时保藏的水果及坚果、鲜西瓜、未列名冷冻水果及坚果、鲜荔枝
柬埔寨	16636.68	2.68	其他鲜或干的香蕉（芭蕉除外）、木薯干
马来西亚	10938.49	1.76	未列名冷冻水果及坚果
缅甸	6795.61	1.10	其他干绿豆、其他脱荚干豆（种用除外）
老挝	5963.38	0.96	木薯干、其他鲜或干的香蕉（芭蕉除外）
合计	620146.08	—	

数据来源：海关总署。

表 1-5　几种热带果蔬商品的进口大省　　　　　　单位：万美元

鲜榴莲		木薯干		鲜火龙果		未去内壳 （内果皮）的椰子	
进口大省	进口额	进口大省	进口额	进口大省	进口额	进口大省	进口额
广东	100027	山东	41158	广东	18313	广东	10022
广西	71448	江苏	17945	上海	10898	海南	8237
重庆	27291	北京	7622	广西	5655	上海	3820
云南	11922	安徽	4862	山东	5112	北京	2016
湖南	7261	广西	3803	重庆	4612	浙江	1653
浙江	4284	上海	1538	云南	3438	福建	1596

续表

鲜榴莲		木薯干		鲜火龙果		未去内壳 （内果皮）的椰子	
贵州	1658	云南	405	福建	2707	天津	1194
山东	1304	江西	371	辽宁	1646	广西	268

数据来源：海关总署。

（三）健康生活目的地

大健康产业是覆盖人的生命全周期、健康全过程，与人的健康紧密相关的全部产品和服务的产业统称，贯穿一二三产业，囊括医药产研、医疗服务、健康管理、康养旅居、健康保障等产业，范围广、链条长、关联性大、融合性强。RCEP 是发展云南大健康产业的良好机遇，依托云南省生境空间多样、立体气候明显、生物多样性突出、天然药物资源丰富的健康资源禀赋和面向南亚东南亚开放的区位优势，在 RCEP 框架下，实施"引进来"和"走出去"战略，以创建国际康养旅游示范区、建立国际医疗中心、拓展国际医药合作、深化营养保健品国际合作为抓手，以海外中药材种植园区建设、云南特色药食同源产品和药妆品牌海外推广为路径，发展生物医药、医疗保健、健康管理、养老享老等大健康产业，助力云南省成为世界一流的"健康生活目的地"。

云南要在 RCEP 范围内持续打造"健康生活目的地牌"。

一是实施"引进来"战略。抓住 RCEP 机遇，积极引进日本、澳大利亚、新西兰的医药研发、健康管理、养老服务等优势产业，带动云南大健康产业升级与发展。创建国际康养旅游示范区，以建设候鸟式养老度假区、温泉养生小镇、医康养综合体、森林康养基地、云南特色中医药旅游养生基地为抓手，发挥云南"好山、好水、好空气"的环境优势，适度发展生态旅居、养生旅游、新型养老等业态，吸引全球创新企业和人才将云南作为"第二居所"。建立国际医疗中心，支持云南本土医疗机构与日本、澳大利亚、新西兰等国外先进医疗机构合作，以"产学研用"一体化协同发展为目标，鼓励海外医疗机构输出培训师资，在云南培训一批职业素养高、专业技能强的医疗和健康管理服务人员，借鉴先进的管理经验，打造大健康产业品牌，提升云南健康生活目的地的国际影响力。引进日本先进制药技术拓展医药合作，积极为云南白药、昆明制药厂等医药企业创造与日本武田制药（Takeda Pharmaceutical，亚洲最大的制药公司）、安斯泰来制药（Astellas Pharma）的技术交流机会，支持中日合办的制药公司在云南落地，提升云南中医药开发水平、医药制造水平，借助日方技术优势，发展高精尖医疗，将云南建设成为南亚东南亚、国内西南片区的医疗新高地。做大做强营养保健品，鼓励和支持澳大利亚营养保健类"新概念产品"品牌企业与云南省内制药企业合作，由其派驻专家入驻合作企业，对其提供专业技术指导，增加保健类产品的技术含量，提高保健产品的知名度，借助于外企合作的机会提高国际竞争力。

二是落实"走出去"举措。借助 RCEP 框架下技术壁垒削减、人员流动便利性提高等机会，加强对外投资力度，扩大高水平对外开放，探索云南省打造健康生活目的地相关产业链、供应链、价值链向东南亚国家布局、转移和深度融合。RCEP 原产地累计规则降低对外投资、生产、加工、销售等环节的技术性壁垒，形成 RCEP 内的互惠贸易体系。发展海外中药材种植园区，扩大与越南、缅甸农业合作范围，推动中越、中缅合作建设中药材种植园区，依托越、缅两国农业人口规模和更低廉的劳动力，充分利用合作园区优势、政策优势和云南中药材种植先进经验，降低中药材种植成本，扩大中药材出口影响力。推广云南特色药食同源产品，重点挖掘云南特色药食植物资源，结合中医药食同源理论和傣医、彝医、藏医等民族医药膳理论，开发独具云南特色的药食同源产品，加强药食同源产品质量认证，扩大药食同源产品出口。扩大云南药妆品牌国际市场，依托于 RCEP 关税减让承诺，推动薇诺娜等云南药妆品牌进一步拓展东南亚市场，结合跨境电子商务、线上直播等方式，开拓营销渠道，提高商品市场占有率，提升云南药妆品牌国际影响力。

（四）稀贵金属

着力抓好"三端"，完善稀贵金属材料产业链。重点围绕锗、镓、钛等打造高端产品、攻克尖端技术、延伸精深加工产业链。

一是高端产品。加大力度发展锗、镓、铟、钛等稀贵金属材料，主动承接相关配套产业，打造产业发展集群。2020 年 12 月锻轧镓、铪、铼及其制品进口数量为 357 千克，同比减少增长 168.42%，进口金额为 401524 美元，同比增长 125.93%；2020 年 12 月锻轧镓、铪、铼及其制品出口数量为 4602 千克，同比减少 16.13%，出口金额为 905057 美元，同比减少 8.90%。对于锗而言，金属锗市场活跃度尚可，国内军工、航天、光纤等领域需求较为稳定。

二是尖端技术。目前，国内贵金属催化剂产能受到制备设备和制备技术的限制，性能无法达到市场要求。例如国产 PTA 催化剂受工艺技术等影响，其性能与进口催化剂相比存在极大差异，其中国产催化剂最理想的性能为 5 万倍，一般只能用到 3 万倍左右，而进口的催化剂性能可达 8～12 万倍，性能是国产催化剂的两倍左右；国内产能无法满足市场需求，例如国内 PTA 用钯碳催化剂，国内钯碳催化剂生产商主要为中石化，产能约 200 吨/年，仅占需求量的 6.6%，远不能满足国内市场需求。90%市场需求份额由进口产品满足。因此，应瞄准产业前沿，超前部署光伏级锗产品、氮化镓、高纯铟、海绵钛、液态金属等前沿材料的基础研究和产品研发，推进锗、砷、铟、铅等高纯元素提取技术攻关，实现我国高端制造业关键新材料的进口替代。

三是末端产业链。紧盯行业发展前沿和市场需求，着力补齐有色产业基础能力，加强重点领域创新发展，带动有色产业向下游末端精深加工延伸和拓展。材料产业的不断进步间接推动了下游应用产业的快速迭代和发展，随着医药生物、国防军工等下游领域对材料品质和性能要求的提升，各类型新型材料被顺利研发并投入使用，催生了万亿市场的新材料产业快速发展。以军工新材料为例，所在军工板块长期基本面向好，需求端、供给端双轮驱动下有望带动板块整体发展，并同步驱动上游材料板块发展。军工新材料长期发展逻辑主要包括了关键新材料的国产化替代，以及军民融合政策推动下新材料民用领域反哺军用领域发展。

（五）烟草产业

烟草是云南省优势出口产业，出口总额在全国省（区、市）排名第一。其中，RCEP 国家是我国烟草出口的主要集中地，2020 年我国共有 20 个省（区、市）发展出口烟草贸易，其中云南省位列第一，出口总额达到 2.6 亿美元，占全国比重达到 33.42%，烟草属于云南省优势出口产业。2020 年中国共对 102 个国家（地区）出口烟草，出口总额达到 7.79 亿美元。其中对 RCEP 的 12 个国家出口总额为 3.37 亿美元，占全国烟草出口比重为 43.24%，RCEP 国家成为我国烟草出口的主要集中地。

1. RCEP 所带来的烟草出口的减税安排明显和市场空间增大。通过梳理 RCEP 生效后的减税安排，印度尼西亚对中国烟草减税商品有 13 个、菲律宾有 31 个、柬埔寨有 32 个、泰国有 30 个。以印度尼西亚对我国烟草商品的减税安排为例，共涉及逐年减税至零的商品有 13 个，该部分商品平均税率值当前为 5%，第十五年减税至零，占中国对印度尼西亚烟草出口比重为 87.7%，占印度尼西亚从全球进口烟草比重为 84%。因此可初步预判该类商品在 RCEP 生效后将迎来出口烟草的机遇。以 2019 年印度尼西亚从全球进口金额为基础来看，以进口较多的主要国家和商品来分析可替代性成功率较高的商品总值达到 29556.97 万美元，商品集中在 HS240110（未去梗的烟草）和 HS240120（部分或全部去梗的烟草）。

2. 重塑烟草辉煌的主要发展思路。一是要全产业链重塑云南卷烟工业新优势，巩固提升优质烟叶强省和云产卷烟地位，推动云产卷烟结构调整和品牌升级。2020 年云南的出口产品 81% 集中在烟草、烤烟和烟草废料，对卷烟的出口仅占 11.43%。从单价对比来看，出口卷烟是烟草的 3.6 倍；从市场需求来看，卷烟在 RCEP 成员国中有更大的可提升空间，新加坡可发展贸易替代金额为 5.4 亿美元，马来西亚为 1.6 亿美元。因此需要继续提升产品结构、巩固云产卷烟品牌优势，努力实现高端卷烟品牌突破。二是要加快制定 RCEP 生效后"云南省烟草出口发展指引"，并将 RCEP 研究持续化、常态化。关注各成员国对"关税承诺表"的修正，细致梳理不同国家的减税规则，建立 RCEP 国别商品减税清单，并科学预测减税商品发展替代贸易的市场空间。三是要科学制定"云南省"十四五"烟草产业发展规划"。优化全省烟草区域布局，科学、系统、长远地谋划"云烟"出口发展思路和重点任务。

（六）旅游产业

云南省自然资源丰富、文化底蕴丰厚，旅游市场开发较早，配套设施较为全面。RCEP 项下，云南省旅游业将会面向更大的市场、更多的人群，为疫情后云南省旅游业快速复苏带来新的机遇。云南省应以建设国际化基础设施、健全 RCEP 项下的政策扶持体系、巩固提升旅游资源、发展少数民族文化对外输出为抓手，打造一批针对境外文旅产业园区，推动国内企业、项目对外输出，引进国际知名文旅企业，推进半岛旅游一体化建设，从而立足新发展阶段，坚持新发展理念，构建新发展格局。

一是主动对接面向南亚东南亚国际大通道建设，构建覆盖全省主要旅游目的地的立体旅游交通网络。加快推进旅游环线公路、高铁、航空交通无缝对接，加快建设国际性的高等级公路、铁路、口岸设施、航运码头、民用机场等，不断完善省内环飞航线、开发更多国际国内直通航线。

二是针对境外园区、省内文旅企业、项目走出去、半岛旅游一体化出台专项扶持政策。在 RCEP 项下，联合中南半岛国家，推进重大项目、财政资金、土地制度、营商环境、审批、招商引资等方面相关的跨国联合政策出台实施，从政策层面支持打造跨国文旅体系、解决用地审批等方面的困难，疏通省内文旅项目走出去的不便。

三是在省内建设打造一批面向南亚东南亚国家的民族文化旅游园区。依托文化旅游园区，发掘少数民族特色建筑、文化艺术、节庆习俗、风味食品、竞技活动等资源特色，吸引南亚东南亚国家居民赴滇旅游。

四是提升一批沿边跨境旅游区建设。重点建设沿边腾冲市、瑞丽市、沧源县等边境文化旅游城市项目；重点建设中国磨憨—老挝磨丁、中国瑞丽—缅甸木姐、中国腾冲—缅甸密支那、中国河口—越南老街、中国麻栗坡—越南河江等 5 个跨境旅游合作区和勐腊（磨憨）、瑞丽、河口、腾冲、麻栗坡等 5 个边境旅游试验区项目。

五是打造"国际旅游+"生态体系。重点加速景洪市国际医疗旅游先行区、西双版纳国际文化生态旅游度假区、瑞丽江国际黄金旅游岸线、腾冲界头国际休闲度假区、沧源翁丁崖画谷佤文化活态体验区、金平中国·红河蝴蝶谷旅游区、泸水市片马边境红色旅游小镇等跨境旅游产品与线路。

六是建设国际化民族文创产品产业链。大力推动文创产业发展，以云南民族特色文化为主线，打造云南民族文创品牌，重点发展以 26 个民族的现代传媒、数字出版物、影视娱乐、文化展品等，实现 IP 原创、授权交易、衍生开发、产业融合等综合发展，加速云南文创产品向南亚东南亚扩张。

七是复制成功园区建设经验出海发展。依托金鼎文化创意产业园、紫云青鸟云南文化产业博览园、呈贡斗南花艺文化创意产业园等文化创意产业园区的建设发展经验，在缅甸、越南、泰国、老挝推动一批融合型文旅产业园区的建设。

八是大力开发跨境自驾游。利用公路构建沿边自驾路线、消费走廊，推动车辆车牌互认互通，完善自驾车辆等交通工具出入境手续、担保制度。

九是利用 RCEP 引进知名企业补齐旅游发展短板。积极引进更多国际、国内大型旅游开发企业进驻云南省，开发以云南省山水、民族风情、民族文化、气候特点等为主的"独占"游乐园、旅游景点、景区。

（七）数字产业

1. 跨境电商

通过电商模式，中国很多中小企业达到了向全世界出售商品的目标。RCEP 贸易便利化条款将显著提升跨境贸易在海关和物流的效率；电子商务章节将推动区域电商政策的一致性，降低跨境电商面对的经营风险和政策不确定性。对跨境电商企业而言，减免关税有利于提高出口商品的竞争力、贸易标准化有利于削弱交易壁垒、生产要素自由流动有利于海外仓的建设与运作、促进贸易数字化有利于转型升级。为更好地把握 RCEP 机遇，促进跨境电商创新发展，应从以下方面着力：一是优化口岸营商环境，结合 RCEP 贸易便利化要求，进一步压缩通关时限，简化跨境电商 B2B 出口，争取 RCEP 国家跨境电商货物在 24 小时内放行，易腐货物 6 小时内放行。进一步优化退税服务，推行出口退税无纸化申报。二是培育创新主体，联合优质保荐团队、资深创业投资专家、专业中介团队，打造企业上市顾问专家库，支持企业在境内外证券市场上市，吸引已在境内外证券市场上市企业将国内运营总部设在云南。三是加强自主创新能力，支持跨境电商企业加大创新要素投入，以"品牌升级+设计创新+科技输出"模式，强化供应链上下游整合，形成原始创新、集成创新，支持企业主导制定跨境电商国际标准、国家标准、行业标准。四是拓展国际营销网络，支持企业加快发展面向 RCEP 市场的跨境电商出口海外仓业务，支持跨境电商企业自建海外独立站，支持货代公司集聚昆明，支持航空公司在长水机场新开通国际或地区货运航线。五是强化专业人才培训，支持企业通过在滇高校及经认定的社会培训机构，为员工开展跨境电子商务专业培训。

2. 信息产业

目前，云南信息产业实现高速增长，年均增速超过20%，2020 年主营业务收入达到 1702.9 亿元，同比增长 16.2%。"一核、四群、一带"的信息产业布局基本完成，在电子信息制造领域呈现出移动终端、平板电脑、液晶电视、柔性显示器、机器人等产品云南造的趋势；在云计算、大数据方面，华为、浪潮等一批云计算大数据中心落地云南，组建了多个省级大数据研究院；在新技术研发方面，与中国电子、航天科工、中科院软件所等广泛合作，组建了创新中心、工程中心和孵化器。通过加大招商力度、完善落地服务，阿里、华为、浪潮等近 30 家国内知名企业与云南省签订战略合作协议，共引入有影响力的电子产品制造企业 20 余家、有一定规模的配套企业 50 余家，产品覆盖 10 多个产业门类，紫光芯云产业园、昆明智能制造产业园（闻泰）、玉溪美辰科技园、以晴红河科技产业园等一批重大项目落地，示范带动效应明显。同时，云南省信创产业发展起步，云南（大理）信创产业园揭牌，航天科工、浪潮、中国长城国产计算机产线相继落地投产，目前信创产业链涉及的整机、操作系统、网络安全、集成服务等领域在云南省均已布局，整体发展势头良好。

信息产业发展主要存在四方面问题：一是电子产品制造业整体发展水平偏低。承接东部产业转移的企业大多属于代工、贴牌、配套及出口加工类，总体实力不强、产线水平不高、产品相对低端，产线转移后，研发和产业链配套还留在东部，并各自沿用原有的供应链，导致产业链配套能力弱，供应链协同能力差，企业生产各项成本提高。虽然在光电子领域有一些进步，但产业整体规模小，高附加值产品还没有完全形成。二是技术研发和创新能力不足。云南信息技术研发起步较晚，企业技术创新能力弱、自主知识产权少、产品技术含量低、自主创新动力不足，在核心芯片、基础软件、关键器件等领域研发能力不强，因此，"缺芯少魂"现象突出，相关产业基础薄弱且核心竞争力不强。三是专业人才与团队匮乏。全省电子技术、通信、计算机、互联网、电子商务、大数据、数字金融等专业技术人才缺口较大，尤其在新一代信息技术和电子产品制造业方面人才更是严重缺乏，产业工人缺口也很大。四是科技投入市场化机制尚未形成。政府投入支持不足。目前，全省尚未设立政府引导数字产业发展的专项资金扶持政策。市场化投资机制不全。支持科技产业发展的天使、科创、风投、产投、股权等各类产业基金基本空白，民间资本很难进入，市场活力不足，科技成果转化的市场化体系没有形成，科技成果从研发一直到产业化没有形成闭环。

做大信息产业，应加快抓住中国在 RCEP 领域数字化优势和机遇，主动向国家申请参与 RCEP 数字化建设，促进云南省信息产业向中高端迈进。一是充分利用 RCEP 生效，进一步构建国内国际双循环发展的格局。努力增品种、提品质、创品牌，将更多更好中国制造的产品提供给成员国。同时 5G、工业互联网板块无论是在服务贸易还是货物贸易互动方面，都和成员国一起加快培育世界级的先进制造业产业集群。二是积极谋划中国和东盟产业链之间的互联互通。鼓励国内产业向研发设计、系统集成等高附加值环节升级，同时加强与东南亚国家在产业链垂直领域的分工协作。如通过对外投资设立的境外产业合作园区、中小企业合作园区等，和东南亚国家在中低端产业链形成紧密合作，提升产业附加值和产业链的融合能力，将东南亚国家产能具备的成本优势和云南产业链配套的完备优势进行互补。三是深化中日韩高端产业链供应链的合作。四是利用 RCEP 生效实施，进一步推动中国制造业高质量发展。鼓励云南企业充分融入 RCEP 大市场，吸引更多外资项目在滇落地，促进更多外资企业机构和人才来滇发展。此外，在技术创新、国际贸易、标准法规等领域继续开放合作，增强 15 个成员国共同发展的新动力。

3. 数字贸易

数字贸易是数字技术与经济、社会深度融合、共同演进的产物。近年来，数字贸易发展迅猛，正在重塑和创新各类经济活动，全球价值链以贸易为纽带在全球范围实现资源配置，数字贸易的发展和繁荣正在成为重塑全球价值链的关键力量。一是推动更多服务和产品嵌入全球价值链，二是推动更多中小微企业甚至消费者个体融入全球价值链，三是推动全球价值链同时向区域化和全球化方向发展。

把握新技术蓬勃兴起、数字经济蓬勃发展的机遇，加快与 RCEP 域内国家加强国际合作，加快推进以数字贸易为代表的新业态新模式发展，打造推动经济社会发展新的增长极。一是以数字贸易为抓手构建国内价值链和新的全球价值链。为应对传统全球价值链分工影响，应以发展数字贸易为抓手，打通国内循环诸多堵点，加快构建稳健的国内价值链。大力发展跨境电商，通过跨境电商促进与"一带一路"沿线国家之间的商品和服务贸易，推动相关国家积极融入我国主导的全球价值链，开拓国际分工的新局面。二是加大力度推进新型基础设施建设。加快以 5G、工业互联网、数据中心、物联网等为代表的新型基础设施建设，政府加强"新基建"规划引导，打破社会资本参与"新基建"各种隐性门槛。坚持以市场投入为主，支持多元主体参与建设，通过市场机制带动"新基建"投资。加强与 RCEP 国家在传统基建和"新基建"方面合作，更多从基建、产业、金融等方面综合考虑创新"新基建"投融资模式。三是加快各类产业和企业数字化转型。加强对中小微企业经营管理者数字技能和数字意识的培训和宣传；数字化初期，可酌情在税收和财政上给予中小微企业优惠和扶持；鼓励各类互联网企业在拓展自身业务的过程中带动与之相关联的企业开展数字化转型。四是大力发展专业化与高端化的生产性服务业。深化生产性服务领域改革，进一步扩大服务业对内和对外开放，构建开放统一、有序竞争的生产性服务业市场，为数字贸易提供良好政策环境。

参考文献

［1］ 云南经济总量实现历史性突破 ［EB/OL］. 中国日报网，https：//baijiahao. baidu. com/s？id＝1689939990706331391&wfr＝spider&for＝pc

［2］「聚焦新发展格局 展望"十四五"」全力打造世界一流"绿色能源牌" ［EB/OL］. 云 南 网，https：//baijiahao. baidu. com/s？id＝1688652066175530374&wfr＝spider&for＝pc

［3］ 增加 1400 亿元以上！2020 年，能源或成云南第一大支柱产业 ［EB/OL］. 昆明麦肯企业管理咨询有限公司，http：//www. mkmc. cn/content6hf8y922

［4］《云南能源简报》2020 年第 11 期 ［EB/OL］ 云南省能源局，http：//nyj. yn. gov. cn/nydt/ynnydt/202102/t20210201_ 1305054. html

［5］ 电解铝行业专题研究报告：从电解铝全生命周期角度看碳减排 ［EB/OL］. 未 来 智 库，https：//baijiahao. baidu. com/s？id＝1696623406589524386&wfr＝spider&for＝pc

［6］ 有色金属行业点评：全生命周期角度看电解铝行业碳中和 ［EB/OL］. 广发证券股份有限公司，http：//stock. finance. sina. com. cn/stock/go. php/vReport_ Show/kind/lastest/rptid/670706496697/index. phtml

［7］ 南财快评：RCEP 将为促进地区的发展繁荣增添新动能 ［EB/OL］. 21 世 纪 经 济 快 报，https：//baijiahao. baidu. com/s？id＝

1721120702561088162&wfr＝spider&for＝pc

［8］张凯盈：增信心强优势抓重点 科学谋划推进大健康产业发展 ［EB/
　　　OL］. 商 洛 新 闻 网，https：//baijiahao. baidu. com/s? id ＝
　　　1680673562569527535&wfr＝spider&for＝pc

［9］军工新材料行业 2021 年短报告：市场风格切换下军工新材料板块价
　　　值投资策略分析，2021 - 04 - 07https：//www. ivcc. org. cn/report/
　　　detail/id/46876/

［10］数字贸易：重塑全球价值链的关键力量 ［N］. 经济日报，https：//
　　　baijiahao. baidu. com/s? id ＝ 1686186207878502631&wfr ＝ spider&for
　　　＝pc

第二篇 **02**

│贸易合作篇│

让"云花"盛开到日韩

陈凤梅　王海玲①

2020 年，我国花卉出口省（区、市）共 28 个。排名前 5 位的云南、福建、广东、浙江、山东的花卉出口较为稳定，5 省花卉出口额占我国花卉出口总额的 81.21%；其中云南省在全国省份中花卉出口排名第一，占比达到 20.2%，花卉属于云南省出口中的绝对优势产品。日韩作为 RCEP 成员国是我国花卉产品（HS 编码第 06 章）的主要出口目的地国家，也是云南花卉产品的主要出口对象。

在 RCEP 实施后，国家之间的原有花卉进口关税税率将会大幅削减，云南省优势的花卉特色农产品出口将在日韩拥有更广阔的市场空间。此外日韩市场还具有更大的利润空间，以云南出口的菊花每吨单价为例，出口日本是泰国的 3.08 倍，是越南的 4.03 倍。云南省应该抓住此次契机，在做大做强现有市场的情况下，想方设法提前拿订单，发展贸易替代，不断加大花卉产品出口，扩大对日韩市场份额，继续强化和打造花卉产品的世界一流"绿色食品牌"。

一、RCEP 国家中日韩为我国花卉出口第一和第二大市场，云南对日韩花卉出口均稳居全国前三

（一）RCEP 国家中日韩为我国花卉出口第一和第二大市场

整体来看，2019 年和 2020 年中国对 RCEP 国家花卉出口分析（表 2-1），发现中国对 RCEP 国家花卉出口连续两年保持两位数增长（2019 年同比增长 16.75%，2020 年同比增长 14.27%），对 RCEP 国家花卉出口占全国花卉出口

---

① 陈凤梅，云南省商务研究院；王海玲，云南省国际贸易学会。

比重均超过 60%，表明 RCEP 国家现在跟未来都是我国重要的花卉出口集中市场，而其中日韩又成为主要的核心市场。

具体分析，2019 年我国花卉总出口额为 43216.33 万美元，其中对 RCEP 各成员国总出口额为 26295.67 万美元，占比达到 60.85%，同比增长 16.75%；2020 年我国花卉总出口额为 47260.24 万美元，其中对 RCEP 各成员国总出口额为 30047.58 万美元，占比上升到 63.58%，同比增长 14.27%。从 RCEP 内部来看，日韩稳居我国对 RCEP 国家花卉出口前两位，2020 年我国对日韩总花卉出口额为 18607.02 万美元，两国合计占我国对 RCEP 国家花卉出口比重为 61.93%，远超其他国家比重之和。从我国对全球花卉出口来看，日韩同样稳居前两位，2020 年两国合计占我国对全球花卉出口比重为 39.37%，同比增长 1.89%。

表 2-1　2019 年和 2020 年中国对 RCEP 各成员国花卉出口分析

		2019 年					2020 年		
排名	国家	出口额/万美元	占全国花卉出口比重/%	同比增长/%	排名	国家	出口额/万美元	占全国花卉出口比重/%	同比增长/%
1	日本	11049.11	25.57	5.27	1	日本	11689.75	24.73	5.80
2	韩国	7213.32	16.69	15.34	2	韩国	6917.27	14.64	-4.10
3	越南	2064.72	4.78	217.50	3	越南	4794.88	10.15	132.23
4	泰国	1442.87	3.34	18.01	4	澳大利亚	1908.63	4.04	51.88
5	澳大利亚	1256.67	2.91	25.95	5	泰国	1549.50	3.28	7.39
6	新加坡	1159.93	2.68	16.43	6	缅甸	1102.37	2.33	92.93
7	马来西亚	661.15	1.53	0.87	7	新加坡	871.01	1.84	-24.90
8	缅甸	571.38	1.32	-5.10	8	马来西亚	611.85	1.29	-7.46
9	菲律宾	560.58	1.30	25.60	9	菲律宾	314.94	0.67	-43.82
10	柬埔寨	185.97	0.43	46.12	10	新西兰	113.80	0.24	944.04
11	印度尼西亚	119.07	0.28	99.77	11	柬埔寨	91.49	0.19	-50.80
12	新西兰	10.90	0.03	-60.96	12	印度尼西亚	82.09	0.17	-31.06
	合计	26295.67	60.86	16.75		合计	30047.58	63.57	14.27

数据来源：海关总署。

说明：因老挝、文莱数据较小，暂不做分析。

（二）云南对日韩花卉出口均稳居全国前三，但 2020 年受新冠肺炎疫情影响出口增长率低于浙江、福建、山东

云南省对日花卉出口居全国第三。2020 年对日花卉出口额为 1697.60 万美元，但连续年增长率处于 2.5% 的低水平增幅状态，市场份额一直维持在 15% 左右，与第一的浙江省相差 3 倍，显示云南省对日本市场的关注不够（表 2-2）。浙江省具有绝对竞争优势，2020 年对日花卉出口额为 5250.55 万美元，同比增长 3.87%，由于前期基数较好，近两年市场份额保持在 45% 左右，远超其他省份；山东省年增长率超过 20%，处于快速发展状态，2020 年出口额达到 2083.2 万美元，是云南的 2 倍。

云南省对韩花卉出口居全国第三。2020 年对韩花卉出口额为 943.79 万美元，下降 41.26%。云南省依靠 2019 年 85.36% 的增长一度超越山东排到第二的位置，但 2020 年市场份额下降到 13.64%，整体发展落后于福建、山东，显得后劲发展不足，市场份额流失严重。福建省近两年一直保持高速增长，2020 年对韩花卉出口额为 2691.59 万美元，同比增长 17.25%，市场份额达到 38.91%，具有绝对竞争优势；山东省依靠近两年的平稳发展，2020 年对韩花卉出口额为 1270.08 万美元，同比增长 7.81%，2020 年超越云南排到第二的位置。

最后需要注意的是，受新冠肺炎疫情影响，2020 年云南省对日韩花卉出口增长率低于浙江、福建、山东，市场份额处于下降状态，尤其是在韩国市场下降较为严重，值得引起我们的警惕。

表 2-2　2019—2020 年浙江、山东、福建、云南对日韩花卉出口市场分析

国家	2019 年				2020 年			
	出口省	出口额/万美元	占比/%	同比增长/%	出口省	出口额/万美元	占比/%	同比增长/%
日本	浙江省	5054.69	45.75	0.21	浙江省	5250.55	44.92	3.87
	山东省	1734.40	15.70	19.98	山东省	2083.20	17.82	20.11
	云南省	1657.07	15.00	2.50	云南省	1697.60	14.52	2.45
	合计	8446.16	76.44	4.19	合计	9093.35	77.26	7.66

续表

国家	2019 年				2020 年			
	出口省	出口额/万美元	占比/%	同比增长/%	出口省	出口额/万美元	占比/%	同比增长/%
韩国	福建省	2295.52	31.82	24.43	福建省	2691.59	38.91	17.25
	云南省	1606.74	22.27	85.36	山东省	1270.08	18.36	7.81
	山东省	1178.02	16.33	−7.28	云南省	943.79	13.64	−41.26
	合计	5080.28	70.40	27.58	合计	6920.27	70.89	−3.44

数据来源：海关总署。

（三）从全球花卉进口来看，中国是日韩花卉进口第一大国，与 RCEP 成员国中的马来西亚、越南、泰国存在竞争

在日韩的花卉全球进口市场中，中国均是其第一进口国，但地位存在差异，中国在韩国的花卉进口中处于绝对优势地位，市场份额达到 41.15%，远超其他国家；在日本花卉的进口市场中各国之间进口额差距不大，竞争较为激烈，中国的市场份额为 19.32%，处于相对竞争优势（表 2-3）。

从国别及产品种类分析，在日本花卉市场争夺中，RCEP 成员国中马来西亚、越南、泰国与我国为竞争关系，竞争产品为菊花插花及花蕾、兰花插花及花蕾；区域外竞争国家有哥伦比亚、荷兰，竞争产品分别为康乃馨插花及花蕾、其他苗木。在韩国花卉市场争夺中，RCEP 成员国中泰国、越南与我国为竞争关系，竞争产品包括兰花插花及花蕾、其他苗木、菊花插花及花蕾、生长或开花的根茎；区域外竞争国家有荷兰、哥伦比亚，荷兰竞争产品为其他苗木，哥伦比亚竞争产品为康乃馨插花及花蕾、其他制花束或装饰用的插花及花蕾。

表 2-3　2019 年日韩花卉进口数据分析

	排名	国家	进口额/ 万美元	占比/%	产品构成
日本	1	中国	11606.50	19.32	制花束或装饰用的植物枝、叶占比 28.95%，其他苗木占比 23.03%，菊花插花及花蕾占比 20.4%，康乃馨插花及花蕾占比 11.91%
	2	马来西亚	9612.36	16	菊花插花及花蕾占比 84.74%
	3	哥伦比亚	7953.46	13.24	康乃馨插花及花蕾占比 86.9%
	4	荷兰	5541.07	9.22	其他苗木占比 73.3%
	5	越南	3790.04	6.31	菊花插花及花蕾占比 73.43%，兰花插花及花蕾占比 11.09%
	6	泰国	2498.82	4.16	兰花插花及花蕾占比 80.11%
		全球	60070.60	100	菊花插花及花蕾占比 22.45%，其他苗木占比 16.54%，康乃馨插花及花蕾占比 15.26%，制花束或装饰用的植物枝、叶占比 11.1%，兰花插花及花蕾占比 10.39%
韩国	1	中国	5279.89	41.15	其他苗木占比 76.73%，菊花插花及花蕾占比 15.99%
	2	荷兰	2070.49	16.14	休眠的根、茎，菊苣植物及其根占比 38.45%，其他苗木占比 32.05%，其他制花束或装饰用的插花及花蕾占比 22.63%
	3	哥伦比亚	1077.78	8.40	康乃馨插花及花蕾占比 45.25%，其他制花束或装饰用的插花及花蕾占比 37.76%
	4	泰国	949.96	7.40	生长或开花的根、茎，菊苣植物及其根占比 36.96%，其他苗木占比 27.1%，兰花插花及花蕾占比 14.33%
	5	越南	320.99	2.50	菊花插花及花蕾占比 65.81%
		全球	12831.10	100	其他苗木占比 50.85%，其他制花束或装饰用的插花及花蕾占比 9.53%，菊花插花及花蕾占比 8.1%

数据来源：联合国商品交易数据库（UN Comtrade Database）。

二、RCEP 协定生效后第一年日本对中国和东盟花卉进口依旧保持原来的零关税，韩国对中国花卉产品降税幅度、降税品种均优于东盟

在日韩两国的花卉进口国中，进口较多的来自 RCEP 其他国家的有泰国、越南、马来西亚，集中在东盟，因此有必要分析 RCEP 生效后日韩对中国和东盟关于花卉产品的降税情况。

（一）协定生效后，日本对中国和东盟花卉进口依旧保持零关税

1. 日本花卉产品属于长期零关税产品，且签署 RCEP 后依然保持零税率不变（表2-4）。日本作为全球第六大花卉进口国（也是 RCEP 成员国中花卉进口第一大国）具有超大的市场规模，随着 RCEP 项下的通关便利化、自然人移动等诸多的条款生效，在 RCEP 内部必然会引起更多的竞争关注。

表 2-4　协定生效后日本对中国和东盟花卉品种税率表

中国			东盟		
商品名称	基准税率	第1年税率	商品名称	基准税率	第1年税率
HS06（活树及其他活植物；鳞茎、根及类似品；插花及装饰用簇叶）	0	0	HS06（活树及其他活植物；鳞茎、根及类似品；插花及装饰用簇叶）	0	0

2. 从现有市场分析，日本具有超大的市场空间，其中菊花与康乃馨市场空间最大。

云南除稳住现有市场份额以外，要积极想办法发展贸易替代。以 2019 年日本花卉进口金额数据为基础来看，日本具有超大的存量市场，除去中国占据的市场以外，其他国家的市场金额为 26967.38 万美元，具体可发展贸易替代的国家为马来西亚、越南、哥伦比亚、泰国、荷兰。具体明细商品来看，HS060314（菊花插花及花蕾）、HS060312（康乃馨插花及花蕾）可发展贸易替

代的市场最大，分别为10928.75万美元和7042.81万美元（表2-5）。

表 2-5　2019 年日本市场中具体产品可发展贸易替代市场情况分析

产品编码	国家	可替代金额/万美元	说明
HS060314 （菊花插花及花蕾）	马来西亚	8145.79	RCEP 生效前后税率均为 0
	越南	2782.96	RCEP 生效前后税率均为 0
	小计	10928.75	
HS060312 （康乃馨插花及花蕾）	哥伦比亚	6911.22	当前税率为 0
	越南	131.59	RCEP 生效前后税率均为 0
	小计	7042.81	
HS060110（休眠的根、茎）	荷兰	4061.85	当前税率为 0
HS060313 （兰花插花及花蕾）	马来西亚	279.87	RCEP 生效前后税率均为 0
	越南	420.34	RCEP 生效前后税率均为 0
	泰国	1653.31	RCEP 生效前后税率均为 0
	小计	2353.52	
HS060290（其他苗木）	荷兰	1055.32	当前税率为 0
HS060319 （其他鲜的制花束或 装饰用的插花及花蕾）	哥伦比亚	418.76	当前税率为 0
	荷兰	313.38	当前税率为 0
	小计	732.14	
HS060390（制花束或装饰用 的插花及花蕾，鲜的除外）	哥伦比亚	384.67	当前税率为 0
HS060210（无根插枝及接穗植物）	越南	276.42	RCEP 生效前后税率均为 0
HS060311（玫瑰插花及花蕾）	哥伦比亚	131.9	当前税率为 0
	总计	26967.38	

数据来源：联合国商品交易数据库（UN Comtrade Database）。

（二）协定生效后，韩国对中国花卉品种降税幅度整体高于东盟，对于 HS0603 章花卉产品，中国将有机会替代东盟国家进一步扩大对韩市场份额

1. 从整体降税分析来看

韩国对中国和东盟的花卉品种降税幅度稍有不同（表 2-6）。在现有税率水平下，整体来看韩国对中国花卉进口的综合平均税率为 9.24%，要高于东盟的 2.39%，其中税率差距较大的区域集中在 HS0603 章，对中国的税率均值为 21.7%，对东盟的税率均值为 9.17%。RCEP 生效后降税幅度较大产品也集中在该章。值得注意的是，韩国对中国和东盟的 HS0603 章产品降税均集中在协定生效后第 1 年，但对中国采取协定后第 1 年全部降税为零，而对东盟则采取部分产品不降税且近期未有降税安排，平均税率在第 1 年之后就固定在 2.08%，保持到 20 年之后。因此，RCEP 生效后，对于 HS0603 章花卉产品（制花束或装饰用的插花及花蕾，鲜、干、染色、漂白、浸渍或用其他方法处理的花卉产品），中国将有机会替代东盟国家进一步扩大对韩市场份额。

表 2-6　韩国对中国和东盟花卉品种降税总表　　　　　　　　%

中国						东盟					
HS 编码	0601	0602	0603	0604	06 总	HS 编码	0601	0602	0603	0604	06 总
基准税率	5.12	5.34	21.7	4.8	9.24	基准税率	0	0.38	9.17	0	2.39
第 1 年	4.23	2.42	0	4.8	2.86	第 1 年	0	0.38	2.08	0	0.61
第 6 年	2.76	1.16	0	4.27	2.05	第 6 年	0	0.37	2.08	0	0.61
第 11 年	0.92	0.36	0	1.68	0.74	第 11 年	0	0.3	2.08	0	0.6
第 16 年	0	0	0	0	0	第 16 年	0	0.25	2.08	0	0.58
20 年之后	0	0	0	0	0	20 年之后	0	0.25	2.08	0	0.58

说明：1. 本文中的基准税率为已经梳理后《亚太贸易协定》《韩国—中国自由贸易协定》《韩国—东盟自由贸易协定》有关规定后的税率。

2. 本文中的税率均为各明细商品的算术平均数。

3. HS06 为活树及其他活植物；鳞茎、根及类似品；插花及装饰用簇叶。HS0601 为鳞茎、块茎、块根、球茎、根颈及根茎，休眠、生长或开花的；菊苣植物及其根。HS0602 为其他活植物、插枝及接穗；蘑菇菌丝。HS0603 为制花束或装饰用的插花及花蕾，鲜、干、染色、漂白、浸渍或用其他方法处理的。

HS0604 为制花束或装饰用的不带花及花蕾的植物枝、叶或其他部分、草、苔藓及地衣，鲜、干、染色、漂白、浸渍或用其他方法处理的。

2. 从具体产品降税分析来看

一是在玫瑰、康乃馨、柳兰花、菊花四类产品上，RCEP 生效后第 1 年韩国对中国、东盟降税幅度都比较大（表 2-7），中国与东盟国家将在这几种产品中展开激烈竞争。降税特点是第 1 年都立即降税至零，但对中国降税幅度（21.4%）稍大于对东盟降税幅度（20%）。

表 2-7　RCEP 生效后第一年韩国对中国、东盟共同降税幅度较大产品　　%

商品名称	中国		东盟	
	基准税率	第 1 年税率	基准税率	第 1 年税率
HS0603.11（玫瑰）	21.4	0	20	0
HS0603.12（康乃馨）	21.4	0	20	0
HS0603.13.10（柳兰花）	21.4	0	20	0
HS0603.14（菊花）	21.4	0	20	0

二是在 HS0603.90（制花束或装饰用的插花及花蕾）、HS0603.13.20（蝴蝶兰）、HS0603.13.90（其他兰花）、HS0603.15（百合花）、HS0603.19.90（其他制花束或装饰用的插花及花蕾）、HS0603.19.40（满天星）、HS0603.19.10（郁金香）、HS0603.19.20（剑兰）这八类产品上，协定生效后对中国的税率低于东盟，中国将在以上几种产品对韩出口上迎来重大机遇（表 2-8）。该类产品的集中特点是对中国第 1 年税率降至零，而对东盟保持当前税率或有小幅降税，RCEP 生效后第 1 年对中国税率要低于对东盟税率。

表 2-8　韩国对中国、东盟同一产品不同降税幅度分析　　%

商品名称	中国		东盟		
	基准税率	第 1 年税率	基准税率	第 1 年税率	20 年之后
HS0603.90（制花束或装饰用的插花及花蕾）	25	0	5	5	5
HS0603.13.20（蝴蝶兰）	21.4	0	5	5	5

续表

商品名称	中国		东盟		
	基准税率	第1年税率	基准税率	第1年税率	20年之后
HS0603.13.90（其他兰花）	21.4	0	5	5	5
HS0603.15（百合花）	21.4	0	5	5	5
HS0603.19.90（其他制花束或装饰用的插花及花蕾）	21.4	0	5	5	5
HS0603.19.40（满天星）	21.4	0	5	0	0
HS0603.19.10（郁金香）	21.4	0	0	0	0
HS0603.19.20（剑兰）	21.4	0	0	0	0

3. 从降税产品的现有市场分析

由于 RCEP 生效后韩国对我国一部分花卉产品的税率均立即降为 0，云南省在韩国市场发展贸易替代的可能性更高，特别是 HS060319（其他鲜的制花束或装饰用的插花及花蕾）。

以 2019 年市场金额为例，结合韩国市场中降税产品可替代情况分析（表 2-9），合计市场金额为 1710.59 万美元，其中在 HS060319（其他鲜的制花束或装饰用的插花及花蕾）将迎来较大市场空间。虽然在市场金额上远小于日本市场，但鉴于 RCEP 所带来的韩国对中国降税利好均大于其他国家，因此云南省在韩国开展贸易替代的可能性和成功率会更高。

表 2-9　2019 年韩国市场中降税产品可发展贸易替代市场情况分析

产品编码	国家	可替代金额/万美元	依据
HS060319（其他鲜的制花束或装饰用的插花及花蕾）	荷兰	468.56	韩对荷兰当前税率为零，RCEP 生效后第 1 年中国从 21.4% 直接降为 0
	哥伦比亚	406.93	韩对中国和哥伦比亚当前关税税率均为 25%，RCEP 生效后第一年中国从 25% 直接降为 0
	小计	875.49	

产品编码	国家	可替代金额/万美元	依据
HS060312 （康乃馨插花及花蕾）	哥伦比亚	487.73	韩对中国和哥伦比亚当前关税税率均为25%，RCEP生效后第1年中国从25%直接降为0
HS060313 （兰花插花及花蕾）	泰国	136.12	RCEP生效后韩对中国税率要低于对越南税率
HS060314 （菊花插花及花蕾）	越南	211.25	当前税率为对中国为21.4%，对越南为20%，RCEP生效后，均从第1年降为0
合计		1710.59	

数据来源：联合国商品交易数据库（UN Comtrade Database）。

三、对比全国、花卉强省的花卉出口商品明细，云南有机会通过改善花卉出口产品结构提高对日韩出口量

（一）对比全国其他花卉强省的花卉出口商品明细，云南可有针对性地培育和发展日韩市场中的重点产品

对比全国花卉出口商品具体明细、花卉出口贸易发展较好省份（浙江、山东、福建）的出口商品具体明细（表2-10），对日本市场可关注发展的产品有：菊花、蘑菇菌丝、康乃馨、制花束用的植物枝、叶。对韩国市场可关注发展的产品有：菊花、蘑菇菌丝、未列名活植物。

表2-10　我国对日韩市场花卉出口产品构成分析

进口国	出口地	出口商品主要构成
日本	全国	制花束或装饰用的植物枝、叶占比26.52%；蘑菇菌丝占比20.84%；康乃馨插花及花蕾占比12.88%；菊花插花及花蕾占比10.39%
	浙江省	制花束或装饰用的植物枝、叶占比56.59%；其他制花束或装饰用的插花及花蕾占比16.34%；菊花插花及花蕾占比13.31%；康乃馨插花及花蕾占比10%
	山东省	蘑菇菌丝占比91.3%
	云南省	康乃馨插花及花蕾占比53.16%；无根插枝及接穗植物占比31.85%

续表

进口国	出口地	出口商品主要构成
韩国	全国	菊花插花及花蕾占比 30.27%；蘑菇菌丝占比 30.24%；未列名活植物占比 26.13%
	福建省	未列名活植物占比 51.34%；菊花插花及花蕾占比 43.87%
	山东省	蘑菇菌丝占比 95.47%
	云南省	菊花插花及花蕾占比 67.28%；康乃馨插花及花蕾占比 15.7%

数据来源：海关总署。

（二）具体产品在国内可开展贸易替代市场情况分析

结合花卉出口省份及产品明细分析具体产品在国内的市场情况（表2-11），整体来看，日本具有较大的贸易替代市场空间，各类产品合计金额为7071.91 万美元。从具体明细商品来看，HS06042090（鲜的制花束或装饰用的不带花及花蕾的植物枝叶、或其他部分、草）和 HS06029010（蘑菇菌丝）排前两位，分别为2903.28 万美元和1915.29 万美元。结合 RCEP 所带来的降税分析，韩国市场集中在 HS060314（菊花插花及花蕾）产品上，可发展贸易替代市场金额为119.35 万美元。

表2-11 2020 年日韩市场进口花卉产品在中国可发展贸易替代市场情况分析

进口国	产品编码	目前出口省份	出口金额/万美元
日本	HS06042090（鲜的制花束或装饰用的不带花及花蕾的植物枝叶、或其他部分、草）	浙江	2903.28
	HS06029010（蘑菇菌丝）	山东	1915.29
	HS060319（其他鲜的制花束或装饰用的插花及花蕾）	浙江	933.71
	HS060314（菊花插花及花蕾）	浙江	738.19
		山东	103.78
		小计	841.97
	HS060312（康乃馨插花及花蕾）		477.66
		合计	7071.91
韩国	HS060314（菊花插花及花蕾）	福建	119.35

数据来源：海关总署。

四、云南省扩大对日韩花卉出口发展的对策建议

综合以上分析，云南省应结合打造世界一流"绿色食品牌"和打造世界一流"生活目的地"的目标，以花卉产业实力更强、花卉产业效益更高、花卉产业结构更优、花卉产业品牌更响、花卉产业贡献更大为目标，全链条重塑云南花卉产业。一是制定"云南省花卉产业'十四五'发展规划"，按照大力发展具有区域特色花卉的原则，进一步优化区域发展布局，进一步明确和细化各区域主攻方向、发展目标和任务，搞好市场定位，选准重点企业和项目。二是大力实施"五大工程"：实施花卉种业创新工程、实施花卉名企打造工程、实施花卉名园建设工程、实施花卉名镇培育工程、实施花卉名展提升工程。在扩大花卉出口中，盯紧日韩市场，进一步放宽视野，将竞争眼光扩展到全球，从国际和国内两个层面关注竞争对手，有针对性地采取以下措施改善出口产品结构，扩大出口规模，提高市场占有率。

（一）开展"市场优先"的花卉种植模式，开展面向国际和国内其他出口市场的"贸易替代"

一是按照"先找市场、再抓生产、产销挂钩、以销定产"的思路，开展"订单先行"的花卉种植模式。支持省内花卉龙头企业提前一年到日韩市场抢拿花卉订单，与大型花卉采购企业合作获取定额供应清单，并运用互联网技术整合花卉行业往期每月的销售数据、种植数据、市场需求数据，结合合作企业的订单需求，拟订各月的出库产品清单。

二是从国际国内两个层面关注其他对日韩的出口方和出口产品，努力发展贸易替代。日本重点发展市场需求大的花卉品类，韩国重点发展对中国降税幅度大的品类（表2-12）。从出口产品、物流成本、花卉品质等方面进行详细对比分析，有针对性地进行改善，提高贸易替代的成功率。

表 2-12　云南在对日韩花卉出口中开展贸易替代应关注层次分析

	关注国家	马来西亚、越南、泰国、荷兰、哥伦比亚	
日本	关注省份	浙江省、山东省	
	关注产品	重点发展	HS060314（菊花插花及花蕾）、HS060312（康乃馨插花及花蕾）、HS060110（休眠的根、茎）、HS060290（其他苗木）
		积极发展	HS060319（其他鲜的制花束或装饰用的插花及花蕾）、HS060313（兰花插花及花蕾）、HS060390（制花束或装饰用的插花及花蕾，鲜的除外）、HS060210（无根插枝及接穗植物）、HS060311（玫瑰插花及花蕾）、HS06042090（鲜的制花束或装饰用的不带花及花蕾的植物枝叶、或其他部分、草）、HS06029010（蘑菇菌丝）
韩国	关注国家	越南、泰国、荷兰、哥伦比亚	
	关注省份	福建省、山东省	
	关注产品	重点发展	HS060319（其他鲜的制花束或装饰用的插花及花蕾）、HS060312（康乃馨插花及花蕾）、HS060313（兰花插花及花蕾）、HS060314（菊花插花及花蕾）
		积极发展	HS060311（玫瑰插花及花蕾）、HS0603.15（百合花）、HS0603.19.40（满天星）、HS0603.19.10（郁金香）、HS0603.19.20（剑兰）、HS0603.90（制花束或装饰用的插花及花蕾）

（二）创新海外营销方式，在市场一线进行花卉展示营销

一是实施开放辐射的市场升级战略，实现花卉市场由块状型经济向总部型经济转变。着力加强需求供给对接，不断强化主产区产业集聚效应，以更优质的鲜切花产品、更稳定的市场供应能力参与全国市场竞争，鼓励企业"走出去"做大做强，不断提升国内外市场开拓能力，推进云南花卉市场向总部型经济转型，加强国际国内的交流合作，通过资源整合、资产重组、参股、兼并等方式，推动优势花卉企业实施跨地区、跨行业、跨所有制兼并重组，打造跨界整合的花卉产业集团和花卉联盟。

二是大力发展跨境电子商务，对日探索开拓落地化经营。鼓励省内花卉网络交易平台从事花卉网上跨境贸易，支持省内花卉网络交易平台做强做大，成为国际性花卉贸易商。对日探索开拓落地化经营，设立海外分会场或运营中心，搭建起"云花"商品展厅，将面向日本消费者的展示销售窗口移到市场最前线。对云南现有的已有向日本出口基础的公司，如以菊花生产为主的昆明虹之华公司等进行企业调研，深入探讨对日落地化经营的可行性。对韩考虑加入韩国本地电子商务企业（可考虑 11Street、Gmarket），在平台考虑设立"云南馆"，在 App 首页设立云南专区入口，利用网络直播开展直播卖货、网络展会等"云上互动"形式，推介和销售"云花"。

三是多渠道加大宣传，树立"云花"品牌形象。充分借助展会平台，利用昆明国际农业博览会推介花卉特色农产品和重点农业企业。组织企业积极参加日韩本地展会，如东京花卉博览会、日本东京园艺展、韩国首尔国家花卉展推介产品。通过日韩当地媒体的宣传树立云南花卉品牌形象，提升当地民众对"云花"的认知度。同时还可配套宣传其他优势花品，如永生花（干花和仿真花），引导消费，培养出口新形态。

四是探索将花卉出口纳入市场采购范围。随着俊发·新螺蛳湾国际商贸城市场采购试点的确立，云南省将迎来一种新的出口发展模式，考虑在不影响税收整盘的情况下，可将个别品种采取先试先行的方式，将花卉出口纳入市场采购范围。

（三）提升物流保障，实现专业化花卉物流服务

一是改善出口花卉物流运输条件。利用昆明国际机场现有的资源，对机场设施加以改进和完善，开辟机场花卉运输专用通道，建立机场花卉专用检疫场所和大型安检设备。建立花卉冷链物流体系，包括生产基地建设、加工保鲜包装和冷藏设施。企业可以联合起来组织包机以保障花卉能够顺利运出。

二是提高航空运力。随着近年来云南花卉产业的快速发展和国际、国内市场对花卉产品需求量的大幅增加，对航空物流运输的需求也日益增大，但目前航空运力已出现与花卉运输需求不匹配的问题，时常出现的落货问题在一定程度上影响到花卉贸易的开展。建议增加航空运力，一方面鼓励大型的物流企业参与货运，提高民航中货运机的比例。鼓励航空公司开通经常性或季节性的货运专机。实行花卉产品优先定仓、优先进仓、优先起运的方式，确保花卉航空

运输便捷高效，仓位满足需求。另一方面考虑引进日韩航空公司，整合运输需求，增开直航线路，减少周转次数，保证花卉品质。

三是培育和扶植运输花卉等鲜活产品的物流公司，实现专业化花卉物流服务。通过专业化花卉物流企业，实现对货物全程实时跟踪和查询，提供门到门的一站式配送服务，将花卉从种植者或生产企业手中直接放到零售商的货架上，甚至是消费者的手中，解决花卉物流配送过程中的高损耗、高成本问题。

（四）完善配套服务，促进产业融合发展

一是加快培育大型花卉产业的外贸综合服务企业，加快构建一体化的产业配套服务体系，培育外贸竞争新优势。通过主动对接重大活动筹备工作，构建完善从创业服务、技术服务、商务服务、物流服务、会展服务、培训服务、信息服务等全方位一体化的产业配套服务体系，提升云南省花卉产业整体水平。

二是积极发展"花卉+康养""花卉+文化""花市+旅游"等新模式。坚持以市场为导向，积极推进创新发展，顺应国内外消费需求变化，积极探索"花卉+康养""花卉+文化""花市+旅游"等新模式，拓展花卉的生态体验、文化创意、康养等功能，大力推进花卉全产业链建设，提高花卉产业的综合效益。

三是打造中日国际花卉产业示范园。依托现有基础较好的花卉基地，打造中日国际花卉产业示范园，引进日本先进的农业生产和管理模式，建设集观光农业、研发生产、加工制作、产品展览、产品销售为一体的花卉产业农场，从种植、生产、交易、加工、销售等各环节提高云南花卉产业的科技化、现代化、规模化和集约化水平。

（五）加快推进花卉产业数字化建设，加快实施花卉品牌打造工程

一是加快推进花卉产业数字化建设。围绕"品种、品质、品牌"三个重点，在种植、加工、销售环节不断引入数字元素，打造"数字花卉"的整体方案，利用物联网技术打造可视花田，实现生产、销售及售后的全程可追溯和标准化，推动产业提质增效。

二是加快实施花卉品牌打造工程。着力打造"云花"特色品牌，加快培育拥有自主知识产权的花卉新品种，加快培育产值超亿元的特色优势品种，做强具有较大影响力的花卉展示展销会。

（六）优化通关和退税流程，不断改善营商环境

一是改善退税进度和方法，在国家税务总局现行规定的办理退税平均时间基础上，通过无纸化退税申报，优质企业简易化退税、电子退库全联网全覆盖等方式，进一步压缩办理时限。

二是增加企业在本地海关报关率。充分利用全国通关一体化和通关检疫一体化，鼓励云南的花卉外贸企业把为其他省份外贸企业供货的量和在省外海关报关的量转化为企业自营并在本地海关报关。

三是全面落实已经与日韩签署的"经认证的经营者"（AEO）互认安排实施细则。进一步扩大 AEO 花卉企业数量，使更多符合标准的企业享受 AEO 制度的红利。

云南扩大对东盟水果商品进口的对策分析

王海玲　徐　阳①

一、东盟是我国水果商品的主要进口集中地，云南虽然具有地缘优势，但进口额占有率不高，存在进口种类少、单一商品不够突出的短板

（一）东盟是我国水果的主要进口集中地

从我国对 RCEP 主要国家 2019—2020 年进口数据来看（表 2-13），2020年我国对东盟进口水果商品占全国比重超过 50%，表明 RCEP 中东盟是我国的集中进口市场，未来是云南省开拓市场的主要进口区。

表 2-13　2019—2020 年中国从东盟主要国家进口水果商品情况

2019 年				2020 年				
排名	地区	进口额/万美元	占全国进口比重/%	同比增长/%	排名	地区	进口额/万美元	占全国进口比重/%	同比增长/%
1	泰国	331978.23	28.46	64.27	1	泰国	402282.31	33.44	21.18
2	越南	88546.38	7.59	4.17	2	越南	99857.16	8.3	12.77
3	菲律宾	75477.14	6.47	1.59	3	菲律宾	57100.16	4.75	-24.35

---

①　王海玲、徐阳，云南省国际贸易学会。

续表

	2019 年					2020 年			
排名	地区	进口额/万美元	占全国进口比重/%	同比增长/%	排名	地区	进口额/万美元	占全国进口比重/%	同比增长/%
4	印度尼西亚	9764.22	0.84	9.99	4	印度尼西亚	16979.13	1.41	73.89
5	马来西亚	8332.06	0.71	62.81	5	柬埔寨	13217.6	1.1	443.92
6	缅甸	3185.48	0.27	-23.22	6	马来西亚	10882.32	0.9	30.61
7	柬埔寨	2430.08	0.21	1792.24	7	老挝	3526.38	0.29	881.55
8	老挝	359.27	0.03	17791.81	8	缅甸	449.99	0.04	-85.87
	合计	520072.86	44.58	—		合计	604295.05	50.23	16.19

数据来源：海关总署。

2020 年我国水果商品总进口额为 120.27 亿美元，同比增长 3.1%；其中从东盟进口在新冠肺炎疫情影响下增长突出，进口额达到 60.43 亿美元，占比上升至 50.23%，同比增长 16.19%。从东盟内部来看，从泰国进口水果商品实现了稳定的增长，泰国成为我国水果商品进口第一大国，占比达到 33.44%，远超其他东盟国家比重之和。

（二）云南虽然具有地缘优势，但进口额占有率不高

从 2019—2020 年我国各省（区、市）进口水果商品的数据来看（表 2-14），2020 年云南省在全国排名第六，占比仅为 3.96%，云南省虽然具有地缘优势，但进口额占有率并不高。

2020 年，我国水果商品进口省（区、市）共 29 个。排名前 6 位的广东、上海、浙江、广西、重庆和云南的水果商品进口较为集中，6 省（区、市）进口额占我国水果商品进口总额的比重提升到 81.31%，且有进一步集中的趋势。广东以超过 45 亿美元的进口额，38.18% 的市场份额独占鳌头，成为领头军；上海、浙江和广西进口额均超过 10 亿美元，构成第二梯队；重庆和云南规模相当，共同组成第三梯队。值得注意的是，重庆在实现近年来的稳健高速增长

后，超越辽宁和云南，占到第五的位置，值得云南省深入研究和借鉴。

表 2-14　2019—2020 年全国主要省（区、市）进口水果商品情况

2019 年					2020 年				
排名	地区	进口额/万美元	占全国进口比重/%	同比增长/%	排名	地区	进口额/万美元	占全国进口比重/%	同比增长/%
1	广东	423601.52	36.31	27.29	1	广东	458813.58	38.18	8.31
2	上海	193201.82	16.56	-4.5	2	上海	171683.22	14.29	-11.14
3	广西	120685.01	10.35	26.74	3	浙江	123384.93	10.27	0.51
4	浙江	105781.55	9.07	330.99	4	广西	121296.16	10.09	16.64
5	云南	57717.10	4.95	90.69	5	重庆	54340.02	4.52	170.80
6	辽宁	46119.79	3.95	6.98	6	云南	47610.18	3.96	-17.51
	合计	947106.79	81.19	—		合计	977128.09	81.31	3.17

数据来源：海关总署。

（三）云南省水果商品进口出现种类少、单一商品不够突出的短板

通过与进口水果商品前五省（区、市）2020 年的数据对比分析，云南省水果商品进口存在种类少、单一商品不够突出的短板。

2020 年我国水果进口商品税目共有 79 类，有 22 类商品进口额超过 1 亿美元；排名前五的进口水果商品分别为榴莲、其他鲜樱桃、香蕉、山竹果和开心果，其中榴莲和其他鲜樱桃表现突出，进口额分别突破 23 亿美元和 16 亿美元，占比分别达到 19.17% 和 13.68%。从进口商品种类上来看，云南省对 22 类商品存在进口情况，占总进口税目的 27.85%，进口商品种类上多样性不够；从进口金额结构来看，云南省未出现单一进口商品突破 2 亿美元的情况，相较广东两类单品（榴莲和其他鲜樱桃）进口突破 10 亿美元、广西榴莲进口突破 7 亿美元，云南省在单一商品集中进口上存在较大差距；从商品结构上来看，云南省前三类进口商品占比达到 78.26%，与重庆的进口结构相似，但相较重庆 50% 进口集中在榴莲，云南省存在进口单品不够突出的问题（表 2-15）。

表 2-15　2020 年我国主要省（区、市）进口水果商品明细对比分析

地区	商品种类/类	金额结构/美元	商品结构
广东	56	大于 10 亿 2 类；1 亿～10 亿 7 类；0.1 亿～0.9 亿共 10 类	其他鲜樱桃占比 27.51%；鲜榴莲占比 24.88%；鲜葡萄占比 11.84%；鲜火龙果占比 4.55%；鲜或干的山竹果占比 4.43%；鲜或干的橙占比 3.33%
上海	51	大于 1 亿 4 类；0.1 亿～0.9 亿共 12 类	鲜猕猴桃占比 26.08%；鲜或干的香蕉，芭蕉除外占比 25.71%；其他鲜樱桃占比 10.06%；鲜火龙果占比 6.56%
广西	26	大于 1 亿 2 类；0.1 亿～0.9 亿共 7 类	鲜榴莲占比 59.47%；鲜或干的山竹果占比 19.53%；鲜火龙果占比 4.7%；鲜或干的芒果占比 4.04%；鲜龙眼占比 3.75%
浙江	47	大于 1 亿 1 类；0.1 亿～0.9 亿共 16 类	其他鲜樱桃占比 28.62%；未列名冷冻水果及坚果占比 9.93%；龙眼干、肉占比 8.51%；鲜葡萄占比 6.37%；鲜榴莲占比 5.48%
重庆	17	大于 1 亿 2 类；0.1 亿～0.9 亿共 2 类	鲜榴莲占比 50.24%；鲜龙眼占比 29.05%；鲜或干的山竹果占比 10.32%；鲜火龙果占比 8.49%
云南	22	大于 1 亿 3 类；0.1 亿～0.9 亿共 3 类	鲜龙眼占比 28.87%；鲜榴莲占比 25.39%；鲜或干的山竹果占比 24%
全国	79	大于 10 亿 2 类；1 亿～10 亿 20 类；0.1 亿～0.9 亿共 23 类	鲜榴莲占比 19.17%；其他鲜樱桃占比 13.68%；鲜或干的香蕉，芭蕉除外占比 7.77%；鲜或干的山竹果占比 5.63%；未去壳阿月浑子果（开心果）占比 5.46%；鲜葡萄占比 5.35%；鲜火龙果占比 4.6%；鲜龙眼占比 4.09%

数据来源：海关总署。

二、RCEP 生效后，我国对东盟水果商品的减税有覆盖面广、立即减税至零的商品多的特点

通过梳理我国对东盟水果商品的整体减税安排，RCEP 生效后，共涉及减税商品 92 个，覆盖全部进口水果商品，平均关税税率由目前的 18.33%最终降至 0（表 2-16）。

表 2-16　协定生效后中国对东盟水果商品整体减税分析　　　　　　　%

商品	基准税率	第 1 年	第 6 年	第 11 年	第 16 年	第 20 年
HS08 水果及坚果	18.33	10.38	7.25	4.29	1.88	0

RCEP 生效后第 1 年税率为 0 的商品共有 52 类（表 2-17），占中国进口水果商品贸易额比重为 66.02%。这 52 类商品在 RCEP 和《中国-东盟全面经济合作框架协议》中的税率均为 0，可在两个协定中自由选择使用。其余商品在《中国-东盟全面经济合作框架协议》中的税率为 0，可继续使用《中国-东盟全面经济合作框架协议》，以保障自身利益最大化。

表 2-17　可在两个协定中自由选择的 52 类产品汇总

商品名称	商品名称
HS0801.11.00 干椰子	HS0801.19.10 种用椰子
HS0801.19.90 其他椰子	HS0801.21.00 未去壳巴西果
HS0801.22.00 去壳巴西果	HS0801.31.00 未去壳腰果
HS0802.11.00 未去壳扁桃核	HS0802.12.00 扁桃仁
HS0802.22.00 榛子仁	HS0802.51.00 未去壳阿月浑子果（开心果）
HS0802.52.00 去壳阿月浑子果（开心果）	HS0802.61.10 种用未去壳马卡达姆坚果（夏威夷果）
HS0802.61.90 其他未去壳马卡达姆坚果（夏威夷果）	HS0802.62.00 去壳马卡达姆坚果（夏威夷果）
HS0802.80.00 槟榔果	HS0803.10.00 鲜或干的芭蕉
HS0803.90.00 鲜或干的香蕉，芭蕉除外	HS0804.10.00 鲜或干的椰枣

商品名称	商品名称
HS0804.50.10 鲜或干的番石榴	HS0804.50.20 鲜或干的芒果
HS0804.50.30 鲜或干的山竹果	HS0805.10.00 鲜或干的橙
HS0805.20.10 焦柑	HS0805.20.20 阔叶柑橘
HS0805.20.90 其他柑橘 （包括小蜜橘及萨摩蜜柑橘）	HS0805.40.00 葡萄柚，包括柚
HS0805.50.00 柠檬及酸橙	HS0806.10.00 鲜葡萄
HS0806.20.00 葡萄干	HS0807.19.10 鲜哈蜜瓜
HS0807.19.20 罗马甜瓜及加勒比甜瓜	HS0807.19.90 其他鲜甜瓜
HS0807.20.00 鲜番木瓜	HS0808.10.00 鲜苹果
HS0808.30.10 鲜鸭梨、雪梨	HS0808.30.20 鲜香梨
HS0808.30.90 其他鲜梨	HS0809.21.00 鲜欧洲酸樱桃
HS0809.29.00 其他鲜樱桃	HS0809.30.00 鲜桃，包括鲜油桃
HS0809.40.00 鲜李及黑刺李	HS0810.10.00 鲜草莓
HS0810.60.00 鲜榴莲	HS0810.90.30 鲜龙眼
HS0810.90.40 鲜红毛丹	HS0810.90.50 鲜番荔枝
HS0810.90.70 鲜莲雾	HS0810.90.80 鲜火龙果
HS0813.40.10 龙眼干、肉	HS0813.40.40 荔枝干

三、云南省从东盟进口水果商品存在单品优势不突出，地缘优势发挥不充分的问题

在对我国 2020 年 79 类水果商品进口的来源国（区）进行一一统计分析后，共有 23 类商品进口来源涉及东盟，合计进口金额为 92.35 亿美元，占全国水果进口比重为 76.84%。其进口来源国覆盖泰国、越南、印度尼西亚、马来西亚、柬埔寨和菲律宾。

（一）云南省具有相对进口竞争优势的商品共有 6 类，虽然占云南进口水果商品比重较高，但在全国市场占有率较低

该部分包含云南省进口单一类水果金额超过 1 亿美元或进口国内市场占有率超过 20% 的商品，共计 6 类商品，占云南省进口水果比重达到 84.12%。2020 年云南水果进口单品超过 1 亿美元的商品有 3 类，分别为榴莲、山竹果、龙眼，3 类商品占云南水果总进口的 78.26%，但对比其他省（区、市）的进口情况（表 2-18），云南省在全国范围内均不具备进口规模优势，尤其是在全国第一大类进口商品鲜榴莲上，仅是广东的约 1/8、广西约 1/6，进口份额仅为全国的 5.18%；在未列名鲜果和鲜西瓜的进口上，云南省主要与广西进行竞争，但均落后于广西；在鲜荔枝的进口上，云南省成为主要进口省，市场份额达到 98.4%。

表 2-18　云南省具有相对竞争优势的 6 类水果商品进口情况

商品名称	总进口额/万美元	主要进口国及占比/%	主要进口省（区、市）	进口金额/万美元	占全国进口比重/%
HS08106000 鲜榴莲	230425.67	泰国 100	广东	100102.17	43.44
			广西	71528.06	31.03
			重庆	27298.41	11.85
			云南	11924.85	5.18
HS08045030 鲜或干的山竹果	67687.42	泰国 86.33 印度尼西亚 12.56	广西	23469.42	34.67
			广东	17798.79	26.30
			云南	11268.04	16.65
HS08109030 鲜龙眼	49123.34	泰国 99.38	重庆	15781.02	32.12
			云南	13554.2	27.59
HS08109090 未列名鲜果	6171.86	越南 73.52 泰国 23.89	广西	3371.5	54.63
			云南	1321.17	21.41
HS08071100 鲜西瓜	1634.67	越南 100	广西	1087.45	66.52
			云南	547.22	33.48
HS08109010 鲜荔枝	897.04	越南 94.09 泰国 5.91	云南	828.72	98.4
			广西	5.78	0.64

数据来源：海关总署。

（二）云南省处于相对弱势的进口水果商品共 17 类，除去香蕉和火龙果初具规模，另外 9 类水果商品进口规模较小，6 类水果商品暂无进口

该部分包含云南省进口金额较小或暂无进口的水果商品，共计 17 类。云南省存在低进口的 11 类水果商品中，云南省在全国进口第三大水果商品香蕉进口金额虽然超过 1500 万美元，但占全国进口份额仅为 3.91%，其他 10 类商品云南省虽然有进口但市场占有率均较低（表 2-19）。云南省暂未进口的水果商品有 6 类，分别为去壳腰果、椰子干、未去壳腰果、其他暂时保藏的水果及坚果、鲜木瓜、其他椰子。

表 2-19　云南省处于相对弱势的 17 类水果进口商品情况

商品名称	总进口额/万美元	主要进口国及占比/%	主要进口省（区、市）	进口金额/万美元	占全国进口比重/%
HS08039000 鲜或干的香蕉（芭蕉除外）	93319.69	菲律宾 46.88 厄瓜多尔 21.98 柬埔寨 13.00	上海	42723.69	45.71
			辽宁	17416.86	18.59
			北京	11013.98	11.74
			广东	8897.41	9.53
			云南	1566.75	3.91
HS08109080 鲜火龙果	55294.98	越南 99.96	广东	18314.7，4	33.12
			上海	10898.29	19.71
			云南	3438.3	6.22
HS08119090 未列名冷冻水果及坚果	38557.36	泰国 52.13 马来西亚 25.66	广东	11246.79	29.17
			浙江	7768.29	20.15
			云南	839.12	2.18
HS08011200 未去内壳（内果皮）的椰子	29531.56	泰国 64.35 印度尼西亚 23.67	广东	10017.64	33.92
			海南	8236.66	27.89
			云南	26.9	0.09

续表

商品名称	总进口额/万美元	主要进口国及占比/%	主要进口省（区、市）	进口金额/万美元	占全国进口比重/%
HS08134010 龙眼干、肉	17931.92	泰国 99.73	福建	10071.16	56.16
			浙江	6666.47	37.18
			云南	112.99	0.63
HS08043000 鲜或干的菠萝	17217.23	菲律宾 64.90 中国台湾 30.01 泰国 4.92	上海	7755.5	45.04
			福建	5175.5	30.06
			北京	2503.01	14.54
			云南	658.44	3.82
HS08013200 去壳腰果	15109.45	越南 97.79	浙江	3979.16	26.34
			广东	3879.6	25.68
			山东	2136.81	14.14
			广西	1867.48	12.36
HS08054000 葡萄柚（包括柚）	7869.06	南非 55.49 泰国 17.71	广东	2542.96	32.32
			浙江	1734.34	22.04
			云南	469.47	5.97
HS08045020 鲜或干的芒果	7627.46	越南 63.78 泰国 16.43	广西	4855.25	63.66
			福建	1126.48	14.77
			云南	320.83	4.21
HS08109050 鲜番荔枝	3995.01	中国台湾 95.51 泰国 4.49	福建	2903.9	72.69
			广东	955.9	23.93
			云南	3.23	0.08
HS08011100 椰子干	2490.9	菲律宾 49.09 印度尼西亚 36.6	福建	732.84	29.42
			广东	477.4	19.17
			河北	397.82	15.97
			上海	340.7	13.68
HS08129000 其他暂时保藏的水果及坚果	2118.33	越南 88.01 柬埔寨 10.57	福建	1532.18	72.33
			广西	174.61	8.24

续表

商品名称	总进口额/ 万美元	主要进口国 及占比/%	主要进口 省（区、市）	进口金额/ 万美元	占全国进 口比重/%
HS08109070 鲜莲雾	1971.89	中国台湾 92.61 泰国 7.39	福建	1842.2	93.44
			云南	8.8	0.45
HS08013100 未去壳腰果	1588.11	柬埔寨 43.77 多哥 24.277 贝宁 16.13	北京	827.46	46.73
			浙江	320.26	18.09
			安徽	184.64	10.43
HS08109040 鲜红毛丹	195.56	泰国 97.14 越南 2.86	上海	90.6	46.33
			河南	62.84	32.13
			云南	0.55	0.28
HS08072000 鲜木瓜	140.02	菲律宾 96.43	上海	99.01	70.71
			北京	36	25.71
HS08011990 其他椰子	113.36	泰国 95.41	广东	78.24	69.02
			福建	23.76	20.96

数据来源：海关总署。

四、云南省可从现有的国内存量中发展国内贸易替代，在国际市场中通过调整进口国来源结构来寻求贸易替代

（一）在我国进口水果商品的国内贸易替代市场中榴莲具有超大的市场空间

以 2020 年我国从东盟进口的水果商品分析，云南省在进口时可拓展的国内贸易替代空间合计金额为 54.84 亿美元。其中榴莲以超过 21 亿美元的市场空间排名第一，其次为香蕉、山竹果和龙眼。

表 2-20   2020 年进口水果商品在国内可发展贸易替代市场分析   万美元

商品名称	金额	商品名称	金额
HS08106000 鲜榴莲	218500.82	HS08039000 鲜或干的香蕉（芭蕉除外）	91890.42
HS08045030 鲜或干的山竹果	56419.38	HS08109080 鲜火龙果	51856.67
HS08119090 未列名冷冻水果及坚果	37719.47	HS08109030 鲜龙眼	35582.64
HS08011200 未去内壳（内果皮）的椰子	29504.66	HS08134010 龙眼干、肉	17818.93
HS08043000 鲜或干的菠萝	16558.79	HS08013200 去壳腰果	15109.45
HS08054000 葡萄柚，包括柚	7399.59	HS08045020 鲜或干的芒果	7306.63
HS08109090 未列名鲜果	4850.69	HS08109050 鲜番荔枝	3991.78
HS08011100 椰子干	2490.9	HS08129000 其他暂时保藏的水果及坚果	2118.33
HS08109070 鲜莲雾	1962.73	HS08013100 未去壳腰果	1588.11
HS08071100 鲜西瓜	1087.45	HS08109040 鲜红毛丹	195.01
HS08072000 鲜木瓜	140.02	HS08011990 其他椰子	113.36
		合计	604205.83

数据来源：海关总署。

（二）云南省可从国际市场中通过调整进口来源国（地区）结构来寻求贸易替代，其中香蕉最具贸易替代优势

云南省在国际市场中可通过调整进口来源国（地区）结构来寻求贸易替代，将来源国（地区）为东盟外向东盟内调整，加强与东盟的进出口贸易往来。以 2020 年我国水果商品进口金额及来源国（地区）进行分析，国际市场上可寻求贸易替代的空间为 4.47 亿美元，其中香蕉的可调整空间最大，超过 2 亿美元。

表 2-21 2020 年进口水果商品在国际可调整贸易替代市场分析

商品名称	可发展贸易替代国家（地区）	金额/万美元	对当前所在地区的税率/%	可调整至国家	对中国的税率/%
HS08039000 鲜或干的香蕉, 芭蕉除外	厄瓜多尔	20506.94	10	菲律宾、柬埔寨	0
HS08119090 未列名冷冻水果及坚果	加拿大	1825.85	27.13	泰国、马来西亚	0
	乌克兰	1269.59	27.13		
	瑞典	1265.67	27.13		
	智利	864.18	0		
	小计	5225.29			
HS08043000 鲜或干的菠萝	中国台湾	5166.6	鲜菠萝 0 干菠萝 12	菲律宾	0
HS08054000 葡萄柚, 包括柚	南非	4366.33	12	泰国	0
	以色列	861.92	12		
	中国台湾	594.9	0		
	埃及	431.87	12		
	小计	6255.02			
HS08109050 鲜番荔枝	中国台湾	3815.66	0	泰国	0
HS08045020 鲜或干的芒果	中国台湾	818.98	鲜芒果 0 干芒果 15	越南、泰国	0
	澳大利亚	299.6	0		
	秘鲁	238.17	0		
	小计	1356.75			
HS08109070 鲜莲雾	中国台湾	1776.16	0	泰国	0
HS08013100 未去壳腰果	贝宁	256.11	7	柬埔寨	0
	多哥	385.44	7		
	小计	641.55			
	合计	44743.97			

五、云南省扩大对东盟水果进口的对策建议

云南省应采取有针对性和有效的措施，争取打造成西南地区最大的、有特色、有影响力的东盟水果商品集散中心、集成加工中心、物流配送中心、交易拍卖中心、期货交易中心，同时具备价格发布能力、金融服务能力、商品评级能力的集聚东盟优势水果商品的一站式分销平台。

（一）根据"一品一策"的进口举措，打造七大核心进口水果商品和单品进销渠道

一是可围绕云南目前有相对进口优势的七大水果商品（榴莲、山竹果、龙眼、西瓜、荔枝、火龙果、香蕉），打造七大核心进口商品①。其余产品分阶段、分层次、分重点加大进口规模（表2-22）。

表2-22　云南进口水果可发展商品应关注层次分析

关注国家		泰国、越南、菲律宾、印度尼西亚
关注省份		广东、上海、浙江、广西、重庆、云南
关注商品	核心商品	HS08106000 鲜榴莲；HS08045030 鲜或干的山竹果；HS08109030 鲜龙眼；HS08071100 鲜西瓜；HS08109010 鲜荔枝；HS08039000 鲜或干的香蕉，芭蕉除外；HS08109080 鲜火龙果
	可发展商品	HS08109090 未列名鲜果；HS08119090 未列名冷冻水果及坚果；HS08011200 未去内壳（内果皮）的椰子；HS08134010 龙眼干；肉；HS08043000 鲜或干的菠萝；HS08013200 去壳腰果；HS08054000 葡萄柚，包括柚；HS08045020 鲜或干的芒果；HS08011100 椰子干；HS08129000 其他暂时保藏的水果及坚果；HS08109070 鲜莲雾；HS08013100 未去壳腰果；HS08109040 鲜红毛丹；HS08072000 鲜木瓜；HS08011990 其他椰子；HS08109050 鲜番荔枝

---

① 2020 年云南省以边民互市方式进口水果前五大商品分别为火龙果（56796.05 万美元）、香蕉和芭蕉（49179.73 万美元）、西瓜（6782.73 万美元）、芒果（6319.05 万美元）、鲜龙眼（2129.88 万美元）。

二是构建单品进口渠道。2020 年中国进境水果指定监管场地达到 120 个，遍布于全国 23 个省级行政区；其中云南省获批 9 个，位于全国前列，但云南省口岸数量优势尚未显现出来。可借助 RCEP 原产地规则的便利化，探索构建以单品水果为主的综合重点进口区，各个口岸分重点、分层次的进口体系，形成联动进口、错位进口（表 2-23）。

表 2-23　云南各个口岸可重点打造进口商品汇总

口岸名称	重点打造商品	经营单位
云南磨憨口岸	香蕉、西瓜、榴莲、山竹	磨憨金孔雀交通运输有限责任公司
云南河口口岸	火龙果、西瓜	河口滇越货场物流有限责任公司
云南天保口岸	火龙果、龙眼	麻栗坡县拓丰物流中心
云南章凤口岸	香蕉	陇川友邦商贸有限公司
瑞丽畹町口岸	西瓜	瑞丽市畹町长合商贸有限公司
腾冲市猴桥口岸	香蕉	腾冲县金鑫经贸有限公司

三是构建单品国内分销渠道。加大对重点进口商品的国内二级市场、三级市场的分销研究，构建全国单品消费地图，有针对性地分区域、分重点销售，构建分销平台。

（二）培育境外采购主体，支持农业企业"走出去"

一是加大培育本土企业和对外招商引资力度。一方面，以现有企业为基础，培育和引导本土龙头企业参与境内外市场两端交易，积极开拓境外采购市场，促进境内外市场信息对称，保障境内外市场利益。另一方面，通过主动对接、以商招商、商协会推荐等方式，对接国际、国内一批优质水果客商资源，寻找单品发展的"隐形冠军"，鼓励和支持有条件的企业依托进境水果指定监管场地，批量进口高端水果。国内主要水果单品进口企业名单表 2-24，云南省可从中寻求招商引资的机遇。

表 2-24　国内主要水果单品进口企业名单

商品名称	主要从事企业	商品名称	主要从事企业
HS081060 鲜榴莲	深圳市唯诚立德贸易有限公司 深圳市广慧阳进出口有限公司 深圳市泰星盛进出口有限公司 深圳市泛亚物流有限公司	HS080450 鲜或干的芒果及山竹果	西双版纳红星东红贸易有限公司 海南德旺高贸易有限公司 西双版纳龙鑫航贸有限责任公司
HS081090 鲜荔枝、鲜龙眼、鲜红毛丹、鲜莲雾等	佳农食品（上海）有限公司 深圳市广慧阳进出口有限公司 广西凭祥盛宇进出口贸易有限公司	HS080711 鲜西瓜	靖西市宜禾康贸易有限责任公司 那坡县开元贸易有限责任公司 广西凭祥星艺贸易有限公司
HS080390 鲜或干的香蕉，芭蕉除外	大连港毅都冷链有限公司 都乐（上海）水果蔬菜贸易有限公司 上海皓东国际贸易有限公司 上海索菲娅国际贸易有限公司	HS08119090 未列名冷冻水果及坚果	宁波绿之健药业有限公司 惠州市晟荣生物科技有限公司 深圳市肯多斯供应链有限公司 嘉兴市阿榴哥商贸有限公司
HS080112 未去内壳（内果皮）的椰子	海口盛泰热带作物有限公司 上海欧恒进出口有限公司	HS081340 龙眼干、肉等未列名干果	上海震威国际贸易有限公司 莆田市涵江区百信进出口贸易有限公司 广东裕龙汇供应链管理有限公司 西双版纳允邦贸易服务中心
HS080430 鲜或干的菠萝	厦门全益轩贸易有限公司 厦门亚增进出口贸易有限公司	HS080132 去壳腰果	丹阳荷利特佳食品有限公司 中国乡镇企业总公司 潍坊港通达国际物流有限公司
HS080540 葡萄柚，包括柚	上海陆通国际贸易有限公司 深圳市时汇达进出口有限公司 鑫荣懋集团股份有限公司	HS080111 椰子干	厦门珈鼎实业有限公司 厦门昊洋进出口有限公司 上海西戈贸易有限公司 厦门泛鑫贸易有限公司

商品名称	主要从事企业	商品名称	主要从事企业
HS081290 其他暂时保藏的水果及坚果	普宁市启发食品有限公司 福建省诏安绿洲食品工业有限公司 利物浦进出口（深圳）有限公司	HS080131 未去壳腰果	龙州江南食品有限公司 宁波江东丰隆进出口有限公司 义乌市安峰进出口有限公司
HS080720 鲜木瓜	厦门屏鼎贸易有限公司 厦门亚增进出口贸易有限公司 厦门两岸农产品贸易有限公司 厦门长泽贸易有限公司	HS080119 其他椰子	上海伊禾农产品科技发展股份有限公司 北京派可菲贸易有限公司 青岛隆亚国际贸易有限公司 碧仁轩食品贸易（上海）有限公司

二是加大农业企业"走出去"步伐。借助 RCEP 农业开放中进一步提升投资开放程度和政策透明度，且各方均采用负面清单的方式，实现投资开放的历史性突破。加强与东盟成员国农业资源、产业发展水平、农业投资开放承诺等基础信息的研究，找准合作伙伴；支持企业主体与周边国家加强互利合作，充分利用当地丰富的土地资源和农业资源，因地制宜开展特色经济作物种植；开展对外农业投资和境外农业园区建设，优化分工、延长产业链进行海外布局，探索建立境外农业产业集群、重点国别境外农业合作大本营。

（三）加强口岸能力建设，提升通关效率

一是压缩特殊易腐货物通关时间，进一步提升贸易便利化水平。RCEP 对普通货物提出了 48 小时的通关要求，对易腐货物提出了 6 小时通关的要求，在此基础上考虑政策加码，进一步压缩通关时间。在各个主要进口口岸开设"绿色通道"，优先办理水果、海鲜等对通关时效要求高的鲜活农产品的通关验放手续，缩短入境通关时间，提升鲜活农产品的通关效率。

二是加强口岸能力建设，为农产品的运输和出口提供专门的线路。在水果商品进口的指定重点口岸同步加强双边配套设施建设和便利化水平，达到标准的互联互通，完善跨境物流体系建设。为农产品的运输和出口提供专门的线

路，建立固定的仓储流程，重点加强冷链运输环节的基础设施升级，有效提高产品质量，减少运输成本的负面影响。从软硬件多角度提高通关效率。

三是做强区位优势，提升中转服务保障能力。制定有效提升集货、散货能力的奖励政策。例如：可考虑按照进出货量、品类等多种方式，对操作境外集货、国内散货的货运代理企业进行奖励；可考虑异地调货补贴、线路补贴等，降低货物综合运输成本，以减少省外政策效应对昆明区位优势的冲击。

（四）大力发展进口水果落地加工，加快促进果旅融合发展，通过电子商务实现跨越发展

一是通过深加工增加产业附加值。水果深加工已经成为迎合消费升级、解决水果滞销难题的重要途径。要加快水果商品进口后的深加工和综合利用的步伐，重点发展贮运保鲜、果蔬汁、果酒等产品及果皮、果渣的综合利用，提高水果资源利用率。在质量、档次、品种、功能以及包装等各方面满足各种消费群体不同消费层次的需求。

二是依托云南旅游打造特色水果节庆活动。借助云南旅游优势产业，聚焦旅游、进口水果品鉴等领域，尤其是在冬季宣传反季水果，联合淘宝、京东、苏宁等电商平台举办"电商促销"线上 IP 节庆促销活动，引爆东盟水果产品线上营销，通过 3～5 年的连续举办，在电商平台和广大消费者中固化专场活动。依托云南暑期水果丰富的优势，举办"东盟热带水果节"等有特色的、新颖的活动，提升云南在全国水果消费市场的占有率和影响力。

三是发展跨境电商进口业务，利用国内电商平台集散。在进口端可考虑加入东南亚优势电商平台，例如，东南亚最大的电商平台 Shopee、阿里在东南亚的电商平台 Lazada 利用其渠道优势开展水果进口业务。在国内销售端可联合国内电商巨头淘宝、天猫、京东、苏宁、拼多多等电商平台开展国内商品集散。与橙心优选、盒马集市、十荟团、兴盛优选等社区电商合作，将榴莲、火龙果等更多进口水果送上社区居民餐桌。加快引进和培育本土生鲜电商龙头企业。

（五）构建水果进口贸易监测机制

一是每年度发布行业国际贸易市场发展趋势分析报告。对东盟水果及坚果主产区生产情况、出口情况、世界主要消费市场的变化趋势进行认真分析、研究和预判，每年度发布行业国际贸易市场发展趋势分析报告，为产业和贸易主

管部门提供决策参考依据，为市场经营主体进行市场营销、市场开拓提供指导。

二是发布进口水果价格指数和市场景气指数。进口水果价格指数分别从水果的品类、品种和产地进行细分展示，从大类和细分水果单品一一进行公示，形成一个系统完整的产品分类体系。市场景气指数通过采集每个月的交易量、交易额、进场车次等数据进行量化对比处理，形成能够及时反映市场经营状况和市场活跃度的量化指标。

RCEP 下云南省农产品加大对东盟高质量出口的对策分析（国际篇）

王海玲　杨欣雨①

2020 年云南省第一产业增加值达到 3598.91 亿元，同比增长 5.7%，对 GDP 增长贡献率达 17.9%，超过工业和建筑业；农产品（HS01-24 章）出口逆势上扬，出口额为 360.7 亿元，位居全国第六位，西部地区第一位，成为稳增长和发展农业农村经济的重要保障，同时也为打造高附加值农产品价值链提供了可能。随着 RCEP 的进一步对外开放，云南省出口占据主导地位的劳动密集型产品将面临人口红利消失的局面，以价格竞争为主的比较优势将不利于竞争优势的形成，云南省农产品出口已经到了亟待转型的关键时期，如何提升面向海外市场的出口增加值将成为关键问题，需要尽快找到后续增长点，增强出口竞争力。

一、从云南的出口来看，东盟为云南省最大贸易伙伴，其中农产品为云南省主要出口商品种类

从云南的出口来看，东盟为云南省最大贸易伙伴。2019 年实现对东盟出口 85.14 亿美元，占同期云南外贸出口总值的 56.56%；2020 年实现出口 104.63 亿美元，占同期云南外贸出口总值的 47.59%。

从云南对东盟出口的商品分类来看，农产品为云南省重要的出口商品种类。2019 年云南对东盟实现农产品出口总额 30.18 亿美元，占同期云南省对东盟出口总值的 35.38%；2020 年云南对东盟实现农产品出口总额 35.83 亿美元，占同期云南省对东盟出口总值的 25.48%，在疫情下实现逆势增长 18.96%，农

---

① 王海玲、杨欣雨，云南省国际贸易学会。

74

产品为云南省对东盟出口的重要商品种类（表 2-25）。

表 2-25　2020 年云南省对东盟出口产品分类汇总

指标	农产品 (1-24)	矿产品 (25-27)	化工产品 (28-38)	纺织产品 (50-63)	机电产品 (84-85)	车辆、仪器设备（86-92）
金额/亿美元	35.83	0.99	9.64	4.35	17.25	2.13
占比/%	25.48	0.7	6.85	3.09	12.27	1.51

数据来源：海关总署。

二、从全球对东盟的农产品出口来看，主要是中美之间的竞争

根据联合国商品数据库的统计分析，对东盟出口农产品主要是中美之间的竞争，美国为东盟农产品进口第一来源国，2019 年美国对东盟实现农产品出口 120.16 亿美元，占东盟从全球进口农产品比重达 10.62%；中国紧随其后，出口额为 111.88 亿美元，占比为 9.89%；其他国家中阿根廷、澳大利亚和巴西均是传统的农产品出口大国（图 2-1）。

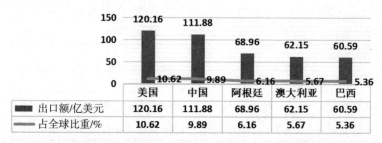

	美国	中国	阿根廷	澳大利亚	巴西
出口额/亿美元	120.16	111.88	68.96	62.15	60.59
占全球比重/%	10.62	9.89	6.16	5.67	5.36

图 2-1　2019 年主要国家（地区）对东盟出口农产品情况分析

数据来源：联合国商品交易数据库（UN Comtrade Database）。

（一）从出口产品构成来看，中美之间既有互补性又有竞争性，其中在水果领域出口竞争较大

整体来看，无论是土地密集型的大宗农产品，还是科技含量高、技术密集

的高价值农产品及其加工产品，美国都具有很强的竞争力。中美之间在水果领域竞争性较强，具体产品有葡萄、苹果和梨。

从 2019 年美国出口东盟的农产品商品结构来看（按税章分），HS23（食品工业的残渣及废料）、HS12（含油子仁及果实）和 HS10（谷物）三章合计出口总额达到 66.19 亿美元，占比为 55.09%，为主要优势出口产品；其中 HS12 和 HS10 的主要出口商品为大豆和小麦，原因是充裕的耕地资源使美国成为全球大豆和小麦的主要出口国，与此有密切相关的豆粕、豆油等也成为其主要出口产品。对比中国，劳动密集型的蔬菜和水果成为我国主要出口商品，与我国劳动力资源丰富、劳动成本低廉有密切关系。对比中美两国出口前六税章商品，在水果领域具有较强的竞争性，具体商品为 HS0806（鲜或干的葡萄）和 HS0808（鲜的苹果、梨）（表 2-26）。

表 2-26　2019 年中美出口东盟农产品商品前六汇总分析（按税章）

中国			美国		
商品名称	金额/亿美元	占比/%	商品名称	金额/亿美元	占比/%
HS07 食用蔬菜	21.66	19.35	HS23 食品工业的残渣及废料	26.98	22.46
HS08 食用水果及坚果	18.21	16.28	HS12 含油子仁及果实	22.62	18.82
HS21 杂项食品	7.33	6.56	HS10 谷物	16.59	13.81
HS03 鱼、甲壳动物、软体动物	6.45	5.76	HS21 杂项食品	10.78	8.97
HS17 糖及糖食	6.39	5.72	HS04 乳品、蛋品	7.46	6.21
HS24 烟草	6.36	5.69	HS08 食用水果及坚果	7.31	6.08

数据来源：联合国商品交易数据库（UN Comtrade Database）。

（二）从出口目的地来看，中美之间在东盟的多个经济体中存在竞争关系

通过对比中美对东盟出口农产品的目的地分析，两国在前六目的地中（印度尼西亚、泰国、马来西亚、越南、菲律宾、新加坡）存在激烈竞争。

具体分析来看，中美之间的竞争集中在前六大市场，与东盟国家中主要进口农产品国家保持同步，其中中国在泰国、马来西亚和新加坡稍优于美国，而在印度尼西亚、菲律宾和越南市场上落后于美国（表2-27）。

表2-27　2019年中美出口东盟农产品目的地分析

中国				美国			
排名	地区	出口额/亿美元	占比/%	排名	地区	出口额/亿美元	占比/%
1	印度尼西亚	25.85	23.1	1	菲律宾	30.7	25.55
2	泰国	19.66	17.58	2	印度尼西亚	26.98	22.45
3	马来西亚	17.97	16.07	3	越南	21.83	18.17
4	越南	15.61	13.95	4	泰国	17.06	14.2
5	菲律宾	12.75	11.39	5	马来西亚	11.22	9.33
6	新加坡	11.6	10.37	6	新加坡	9.89	8.23
7	缅甸	1.91	1.7	7	缅甸	1.54	1.28
8	柬埔寨	0.74	0.67	8	柬埔寨	0.66	0.55
9	老挝	0.44	0.4	9	老挝	0.11	0.1
10	文莱	0.22	0.2	10	文莱	0.15	0.1
	合计	111.87			合计	120.16	

数据来源：联合国商品交易数据库（UN Comtrade Database）。

三、从其他主要国家对东盟的农产品出口来看，各个经济体均依托自身资源优势出口

（一）澳大利亚和新西兰的优势出口资源集中在小麦、牛羊肉及乳制品

从澳大利亚、新西兰对东盟出口农产品的整体结构来看，初级农产品占比达到83.18%、86.22%，显示澳大利亚和新西兰属于典型的资源依赖型国家。

从两国出口前五税章来看，澳大利亚优势产品集中在小麦、牛羊肉及相关产品、乳制品和水果，新西兰优势产品集中在乳制品和水果。整体来看，澳大利亚和新西兰在HS08（水果及坚果）与我国竞争关系较大，具体明细商品为HS0805（鲜或干的柑橘属水果）和HS0806（葡萄）两类商品（表2-28）。

表2-28　2019年澳大利亚、新西兰出口东盟农产品商品前五汇总（按税章分）

澳大利亚			新西兰		
商品名称	金额/亿美元	占比/%	商品名称	金额/亿美元	占比/%
HS10 谷物	14.51	22.27	HS04 乳品；蛋品；天然蜂蜜	20.98	68.85
HS01 活动物	10.66	16.36	HS08 食用水果及坚果	2.29	7.52
HS02 肉及食用杂碎	10.32	15.84	HS02 肉及食用杂碎	1.68	5.51
HS04 乳品；蛋品；天然蜂蜜	5.56	8.53	HS21 杂项食品	1.36	4.45
HS08 食用水果及坚果	4.66	7.15	HS19 谷物、粮食粉、淀粉或乳的制品	1.23	4.04
合计	45.71	70.15	合计	27.54	90.37

数据来源：联合国商品交易数据库（UN Comtrade Database）。

（二）阿根廷和巴西优势出口资源集中在小麦、玉米和大豆

从具体分析来看，2019年阿根廷对东盟出口玉米为21.14亿美元，占同期农产品比重为30.66%；小麦为6.35亿美元，占比为9.21%。巴西对东盟出口玉米为12.17亿美元，占同期农产品比重为20.09%；大豆为8.09亿美元，占比为13.35%。相应地，与之密切相关的HS23（食品工业的残渣及废料）也成为两国的主要出口商品。从我国与两国的出口商品明细对比分析，云南省的优势出口单品咖啡、烟草与巴西均存在较大竞争关系。

四、RCEP 带来的机遇

（一）RCEP 有望与中国-东盟自贸区形成叠加效应，进一步拓展云南省优势产品的出口市场空间

中国已经与东盟达成了自由贸易区协定，有望与 RCEP 形成叠加效应，进一步拓展云南省优势产品的出口空间。尤其对比美国、阿根廷和巴西等未与东盟签订自贸协定的地区（表 2-29），我国能够享受在关税上的优势，有望在以后的发展中，在具体商品上形成贸易替代，进一步扩大市场份额，形成竞争优势。

表 2-29　目前各国与东盟之间签订双边协定汇总

	中国	美国	日本	韩国	澳大利亚	新西兰	阿根廷	巴西
东盟	√	×	√	√	√	√	×	×
新加坡	√	√	√	√	√	√	×	×
泰国	×	×	√	×	√	√	×	×
马来西亚	×	×	√	×	√	√	×	×
印度尼西亚	×	×	√	√	√	×	×	×
菲律宾	×	×	√	×	×	×	×	×
越南	×	×	√	×	×	×	×	×
文莱	×	×	√	√	×	×	×	×
柬埔寨	√	×	×	×	×	×	×	×

资料来源：中国商务部。

以云南省的优势出口商品 HS08（水果及坚果）为例分析，在国际市场中可发展的贸易替代空间分析表 2-30。从国别来看，与美国之间的竞争将会更加明确，未来有可能在水果领域对美国发展贸易替代，可替代产品有核桃仁、苹果和葡萄。

表 2-30　水果在东盟主要国家发展国际贸易替代市场空间分析

进口国	商品名称	出口国	可替代金额/万美元	对所在国当前税率/%	中国-东盟自贸协定/%	RCEP 生效后税率变化说明
泰国	HS080232 核桃仁	美国	142.93	10	0	由 10 直降为 0
	HS080610 鲜葡萄	美国	671.52	30	0	由 30 直降为 0
	HS080810 鲜苹果	美国	2181.58	10	0	由 10 直降为 0
马来西亚	HS080610 鲜葡萄	美国	1919.63	5	0	由 5 逐减
	HS080810 鲜苹果	美国	667.51	5	0	由 5 逐减
印度尼西亚	HS080521 柑橘	阿根廷	830.92	20	0	保持 20 不变
		澳大利亚	921.64	20		
	HS080610 鲜葡萄	美国	3426.14	5	0	由 5 直降为 0
菲律宾	HS080232 核桃仁	美国	122.55	3	0	保持 7 不变
	HS080521 柑橘	阿根廷	557	10	0	由 10 直降为 0
	HS080610 鲜葡萄	美国	3111.25	7	0	由 7 直降为 0

数据来源：联合国商品交易数据库（UN Comtrade Database）。

（二）RCEP 关于农业投资开放的新规定将有助于我国农业的双向投资发展

从我国的承诺来看，首次采用负面清单作出投资准入承诺，不再有限制性措施，不仅锁定了当前的改革成果，也大大提升了投资政策的透明度。

从我国的农业对外投资合作来看，东盟是我国投资流量和投资存量所占比重最大的区域。截至 2019 年，我国在东盟设立农业企业近 400 家，占到我国农业对外投资企业总数的 40%以上，投资存量超过投资总存量的 1/4。投资领域涵盖粮食产业、经济作物产业、畜牧业、渔业、林业及农资产业，老挝、缅甸、印度尼西亚、柬埔寨是我国在东盟的主要投资国。从东盟各国来看，承诺水平也超过了原有的双边协定水平，如泰国取消了禁止外资进入大米种植、牲畜饲养、蔗糖加工等领域的规定，允许乳制品制造、淀粉产品制造、通心粉制造等行业外商独资等。进一步降低的投资门槛和更加透明的投资环境，有利于我国农业企业赴东盟等地区开展农业投资的外部环境进一步改善，有利于企业在区域内优化产业链布局，提升参与国际农业合作和竞争的新优势。

五、面临的挑战分析

（一）区域外美国、巴西、阿根廷等传统农业大国在大宗农产品领域优势依然突出

传统大宗农产品出口大国中的美国、阿根廷、巴西等在东盟的农产品进口中均占据重要位置，这些国家都具有丰富的耕地资源，同时大豆、小麦、玉米等农产品对生产技术的要求不高，适宜大面积种植，因此这些国家均为农产品的主要出口国。由于拥有丰富的原料，与上述产品密切相关的其他加工产业也都获得了长足的发展。通过对比中国与美国、阿根廷、巴西在大宗农产品出口上的单价可以看出，该三国在小麦、玉米、大豆上的成本优势明显，再加上国内、国际物流设施的发达，农产品的价格优势得以扩大到全世界。因此，在短时间内，以上国家在大宗农产品上依然会具有明显的竞争力（表2-31）。

表2-31 2019年中国、美国、阿根廷和巴西出口大宗农产品单价对比分析

美元/吨

品种	美国	阿根廷	巴西	中国
小麦	231.48	217.74	—	427.29
玉米	192.8	164.89	170.51	375.58
大豆	357.41	338.65	419.08	806.17

数据来源：联合国商品交易数据库（UN Comtrade Database）。

除此之外，在云南省优势产品中各国也均有较大的出口存量，如美国的水果、巴西的咖啡和烟草在东盟也占有一定的市场份额。

（二）区域内日本和韩国在食品加工领域、澳大利亚和新西兰在初级农产品领域均具有比较优势

一是日韩在食品深加工方面的优势明显，有可能利用其技术、资金优势在

区域内重新布局农业产业链。从日韩两国的出口农产品结构来看，加工农产品占比分别为 61.33%、66.91%，表明两国是以食品深加工为主导。这意味着两国在产品设计、质量管理、营销等食品制造业领域具有相对的优势。日韩面临同样的困境：国内耕地有限，劳动力价格高，农业生产成本高，国内农产品价格偏高，对国外农产品进口依赖性很高。日韩尤其是全球对外投资第一的日本（2019 年日本对外直接投资 2266.5 亿美元，中国为 1369.1 亿美元）可能直接在东盟布局农产品种植，加上自身的深加工技术优势、资本优势，部署区域内农业价值链。日韩可整合东盟初级农产品的资源优势，加上自身加工农产品的技术、资金优势，在东盟直接完成种植、收获、深加工、销售的一体化区域内产业链，再出口到其他国家。

二是澳大利亚和新西兰不仅在传统的水果领域是我国的主要对手，其拥有的现代种植技术和农业企业也是我国未来农业企业"走出去"区域内的主要竞争对手。

六、明确发展思路

（一）以农业"走出去"为主线

一是紧扣自身比较优势，找准合作伙伴。利用 RCEP 项下东盟等成员农业服务市场扩大准入的机遇，加强对东盟成员国农业资源、产业发展水平、农业投资开放承诺等基础信息的研究，找准合作伙伴。以农业种植、农林经济作物种植、农产品加工、农业废料利用等领域合作为重点，将缅甸、老挝、越南、泰国和柬埔寨作为重点国家，引导企业与当地长期合作，建立农业生产基地，建设大宗农产品交易中心、仓储中心、配送体系，返销省内开展农产品深加工，再进行国内或国际市场销售。

二是树立"两区"的农业对外合作新样板。着力推进省级"农业对外开放合作试验区和境外农业合作示范区"建设工作，成功推动一批云南企业到境外重点合作国投资农业。同时注重建设优良品种试验站，提升云南省农业技术的区域辐射力和国际影响力。

三是培育龙头企业，推动云南省农业企业走出国门。培育和发展农产品种植和加工出口的龙头企业和小巨人企业，构建开放型企业梯队，推动高端农产品的发展，鼓励企业在东盟布局农业生产、加工和销售基地，全力打造境外农业产业经济带，培育产业发展原动力。

（二）做精"引进来"，做强加工品牌

一是引进澳大利亚、新西兰的现代化种植技术与企业，推动云南省农业技术升级。引进澳新现代农业生产技术，推动粮食、畜牧业的标准化种植生产，深化农业科技交流合作，占领产业技术高地，助推世界一流"绿色食品牌"的打造。

二是联合日韩共同开展农业加工业，培育新的增长点。联合日韩方面在食品加工领域的技术和企业，合作开发独立包装、高附加值的农产品，推动云南省向农业价值链高端迈进。

（三）加强对企业和人才的培训

一是加大企业对各类经贸规则掌握和使用的培训。RCEP 生效后，我国与东盟之间将形成中国-东盟自贸与 RCEP 的双重协定，在减税安排、原产地规则、投资、服务贸易等领域的复杂规则，将对企业主体提出更高的要求，因此有必要加大对企业主体贸易规则的使用培训，在 RCEP 生效后能够切实做到第一时间享惠。

二是创新农业国际合作人才良性互动的流动机制，实施农业国际人才培养行动。举办外派人员能力提升培训班、外事能力建设培训班、农业国际组织后备人才培训班，组织召开农业国际合作工作现场会。

参考文献

[1]《中国对外投资合作发展报告 . 2020》，中华人民共和国商务部.

[2] 商务部 RCEP 第二次线上专题培训资料《用好 RCEP 红利促进中国农业高水平开放高质量发展》

RCEP 下云南省农产品加大对东盟高质量出口的对策分析（国内篇）

王海玲　杨欣雨①

一、从全国对东盟的农产品出口来看，云南省与山东、福建形成三足鼎立的局面

根据 2020 年海关统计数据分析，对东盟出口农产品领头省为福建、山东和云南，该三省出口均超过 35 亿美元，且市场占有率不相上下，形成三足鼎立的第一梯队；广东、广西和湖北三省（区）的出口均超过 10 亿美元，形成第二梯队（图 2-2）。

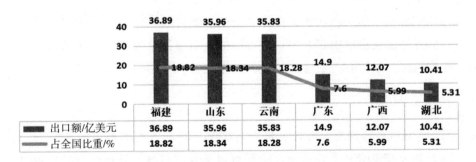

	福建	山东	云南	广东	广西	湖北
出口额/亿美元	36.89	35.96	35.83	14.9	12.07	10.41
占全国比重/%	18.82	18.34	18.28	7.6	5.99	5.31

图 2-2　2020 年各省（区、市）对东盟出口农产品情况分析

数据来源：海关总署。

---

①　王海玲、杨欣雨，云南省国际贸易学会。

二、通过云南与主要出口东盟农产品的省（区、市）的对比分析，云南省在产品结构、市场结构、贸易方式等方面均有提升空间

（一）从出口产品结构来看，山东较云南更具有出口产品多样性的特点，两省之间具有较大的竞争性

通过对比山东和云南的产品结构分析，山东在出口产品的多样性上要优于云南，产品结构更具有合理性和安全性，两省在水果、蔬菜上竞争较大。

山东是我国的粮食、花生、蔬菜、水果的主要产区之一，农产品出口额连续多年位居我国第一。对比 2020 年山东、云南向东盟出口的农产品（按税章分），山东对涉及农产品的 24 章全部有出口，云南仅涉及 22 章，在 HS02（肉及食用杂碎）和 HS10（谷物）暂无出口。从金额结构来看，排名第一的均是 HS08（食用水果及坚果），其中山东出口额为 13.91 亿美元，云南为 24.15 亿美元，云南略优于山东；在出口额为 1 亿~10 亿美元的结构税章中，山东共有 7 章，总额合计为 18.39 亿美元，占比为 51.34%，成为山东的主要出口集中区域；而云南仅有 2 章在该区域，更多的出口税章集中在小于 0.1 亿美元区域。整体来看，相较山东，在产品多样性上云南过于依赖单一税章商品，而山东则是多类产品共同发展，在产品结构上更合理、更安全（表 2-32）。

表 2-32 2020 年山东与云南出口东盟农产品商品结构对比分析（按税章分）

地区	出口额/亿美元	数量（章）	商品结构	金额/亿美元	占比/%
山东	≥10	1	HS08 食用水果及坚果	13.91	38.81
	1~10	7	HS07 食用蔬菜	7.07	19.73
			HS09 咖啡、茶、马黛茶及调味香料	2.77	7.74
			HS20 蔬菜、水果、坚果的制品	2.1	5.86
			HS21 杂项食品	1.88	5.25
			HS17 糖及糖食	1.7	4.74
			HS23 食品工业的残渣及废料	1.62	4.54
			HS11 制粉工业产品	1.25	3.48
			小计	18.39	51.34

续表

地区	出口额/亿美元	数量（章）	商品结构	金额/亿美元	占比/%
山东	0.1～0.9	10	小计	3.44	9.6
	≤0.1	6	小计	0.08	0.23
云南	≥10	1	HS08 食用水果及坚果	24.15	67.39
	1～10	2	HS07 食用蔬菜	6.52	18.2
			HS24 烟草	1.56	4.35
	0.1～0.9	7	小计	3.39	9.47
	≤0.1	12	小计	0.15	0.43

数据来源：海关总署。

（二）从出口目的地来看，云南与广西均以越南为主要市场，而山东较云南更具有出口市场多元化的特点，在前五经济体之间存在竞争

整体来看，云南与广西均以越南为主要出口市场，两省在该经济体竞争激烈；山东在出口市场的多元化上要优于云南，两省在前五出口市场中均存在竞争关系。

具体分析，云南省与广西的出口第一目的地均是越南，从出口总量来看，云南省为 23.92 亿美元，广西为 10.93 亿美元；从市场比重来看，云南省为 66.75%，广西为 90.56%，显示广西对越南市场存在更高的依赖性，也从侧面说明两省在 RCEP 生效后在越南的竞争会更加激烈。从云南与山东的整体出口市场结构来看，山东在 6 个经济体中出口农产品总额超过 1 亿美元，且各个经济体实现错落分布，云南则有 4 个，但过于依赖越南市场，山东的出口市场结构更为合理，显示出更强的抗风险能力。

表 2-33 2020 年山东、云南、广西出口东盟农产品目的地对比分析 亿美元

地区	云南		山东		广西	
	出口额/亿美元	占比/%	出口额/亿美元	占比/%	出口额/亿美元	占比/%
越南	23.92	66.75	2.75	7.68	10.93	90.56
泰国	5.56	15.5	5.69	15.9	0.23	1.91
缅甸	3.06	8.54	0.44	1.22	0.06	0.5
印度尼西亚	1.46	4.07	9.33	26.04	0.13	1.08
马来西亚	0.88	2.46	8.36	23.34	0.34	2.82
菲律宾	0.59	1.65	7.34	20.48	0.3	2.49
老挝	0.16	0.67	0.0001	——	0	——
新加坡	0.14	0.45	1.85	5.16	0.08	0.67
柬埔寨	0.04	0.39	0.13	0.36	0.01	0.08
合计	35.83		35.96		12.07	

数据来源：海关总署。

（三）从农产品分类来看①，云南、广西和山东均以初级农产品出口为主，广东在深加工领域优势突出，福建和湖北两者并重

整体来看，云南、广西和山东均属于资源依赖型，以出口初级农产品为主；福建和湖北均有优势初级农产品和深加工农产品出口；广东则在农产品深加工领域优势突出。

具体来看，广西、云南和山东出口初级农产品比重分别为 93.73%、89.38%、75.29%，显示三地均属于资源依赖型，主要优势领域有水果、蔬菜。福建在初级农产品领域 HS03 章（水产品）优势突出，出口额达到 15.59 亿美元，与之相对应的加工产品 HS16 章（水产品制品）出口额为 10.46 亿美元，两类商品出口合计占比达到 70.59%，为福建在出口东盟农产品取得全国省

---

① 本研究将 HS01-14 章划分为初级农产品；HS15-24 章划分为加工农产品。

（区、市）第一做出了突出贡献。湖北在初级农产品领域 HS0712（干蔬菜）出口额为 3.86 亿美元，细分产品中主要为干香菇（HS07123910），其出口额达到 3.17 亿美元，占全国出口东盟该类单品比重达到 56.06%，显示湖北在干香菇这一单品上处于竞争优势；在加工农产品中湖北在调味品（HS2103）的出口额为 3.42 亿美元，说明湖北在发展农产品时初级和加工领域二者并重。广东在加工农产品占比达到 63.33%，是六个地区中唯一一个加工农产品超过初级农产品比重的地区，显示广东在加工农产品领域优势突出，其中 HS17（糖及糖食）为广东省出口第一大类商品（表 2-34）。

表 2-34　2020 年云南与各省对东盟出口农产品分类分析　　%

	云南	福建	山东	广东	广西	湖北
初级农产品	89.38	62.23	75.29	36.67	93.73	52.5
加工农产品	10.62	37.77	24.71	63.33	6.27	47.5

数据来源：海关总署。

（四）从出口的贸易方式来看，广西在边境小额贸易上的表现要明显优于云南

从贸易方式来看，广西充分利用地缘优势发展边境小额贸易，在边境政策利用上表现明显优于云南。2020 年云南对东盟出口农产品中以一般贸易方式占比达到 91.67%，而广西 82.89% 的农产品以边境小额贸易的方式出口到东盟。可以看出，尽管两地都具有地缘优势，但在出口方式上差异较大（表 2-35）。

表 2-35　2020 年云南与广西对东盟出口农产品贸易方式对比分析

	云南		广西	
	出口额/亿美元	占比/%	出口额/亿美元	占比/%
一般贸易	32.85	91.67	1.9	15.71
边境小额贸易	2.91	8.13	10.01	82.89
其他	0.07	0.2	0.17	1.4

数据来源：海关总署。

（五）从政策扶持来看，围绕优势资源出台具体政策、充分借助平台作用成为鼓励发展的模板

福建海产品出口的发展离不开全省"海洋经济强省"的战略定位和一系列相关政策的实施。《福建省国民经济和社会发展第十四个五年规划和二○三五年远景目标纲要》中的"第二十八章"专章提出"加快海洋强省建设"。在对东盟出口海产品方面，2014年国务院批准在福建自由贸易试验区成立中国-东盟海产品交易所，各级政府相继出台了相应的优惠政策，如《关于支持中国-东盟海产品交易所加快发展十三条措施的通知》《福建省人民政府关于进一步加快远洋渔业发展五条措施的通知》，海关还出台《关于支持中国-东盟海产品交易所发展的若干措施》，从培育市场规模、加大金融支持力度、推进贸易便利化等方面，推动福建与东盟海产品的健康快速发展。

2008年山东确立了"提升东盟"的全面开放战略，举办了"世界500强连线东盟专场""中国（山东）-东盟中小企业合作发展大会""中国（山东）-越南农产品线上展览洽谈会"等活动，进一步拉近了山东与东盟国家彼此之间交流与合作的距离。

三、RCEP带来的机遇分析

（一）货物贸易减税

通过梳理东盟对我国农产品的整体减税安排，对比《中国-东盟全面经济合作框架协议》，RCEP协定生效后超越前者协定范围的主要涉及商品（表2-36）。

表2-36　东盟主要国家RCEP项下新增取消关税的农产品

主要国家	RCEP项下新增取消关税商品
印度尼西亚	虾酱、鱼酱、面包虾、烟草、加工水产品
柬埔寨	番茄、花菜、豇豆、冷冻马铃薯罐头、鸡肉、加工蔬菜水果、面食、杂项食品、烟草
缅甸	未磨的辣椒干、蜂蜡、大米、油、酒、饲料油渣

续表

主要国家	RCEP 项下新增取消关税商品
马来西亚	加工水产品、可可
文莱	烟草
老挝	活鱼、甘蔗
菲律宾	鲜或冷藏的菠菜、鲜或冷藏的油橄榄（立即降零）

RCEP 生效后第一年减税商品将成为云南省出口发展的主要着力点。结合 RCEP 中的原产地规则，该领域商品有希望通过扩大原产地证的使用范围和使用率，成为云南省扩大出口的主要着力点（表 2-37）。

表 2-37　RCEP 项下东盟农产品税目自由化水平　　　　　　　%

主要国家	第 1 年减税至零的税目水平	最终的税目自由化水平
印度尼西亚	46.41	93.3
马来西亚	56.64	92
泰国	34.43	81
越南	29.63	91.5
菲律宾	50.37	88.8
新加坡	100	100
缅甸	24.70	65
柬埔寨	31.87	91
老挝	5.62	61.3
文莱	64.72	96.3

数据来源：海关总署。

（二）原产地规则

RCEP 货物贸易享惠的程序有三步：贸易货物在 RCEP 降税清单产品范围内→贸易货物获得 RCEP 原产资格→贸易货物满足 RCEP 享惠程序性要件。RCEP 较之以往的 FTA 关于原产地规则的创新之处：一是采用区域成分累积原则，产品原产地价值成分可在 15 个成员国构成的区域内进行累积，来自 RCEP 任何一方的价值成分都会被考虑在内。二是原产地证书的类型上增加了允许经核准的出口商声明以及出口商的自主声明。这些规定将显著提高 RCEP 优惠税率的利用率，降低企业的经营成本和流通成本，同时也有助于扩展企业视野，将生产链、供应链的布局从单一国家扩展到整个 RCEP 区域内进行部署，创造更多附加值的产业链环节集聚至 RCEP 内部，从而使产业链、供应链布局更加灵活和多样，也能更为有效地发展。

（三）通关便利化，要求易腐货物力争 6 小时通关

在海关程序和贸易便利化方面，RCEP 整体水平超过了世贸组织《贸易便利化协定》（TFA），RCEP 简化了海关通关手续，采取预裁定、抵达前处理、信息技术运用等促进海关程序的高效管理手段，尽可能在货物抵达后 48 小时内放行。对快运货物、易腐货物等，争取在货物抵达后 6 小时内放行，将推动果蔬和肉、蛋、奶制品等生鲜产品的贸易增长。

（四）比较优势产品的国内可拓展市场空间依然很大

通过梳理云南省优势出口前十五农产品单品出口东盟的国内市场空间时发现，云南省农产品与东盟仍属于贸易不足型，云南省优势农产品在东盟依然有较大的可拓展空间（表 2-38）。

表 2-38　2020 年云南省优势产品国内可拓展市场空间分析　　　　亿美元

商品名称	金额	商品名称	金额
HS0703 洋葱、青葱、大蒜、韭葱及其他葱属蔬菜	12.55	HS0808 鲜的苹果、梨	10.91
HS0806 鲜或干的葡萄	5.7	HS0805 鲜或干的柑橘属水果	4.87
HS0902 茶	4.55	HS0709 鲜或冷藏的其他蔬菜	2.34
HS2005 其他未冷冻蔬菜	1.73	HS0704 卷心菜、菜花及类似的实用芥菜类蔬菜	1.6
HS0701 马铃薯	1.35	HS2401 烟草	0.85

数据来源：海关总署。

（五）云南省地缘优势突出，通道优势明显

云南省在推动我国与南亚东南亚国家构建周边命运共同体中的主体省份地位凸显。截至 2020 年，云南省建立的双边合作机制实现澜湄 5 国全覆盖，与南亚东南亚国家缔结友城 46 对。在国际大通道建设中：铁路方面，中老铁路 2021 年已建成通车；公路方面，中越、中老、中缅国际通道高速公路境内段全线贯通，境外段中老高速万荣—万象段已建成通车；航空方面，累计开通南亚东南亚客货运航线 55 条，通航城市 33 个，基本实现南亚东南亚首都航线全覆盖。

四、面临的挑战分析

（一）国内其他省（区、市）在产品、专向行动上会对云南省形成挑战

一是云南省优势出口单品存在"大而不强"的现象，遭遇其他省（区、市）的市场挤压。通过云南省优势出口农产品单品与其他省（区、市）的对比分析可以看出，在部分产品上云南省虽然已经形成比较优势，但在占全国出口该类单品市场份额上，受到其他省（区、市）的挤压，尚未完全形成竞争优势。主要竞争对手为山东、广西两地（表 2-39）。

表 2-39　2020 年云南省部分优势出口单品在全国地位分析

商品	全国出口额/亿美元	省（区、市）	出口额/亿美元	占比/%
HS0808 苹果、梨	16.12	山东	7.87	48.82
		云南	5.21	32.32
		河北	1.03	6.39
HS0806 葡萄	10.54	云南	4.84	45.92
		山东	4.02	38.14
HS0703 鲜或冷藏洋葱、青葱、大蒜、韭葱及其他葱属蔬菜	13.76	山东	4.92	35.76
		广西	3.96	28.78
		江苏	1.94	14.1
		云南	1.21	8.79

商品	全国出口额/亿美元	省（区、市）	出口额/亿美元	占比/%
HS0701 鲜或冷藏的马铃薯	1.71	广西	0.83	48.54
		云南	0.36	21.05

数据来源：海关总署。

二是其他省（区、市）面对 RCEP 已经开始专向行动。重庆市于 2021 年 3 月正式出台《深化与东盟经贸合作行动计划（2021—2025 年）》，提出扩大贸易规模、加强产业合作、畅通连接通道、拓宽合作领域、做优合作平台等五大重点任务。山东省于 2021 年 4 月印发落实《区域全面经济伙伴关系协定》先期行动计划的通知，主要措施包括创新发展货物贸易、加快构建贸易物流"黄金大通道"、全面深化投资与服务贸易双向合作、积极打造一流营商环境等。广西 2021 年推出 107 项改革举措聚焦对接 RCEP 等国际经贸新规则，将广西打造成国内国际双循环的重要节点枢纽。

（二）云南省自身存在劳动力优势削弱、加工农产品短板的问题

一是 RCEP 生效后云南省在区域内劳动力密集型的优势产品将被逐步削弱。RCEP 降低了区域内的贸易成本，未来农产品贸易必然会向区域内进一步集中，云南省的优势出口农产品主要为劳动密集型，相较于东盟部分国家的低廉劳动力，云南省的劳动力优势将面临极大的挑战，可能导致云南省的劳动密集型和粗加工产品面临被边缘化、被淘汰的局面（表 2-40）。

表 2-40 2019 年我国与部分东盟国家劳动力工资对比分析 美元/月

	柬埔寨	老挝	缅甸	印度尼西亚	越南	马来西亚	中国
劳动力工资	182	112	75～130	248	190	525	984

数据来源：中国商务部。

二是云南省加工农产品的短板将在 RCEP 区域中被放大，甚至被边缘化。相较国内的广东、国际上的日韩，云南省出口农产品的构成中加工农产品仅占 10% 左右，农产品加工业成为制约云南省农产品转型升级的短板。其中领头企业的缺失制约着云南省农产品加工业的发展，根据《2019 年全国农产品加工业

100 强企业名单公示》显示，云南省仅有 2 家企业上榜，分别为云南农垦集团有限责任公司和德宏州宏天实业（集团）有限公司，而对标广东有 10 家企业上榜。与之相对应的云南省龙头企业的国际市场开拓活动也相对较晚，农业企业"走出去"较难。

五、工作建议

（一）强化政策指引和组织协调作用

一是尽快制定"RCEP 下云南省加强与东盟农产品经贸行动计划"。分别对东盟十国的国别概况、市场机遇与云南省的合作基础进行分析，提出有针对性、差异化的国别合作思路，包括深化与越南、缅甸的合作，提升与泰国、马来西亚、印度尼西亚、菲律宾、新加坡的合作，推进与柬埔寨、老挝、文莱的合作。根据细分目标市场需求，将产品、服务和销售定制化，实现云南省比较优势产品的重点突破和优先发展。

二是充分发挥云南农业对外合作联席会议制度的牵头作用。首先，要形成 RCEP 下与东盟国家的农业合作张力，充分发挥云南农业对外合作联席会议制度的牵头作用。对重点产品、重点国别贸易形势以及贸易政策调整等重要问题开展定期及临时会商，着力增强贸易调整与产业发展的政策协同性。其次，建立云南省农业对外合作形势发布制度。及时发布云南省农业对外贸易和投资的形势特点、农业对外合作重要政策和研究成果、农业对外主要活动计划及成果，让企业及时了解农业涉外问题。

（二）打造多样的产品和市场

一是继续从比较优势产品出发打造多样化的农产品结构和多元化的市场结构。针对我国农产品与东盟的贸易不足，云南省可继续发挥比较优势进一步提高出口的国际竞争力，把比较优势形成竞争优势。从全球看东盟的前六大农产品进口经济体，除越南外云南省的市场占有率均不高，继续从比较优势产品出发是近期云南省可快速打开国际市场的有效途径。可继续发挥比较优势进一步提高出口的增量，以新增减税商品、首年减税至零商品为突破口，围绕重点国别（越南、泰国、菲律宾、马来西亚、印度尼西亚、新加坡）和重点产业（水果、蔬菜、烟草、花卉、茶叶）举办系列活动，促进更多农产品出口东盟，打造具有国际竞争力的产品。

二是实施"贸易替代"策略，争夺国际市场存量。从东盟的农产品进口产品分析，特别是针对美国、阿根廷、巴西等未与东盟签订双边协定的国家，可主动发展贸易替代，争夺市场存量，快速提升云南省农产品在东盟的市场占有率。

（三）大力发展农产品贸易新业态

一是打造"农产品+跨境电商+海外仓"的跨境贸易模式，提高农产品海外市场覆盖范围。农产品有保质期短、易变质腐烂的特点，在跨境贸易时采用直邮运输会导致海外覆盖范围有限，成本比较高。海外仓为农产品企业开拓海外市场提供产地直采、直邮、生鲜加工、数字营销、本土化运营等多元化的服务，能大大缩短从国内发货到目的地的周期，减少运输过程中农产品的损耗，能显著提高农产品跨境电商出口的便利化水平。因此，有一定保存时间、形成稳定订单的农产品及食品非常适合采用海外仓模式开展跨境电商出口业务。

二是探索"小而美"特色小品类的"农产品+市场采购"模式的新融合，寻找出口的突破口。特色小品类地域特色鲜明、饮食文化烙印明显，如永生花、过桥米线、普洱茶、核桃仁等特色小品类非常适合采用市场采购模式作为出口的切入点和突破点。

（四）加快培育外贸主体

一是加快培育大型外贸综合服务企业（外综企业），培育竞争新优势。建议从省级层面开展外综企业的试点及培育工作，对符合条件的企业制定出口退税、财政扶持、金融支持等扶持政策，全力发挥外综企业在降成本、拓市场方面的优势。

二是引进和培育行业领军企业。强化政策支持，培育壮大一批产业链条长、产品附加值高、市场竞争力强、品牌影响力大的本土农业龙头企业。优化招商环境，开展精准、定向、专项招商活动，吸引国内外农业龙头企业、关联企业、配套企业和研发机构来滇投资，设立农产品加工区域总部、加工生产基地、加工研发中心，为全省农产品加工业发展注入新动能，快速提升云南省农产品精深加工水平。

（五） 加快布局跨境农业产业链和供应链

一是加快布局农产品加工业，培育新的增长点。围绕蔬菜、花卉、茶叶等优势农产品资源，集中力量支持重点地区、重点企业和重点产品，鼓励地方特色农产品资源开发，完善产品链，促进农产品加工业多元化、均衡化发展。引导企业新增产能向农产品主产区、优势区和物流节点集聚，引导产业重点区域和园区集聚；着力构建集生产、加工、流通为一体的特色农产品加工产业园，实现企业集群发展，集约利用资源要素，拓展产业链功能。

二是利用边（跨）合区大力发展农业国际合作。发挥边（跨）合区在联通国内外市场的作用，大力推进农产品落地加工，提升承接内陆加工转移的能力。增强边（跨）合区作为境内外物流节点的联运、转运和集散能力，促进与海外仓对接合作，推动边境商品流通、分拨体系建设，强化物流保障。

（六） 营造 RCEP 发展新环境

一是提早准备 RCEP 农产品通关专用绿色通道。通过将原有口岸升级改造、窗口前移等手段尽量减少农产品滞留时间，最大限度缩短农产品通关时间，提早准备构建 RCEP 农产品通关专用绿色通道，确保易腐货物的 6 小时通关。

二是利用中老铁路的开通，开辟多式联运的跨区域合作。以中老铁路的开通为契机，推动铁路、公路、航空、水运等多种交通方式的高度融合、有效衔接，以提高运输能力，降低物流成本。整合国内出口东盟的产品资源，优化进出口产品结构，与相邻省（区、市）形成跨区域的合作共赢。

第三篇

03

| 单品分析篇 |

让"云蔬"走俏 RCEP 市场

（越南、泰国篇）

王海玲　肖媚月　杨欣雨①

一、云南省蔬菜出口在全国排名第二，其中 RCEP 区域占据半壁江山

从全国蔬菜出口的整体情况看（表3-1），2020 年云南省蔬菜出口总额突破 14 亿美元，占全国比重为 13.9%，在各省（区、市）中排名第二。2020 年我国蔬菜出口总额超 96 亿美元，主要省份有山东、云南、广西、湖北、湖南，其中云南省实现出口 14.35 亿美元，同比增长 7.69%，是少有的近两年一直保持正增长的省份。但与排名第一的山东相比，总额仅为山东的一半左右，差距依然很大，且 2020 年山东实现增量 1.55 亿美元，云南省实现增量 1.02 亿美元，增量超过云南省 0.53 亿美元。

表3-1　2019—2020 年我国蔬菜出口主要省（区、市）分析

2019 年				2020 年			
出口地区	出口额/万美元	占全国比重/%	同比增长/%	出口地区	出口额/万美元	占全国比重/%	同比增长/%
山东	285897.14	29.56	16.8	山东	301399.78	29.19	5.42
云南	133250.35	13.78	4.89	云南	143493.68	13.9	7.69
河南	109710.42	11.34	−21.8	广西	71838.88	6.96	−16.3

---

① 王海玲、肖媚月、杨欣雨，云南省国际贸易学会。

2019 年				2020 年			
出口地区	出口额/万美元	占全国比重/%	同比增长/%	出口地区	出口额/万美元	占全国比重/%	同比增长/%
广西	85821.67	8.87	10.9	湖北	67023.16	6.49	-3.53
湖北	69477.72	7.18	-31.4	湖南	66982.1	6.48	52.47
合计	684157.3	70.74	-0.97	合计	650737.6	63.01	-4.88

数据来源：海关总署。

　　RCEP 区域占云南省蔬菜出口的半壁江山，其中主要为越南和泰国。从云南省蔬菜出口目的地来看，2020 年云南省对 RCEP 区域出口蔬菜合计达 6.97 亿美元，占云南省同期比重达 48.49%，其中越南是云南省蔬菜出口第一大贸易伙伴，同期占比达 31.13%，且 2020 年实现增量 15038 万美元，成为拉动云南省蔬菜出口逆势增长的关键市场；泰国是云南省蔬菜出口第二大贸易伙伴，近两年出口额维持在 1.4 亿元左右；对马来西亚和日本的出口额在 4000 万美元左右，而对 RCEP 其他市场的出口额均在 700 万美元以下，对印度尼西亚则暂未有出口（表 3-2）。

表 3-2　2019—2020 年云南省蔬菜出口目的地分析

2019 年			2020 年				
目的地	出口额/万美元	占比/%	目的地	出口额/万美元	占比/%	同比/%	增量额/万美元
越南	29693.06	22.28	越南	44731.31	31.13	50.65	15038
泰国	14392.74	10.8	泰国	14330.43	9.97	-0.4	-62
马来西亚	5123.18	3.84	马来西亚	4421.09	3.08	-13.7	-702
日本	4070.92	3.06	日本	4192.42	2.92	2.98	121
老挝	423.85	0.32	老挝	667.94	0.46	57.59	244
新加坡	397.09	0.3	新加坡	495.62	0.34	24.81	99

2019 年			2020 年				
目的地	出口额/万美元	占比/%	目的地	出口额/万美元	占比/%	同比/%	增量额/万美元
韩国	320.12	0.24	韩国	316.67	0.22	−1.1	−4
柬埔寨	227.09	0.17	菲律宾	270.24	0.19	—	270
文莱	50.7	0.04	柬埔寨	183.15	0.13	−19.35	−44
印度尼西亚	22.61	0.02	缅甸	77.67	0.05	247	55
缅甸	22.33	0.02	文莱	49.15	0.03	−3.06	−1
合计	54743.69	41.09	合计	69686.54	48.49	27.3	14943

数据来源：海关总署；根据显示，2020 年云南省对印度尼西亚暂未有出口。

二、从全国对越南、泰国两国的蔬菜出口来看，云南省均位于全国第二

越南和泰国是云南省蔬菜出口的主要市场，云南省均位列全国各省（区、市）第二，其中越南市场比重为 29.58%，泰国市场比重为 24.43%。在越南市场，2020 年我国对越南出口蔬菜 15.12 亿美元，其中广西位列全国各省（区、市）第一，出口金额为 7.1 亿美元，市场份额达到 46.96%，超过云南省 17 个百分点；从明细商品来看，洋葱、蒜头、马铃薯均是云南省与广西的主要出口商品，竞争关系较大。在泰国市场，2020 年我国对泰国出口蔬菜 5.87 亿美元，其中湖北位列全国各省（区、市）第一，出口金额为 1.59 亿美元，市场份额达到 27.11%，略高于云南省 3 个百分点；从明细商品来看，湖北在干香菇商品上优势明显，山东目前出口较多的马铃薯、洋葱、蒜头均是云南省优势出口单品，云南省与山东之间竞争较大（表 3-3）。

表 3-3　2020 年我国各省（区、市）对越南、泰国出口蔬菜分析

目的地	出口地区	出口额/万美元	占全国比重/%	商品构成
越南	广西	71018.11	46.96	洋葱占比 28%；蒜头占比 28%；马铃薯占比 12%；胡萝卜及芜菁占比 9%
	云南	44731.69	29.58	卷心菜占比 17%；蒜头占比 11%；食用芥菜类蔬菜占比 11%；番茄占比 9%；洋葱占比 8%；马铃薯占比 8%
	全国	151225.78	100	蒜头占比 20%；洋葱占比 16%；干香菇占比 9%；马铃薯占比 8%；干木耳占比 7%；胡萝卜及芜菁占比 6%
泰国	湖北	15902.02	27.11	干香菇占比 95%；干木耳占比 3%
	云南	14330.43	24.43	辣椒属及多香果属的果实占比 19%；食用芥菜类蔬菜占比 17%；西兰花占比 14%；未列名鲜或冷藏的蔬菜占比 7%
	山东	8618.78	14.69	蒜头占比 38%；胡萝卜及芜菁占比 26%；洋葱占比 19%；马铃薯占比 4%
	全国	58664.82	100	干香菇占比 33%；蒜头占比 11%；干木耳占比 7%；胡萝卜及芜菁占比 6%；辣椒属及多香果属的果实占比 5%

数据来源：海关总署。

　　从现有的国内市场存量来看，云南省优势出口商品在越南和泰国依然有较大的可替代市场空间。具体来看，在越南市场可重点发展蒜头、洋葱、马铃薯、胡萝卜及芜菁，积极发展食用芥菜类蔬菜、西兰花；在泰国市场可重点发展蒜头、胡萝卜及芜菁、洋葱，积极发展马铃薯（表 3-4）。

表 3-4　2020 年全国对越南、泰国出口中可替代市场情况分析

越南市场			
商品名称	可替代金额/万美元	商品名称	可替代金额/万美元
HS07032010 鲜或冷藏的蒜头	25111.5	HS07031010 鲜或冷藏的洋葱	20225.1
HS07019000 鲜或冷藏的马铃薯	8441.35	HS07061000 鲜或冷藏的胡萝卜及芜菁	7339.2
HS07049090 未列名鲜或冷藏的食用芥菜类蔬菜	873.52	HS07049020 其他鲜或冷藏的西兰花	795.68
HS07032010 鲜或冷藏的蒜头	5666.28	HS07061000 鲜或冷藏的胡萝卜及芜菁	3420.44
HS07031010 鲜或冷藏的洋葱	2396.78	HS07019000 鲜或冷藏的马铃薯	574.33

数据来源：海关总署。

三、从全球对越南、泰国两国的蔬菜出口来看，可将泰国作为 RCEP 下云南省的重点开拓市场

（一）从全球对越南、泰国两国的蔬菜出口来看，我国均是进口第一来源地

我国均是越南、泰国蔬菜进口的第一来源地。根据联合国商品数据库显示，2020 年越南共从全球进口蔬菜达 5.37 亿美元，其中 45.12% 从中国进口；泰国是 RCEP 国家中进口蔬菜第二大市场，进口额为 9.76 亿美元，其中 39.42% 从中国进口，柬埔寨均为两国第二大进口来源地；从明细商品来看，柬埔寨出口蔬菜 96% 集中在木薯这一商品，单品竞争优势明显（表 3-5）。

表 3-5　2020 年越南、泰国从全球进口蔬菜国家分析

经济体	进口国家	进口额/万美元	占比/%	商品构成
越南	中国	24216.29	45.12	大蒜占比 19%；其他干蔬菜占比 13%；其他蘑菇及块菌占比 10%
	柬埔寨	14772.93	27.53	木薯占比 96%
	全球	53666.55	100	木薯占比 30%；绿豆占比 21%；大蒜占比 9%
泰国	中国	38454.13	39.42	其他干蘑菇及块菌占比 31%；干木耳占比 16%；大蒜占比 8%
	柬埔寨	27036.27	27.71	木薯占比 96%
	全球	97558.76	100	木薯占比 43%；其他蘑菇及块菌占比 7%；辣椒占比 5%；胡萝卜及萝卜占比 5%；食用芥菜类蔬菜占比 5%

数据来源：联合国商品交易数据库（UN Comtrade Database）。

（二）综合使用 RCEP 和中国-东盟自贸协定关税优惠，云南省有望进一步扩大市场份额

在 RCEP 与中国-东盟自贸协定的叠加下，我国对越南、泰国蔬菜出口将全部实现零关税。在越南市场，RCEP 下共涉及减税商品 99 个，平均关税由目前的 15.5%最终降至零，其中首年减税至零的商品共有 63 个，占进口中国蔬菜商品税则比重为 63.64%。在泰国市场，RCEP 下共涉及减税商品有 105 个，平均关税由目前的 37.13%最终降至 5.04%，其中首年减税至零的商品共有 92 个，占进口中国蔬菜商品税则比重为 87.62%（表 3-6）。对于首年减税至零商品，可借助 RCEP 中的海关程序和便利化、丰富的原产地证书等规则，扩大享受关税待遇的商品范围，进而扩大出口。对于 RCEP 中未纳入降税或降税幅度较低的产品，仍然可以选择中国-东盟自贸协定下的关税优惠。

表 3-6　协定生效后越南、泰国对中国蔬菜商品整体减税分析　　　　%

经济体	基准税率	第 1 年	第 6 年	第 11 年	第 16 年	第 20 年
越南	15.5	6.91	3.07	0	0	0
泰国	37.13	8.45	6.8	5.39	5.04	5.04

数据来源：根据 RCEP 文本整理。

　　综合使用 RCEP 和中国-东盟自贸协定关税优惠，云南省有望进一步扩大在越南、泰国的市场份额，从发展贸易替代市场空间来看，泰国可作为云南省 RCEP 下的重点开拓市场。以 2020 年云南省优势蔬菜出口单品出发寻求在越南、泰国的可拓展市场空间，云南省优势商品在越南、泰国已经实现了大部分向 RCEP 区域集中，马铃薯可以作为下一步开拓越南、泰国市场的突破产品，实现国际贸易替代（表 3-7）。

表 3-7　2020 年越南、泰国可发展贸易替代国际市场情况分析

经济体	商品名称	进口国家	可替代金额/万美元	对所在国当前税率/%	中国-东盟自贸协定/%	RCEP 下税率变化/%
越南	HS070310 洋葱及青葱	印度	639.3	0	0	0
	HS070190 马铃薯	美国	231.1	20	0	由 20 逐年减，消减期为 9 年
		合计	870.4			

续表

经济体	商品名称	进口国家	可替代金额/万美元	对所在国当前税率/%	中国-东盟自贸协定/%	RCEP 下税率变化/%
泰国	HS070960 鲜或冷藏的辣椒，包括甜椒	柬埔寨	1039.37	0	0	由40直降为0
		缅甸	856.55	0		
		小计	1895.92			
	HS070490 其他鲜或冷藏的食用芥菜类蔬菜	老挝	599.8	0	0	由40直降为0
	HS070310 鲜或冷藏的洋葱及青葱	印度尼西亚	1008.58	0	0	0
		澳大利亚	525.19	0		
		缅甸	394.84	0		
		小计	1928.61			
	HS070190 鲜或冷藏的马铃薯，种用除外	德国	937.35	60	0	0
		加拿大	195.12	60		
		美国	179.48	60		
		小计	1311.95			
	合计		5736.28			

数据来源：联合国商品交易数据库（UN Comtrade Database）。

　　小结：结合前文分析，在全国水果出口中，云南省在越南和泰国市场占有率较高，RCEP 下应将越南、泰国作为主攻市场，构建对越南、泰国的蔬菜贸易通道。从目前我国对越南、泰国的出口单品出发，云南省可重点发展蒜头、洋葱、马铃薯、胡萝卜及芜菁四大类单品。

让"云蔬"走俏 RCEP 市场

（马来西亚、印度尼西亚篇）

一、从全国对马来西亚、印度尼西亚两国的蔬菜出口来看，云南省的国内市场占有率均不高

从我国对马来西亚、印度尼西亚的蔬菜出口来看，山东均位列全国各省（区、市）第一；而云南省在马来西亚的国内市场占有率为 6.96%，对印度尼西亚暂未有出口。具体来看，在马来西亚市场，2020 年全国共实现蔬菜出口 6.35 亿美元，其中山东占比达到 27.1%，云南省仅为 6.96%；在印度尼西亚市场，2020 年全国共实现蔬菜出口 5.06 亿美元，其中山东占比达到 50.67%，云南省则暂未有出口。从出口明细商品来看，蒜头在山东对两国的出口中占据重要位置，该商品也同时为云南省优势出口单品（表 3-8）。

表 3-8　2020 年我国各省（区、市）对马来西亚、印度尼西亚出口蔬菜分析

目的地	出口地区	出口额/万美元	占全国比重/%	商品构成
马来西亚	山东	17200.76	27.1	蒜头占比 37%；马铃薯占比 17%；洋葱占比 11%；胡萝卜及芜菁占比 8%
	广东	9070.77	14.29	干香菇占比 37.36%；卷心菜占比 9.25%；未列名鲜或冷藏的蔬菜占比 7.16%
	云南	4421.09	6.96	菜花及硬花甘蓝占比 21%；未列名鲜或冷藏的蔬菜占比 17%；其他西兰花占比 12%；卷心菜占比 11%
	全国	63487.56	100	干香菇占比 24%；蒜头占比 16%；卷心菜占比 8%；菜花及硬花甘蓝占比 6%；马铃薯占比 6%

续表

目的地	出口地区	出口额/万美元	占全国比重/%	商品构成
印度尼西亚	山东	25638.93	50.67	鲜或冷藏的蒜头占比96%
	江苏	14037.58	27.74	鲜或冷藏的蒜头占比99.25%
	全国	50599.71	100	鲜或冷藏的蒜头占比91%

数据来源：海关总署。

从现有的全国对马来西亚和印度尼西亚出口来看，云南省优势出口单品可替代市场空间较大。从 2020 年云南省优势出口单品出发，蒜头这一商品在两国均有较大的可替代市场空间，马来西亚市场金额超 9800 万美元，印度尼西亚更是高达 4.6 亿美元，其他商品中在马来西亚市场可重点发展的有卷心菜、马铃薯，积极发展的有菜花、胡萝卜、西兰花、洋葱（表3-9）。

表3-9　2020 年全国对马来西亚出口中可替代市场情况分析

马来西亚市场			
商品名称	可替代金额/万美元	商品名称	可替代金额/万美元
HS07032010 鲜或冷藏的蒜头	9882.1	HS07049010 鲜或冷藏的卷心菜	4260.57
HS07019000 鲜或冷藏的马铃薯	3588.76	HS07041000 鲜或冷藏的菜花及硬花甘蓝	2911.21
HS07061000 鲜或冷藏的胡萝卜及芜菁	2747.57	HS07049020 其他鲜或冷藏的西兰花	2688.62
HS07031010 鲜或冷藏的洋葱	2667.43	HS07099990 未列名鲜或冷藏的蔬菜	2224.03
印度尼西亚市场			
商品名称	可替代金额/万美元		
HS07032010 鲜或冷藏的蒜头	45984.93		

数据来源：海关总署。

二、从全球对马来西亚、印度尼西亚两国的蔬菜出口来看，通过综合使用 RCEP 与中国-东盟协定的关税优惠有望进一步扩大市场份额

（一）从全球对马来西亚、印度尼西亚两国的蔬菜出口来看，我国均是第一进口来源地

我国均是马来西亚和印度尼西亚两国的第一进口来源地，其中在马来西亚的市场占有率为 53.37%，在印度尼西亚的市场占有率为 75.05%，均处于优势地位（表 3-10）。具体来看，在马来西亚市场，2020 年共从全球进口蔬菜 9.06 亿美元，其中 53.37% 从中国进口，其余进口较多的地区有印度、泰国；从明细商品来看，与印度在洋葱及青葱这一单品上竞争较大。在印度尼西亚市场，2020 年共从全球进口蔬菜 8.46 亿美元，其中 75.05% 从中国进口，其余进口较多的地区有缅甸；从明细商品来看，缅甸出口的绿豆并不是云南省优势出口单品。

表 3-10　2020 年马来西亚、印度尼西亚从全球进口蔬菜分析

经济体	进口国家	进口额/万美元	占进口比重/%	商品构成
马来西亚	中国	48352.23	53.37	大蒜占比 25%；菜花及硬花甘蓝占比 13%；食用芥菜类蔬菜占比 12%；马铃薯占比 9%；洋葱及青葱占比 8%
	印度	8294.94	9.16	洋葱及青葱占比 88%
	泰国	5758.63	6.36	辣椒占比 56%；其他鲜或冷藏的蔬菜占比 9%；洋葱及青葱占比 8%
	全球	90601.46	100	洋葱及青葱占比 88%

经济体	进口国家	进口额/万美元	占进口比重/%	商品构成
印度尼西亚	中国	63526.19	75.05	大蒜占比 90.07%
	缅甸	7179.26	8.48	绿豆占比 93.17%
	全球	84641.22	100	大蒜占比 68.81%；洋葱及青葱占比 7.35%；绿豆占比 9.54%

数据来源：联合国商品交易数据库（UN Comtrade Database）。

（二）综合使用 RCEP 和中国-东盟自贸协定关税优惠，云南省有望进一步扩大市场份额

RCEP 与中国-东盟自贸协定的叠加下，我国对马来西亚、印度尼西亚蔬菜出口将全部实现零关税。在马来西亚市场，RCEP 下生效后将对所有蔬菜商品实行立即零关税。在印度尼西亚市场，RCEP 下共涉及减税商品有 95 个，平均关税由 4.7%最终降至 0.57%，其中首年减税至零的商品共有 56 个，占进口中国蔬菜商品税则比重为 59%（表 3-11）。对于首年减税至零的商品，可借助 RCEP 中的海关程序和便利化、原产地证书等规则，扩大享受关税待遇的商品范围，进而扩大出口。对于 RCEP 中降税幅度较低的产品，仍然可以选择中国-东盟自贸协定下的关税优惠。

表 3-11　协定生效后马来西亚、印度尼西亚对中国蔬菜商品减税分析　　%

经济体	基准税率	第 1 年	第 6 年	第 11 年	第 16 年	第 20 年
马来西亚	0.61	0	0	0	0	0
印度尼西亚	4.70	2.10	1.30	0.64	0.57	0.57

数据来源：根据 RCEP 文本整理。

综合使用 RCEP 和中国-东盟自贸协定关税优惠，云南省有望进一步扩大在马来西亚、印度尼西亚的市场份额，从可发展贸易替代市场空间来看，马来西亚市场空间大于印度尼西亚（表 3-12）。以 2020 年云南省的优势出口单品

出发，在马来西亚市场可替代总额超过 2.12 亿美元，重点商品有洋葱、马铃薯、胡萝卜、辣椒等，重点国家为巴基斯坦、印度、澳大利亚等；在印度尼西亚市场可重点发展马铃薯、洋葱等。

表 3-12　2020 年马来西亚、印度尼西亚可发展贸易替代国际市场情况分析

经济体	商品名称	国家	可替代金额/万美元	对所在国当前税率/%	中国-东盟自贸协定/%	RCEP 生效后税率/%
马来西亚	HS070310 鲜或冷藏的洋葱及青葱	印度	6977.65	0	0	立即为 0
		巴基斯坦	4106.13	0		
		荷兰	3403.5	0		
		小计	14487.28			
马来西亚	HS070190 鲜或冷藏的马铃薯，种用除外	巴基斯坦	932.76	0	0	立即为 0
		印度	534.26	0		
		孟加拉国	899	0		
		小计	2366.02			
	HS070610 胡萝卜及芜菁	澳大利亚	1159.24	0	0	立即为 0
	HS070960 辣椒，包括甜椒	泰国	3139.51	0		
		合计	21152.05			
印度尼西亚	HS070190 鲜或冷藏的马铃薯	德国	647.79	20	0	保持 20 不变
		印度	336.2	20		
		小计	983.99			
	HS070310 鲜或冷藏的洋葱及青葱	新西兰	2906.78	0	0	0
		印度	1989.2	0		
		荷兰	655.38	0		
		小计	5551.36			
	合计		6535.35			

数据来源：联合国商品交易数据库（UN Comtrade Database）。

小结：结合前文分析，从 RCEP 区域的蔬菜进口来看，马来西亚和印度尼西亚均是重要的进口国，但云南省在两地均未实现市场突破。RCEP 下云南省应重点开拓两地增量市场，以云南省出口优势单品为基础，在马来西亚可重点发展蒜头、卷心菜、马铃薯、胡萝卜、洋葱等，在印度尼西亚市场可重点发展蒜头、马铃薯、洋葱等。

让"云蔬"走俏 RCEP 市场

（新加坡、菲律宾、老挝、柬埔寨、缅甸、文莱篇）

一、云南省在老挝、文莱、柬埔寨、缅甸的市场拓展空间均不大

从我国对老挝、文莱、柬埔寨、缅甸四国的蔬菜出口来看，云南省占据国内对老挝出口的全部市场，而对文莱、柬埔寨、缅甸出口额均低于 200 万美元。具体来看：在老挝市场，2020 年全国共实现出口 667.94 万美元，全部为云南出口；在文莱市场，2020 年全国共实现出口 580.33 万美元，其中 47.81% 从山东出口，仅 8.47% 为云南省出口。在柬埔寨和缅甸市场，湖北为第一大出口省份，出口主要单品为干香菇。从可发展贸易替代市场空间来看，文莱和柬埔寨的发展空间均较小；缅甸的可发展商品为干香菇，非云南省优势出口单品（表 3-13）。

表 3-13　2020 年我国各省（区、市）对老挝、文莱、柬埔寨、缅甸出口蔬菜分析

目的地	出口地区	出口额/万美元	占全国比重/%	商品构成
老挝	云南	667.94	100	蒜头占比 18%；洋葱占比 16%
文莱	山东	277.47	47.81	蒜头占比 42%；马铃薯占比 37%
	云南	49.15	8.47	其他鲜或冷藏的西兰花占比 19%；卷心菜占比 17%
	全国	580.33	100	蒜头占比 20%；马铃薯占比 18%

续表

目的地	出口地区	出口额/万美元	占全国比重/%	商品构成
柬埔寨	湖北	215.21	49	干香菇占比 92%
	云南	183.15	42	未列名鲜或冷藏的食用芥菜类蔬菜占比 24%；其他西兰花占比 16%
	全国	440.08	100	干香菇占比 51%；未列名鲜或冷藏的食用芥菜类蔬菜占比 10%
缅甸	湖北	2561.95	72.3	干木耳占比 54%；干香菇占比 46%
	河南	897.81	25.34	干香菇占比 91%；干木耳占比 9%
	云南	77.67	2.19	未列名干蘑菇及块菌占比 99%
	全国	3543.28	100	干香菇占比 56%；干木耳占比 41%

数据来源：海关总署。

从全球对老挝、文莱、柬埔寨、缅甸的蔬菜出口情况来看，四国的进口额均较小，且未来的国际市场开拓空间不大（表 3-14）。具体来看，在柬埔寨和缅甸市场，2020 年分别从全球进口 405.75 万美元、177.94 万美元，为 RCEP 区域内进口蔬菜金额最小的两个经济体，因此短时间内云南省的可发展空间不大；在老挝市场，2020 年共从全球进口 2891.82 万美元，其中 82% 从越南进口，主要商品为甘薯，非云南省优势出口单品；在文莱市场，2020 年共从全球进口 3389.47 万美元，其中主要进口来源地为马来西亚和中国，且进口明细商品较为分散，单品的可发展替代空间较小。

表 3-14　2020 年老挝、文莱、柬埔寨、缅甸从全球进口蔬菜分析

经济体	进口国家	进口额/万美元	占进口比重/%	商品构成
老挝（2019）	越南	2367.16	82	甘薯占比 49%；其他干蔬菜占比 25%
	中国	401.57	14	洋葱及青葱占比 26%；冷冻什锦蔬菜占比 21%
	全球	2891.82	100	甘薯占比 40%；其他干蔬菜占比 21%

续表

经济体	进口国家	进口额/万美元	占进口比重/%	商品构成
柬埔寨	中国	129.32	31.87	其他干蘑菇及块菌占比 20%；胡萝卜及萝卜占比 15.37%；干伞菌属蘑菇占比 15%
	越南	117.32	28.9	辣椒占比 45.37%；抱子甘蓝占比 30%
	全球	405.75	100	辣椒占比 13.2%；冷冻马铃薯占比 10.47%
缅甸	美国	43.77	24.60	冷冻马铃薯占比 65%
	中国	24.53	13.79	其他干蔬菜，什锦蔬菜占比 60%
	全球	177.94	100	冷冻马铃薯占比 23%；鲜或冷藏的其他蘑菇及块菌占比 14%；其他干蔬菜，什锦蔬菜占比 13%
文莱	马来西亚	1271.14	37.50	辣椒占比 20.7%；其他鲜或冷藏的蔬菜占比 12.56%；番茄占比 12.33%
	中国	1029.76	30.38	菜花及硬花甘蓝占比 13.18%；大蒜占比 12.23%
	全球	3389.47	100	洋葱及青葱占比 12.25%；辣椒占比 12.18%

　　数据来源：联合国商品交易数据库（UN Comtrade Database）；因老挝未公布 2020 年相关数据，因此继续采用 2019 年数据。

二、综合使用 RCEP 和中国-东盟自贸协定关税优惠，云南省有望在新加坡和菲律宾市场实现新突破

（一）从全国对新加坡、菲律宾的蔬菜出口来看，云南省尚处于起步阶段

云南省在新加坡、菲律宾市场的国内市场占有率均为2%左右，尚处于起步阶段。在新加坡市场，2020年我国共对新加坡实现蔬菜出口达1.16亿美元，其中主要出口省份为山东、湖北，云南省出口额为495.62万美元，市场比重为2.46%；从出口明细商品来看，山东出口的蒜头、马铃薯均是云南省优势出口单品。在菲律宾市场，2020年我国共对菲律宾实现蔬菜出口达1.16亿美元，其中主要出口省份为山东、湖南，云南省出口额仅为270.24万美元，市场比重为2.03%；从出口明细商品来看，出口的蒜头、洋葱均是云南省优势出口单品（表3-15）。

表3-15 2020年我国各省（区、市）对新加坡、菲律宾出口蔬菜分析

目的地	出口地区	出口额/万美元	占全国比重/%	商品构成
新加坡	山东	7076.87	35.13	冷冻未列名蔬菜占比28%；蒜头占比23%；马铃薯占比8%
	湖北	3937.76	19.55	干香菇占比91%
	云南	495.62	2.46	未列名鲜或冷藏的蔬菜占比58%；菠菜占比24%
	全国	11568.88	100	干香菇占比21%；冷冻未列名蔬菜占比13%；蒜头占比10%

目的地	出口地区	出口额/万美元	占全国比重/%	商品构成
菲律宾	山东	7687.62	57.63	蒜头占比 71.08%；洋葱占比 16.66%
	湖南	815.48	6.11	蒜头占比 24.58%；胡萝卜及芜菁占比 3.82%
	云南	270.24	2.03	干木耳占比 48%；干香菇占比 29%
	全国	11597.17	100	蒜头占比 52.43%；洋葱占比 15.83%；干香菇占比 4.68%；胡萝卜及芜菁占比 3.43%

数据来源：海关总署。

从现有的国内市场存量来看，云南省优势出口单品在新加坡、菲律宾均有较大的可替代空间。具体来看，在新加坡市场可重点发展西兰花、马铃薯、胡萝卜、卷心菜，积极发展食用芥菜类蔬菜、菜花、蒜头等；在菲律宾市场可重点发展蒜头、洋葱（表3-16）。

表 3-16　2020 年全国对新加坡、菲律宾出口中可替代市场情况分析

新加坡市场			
商品名称	可替代金额/万美元	商品名称	可替代金额/万美元
HS07099990 未列名鲜或冷藏的蔬菜	1182.4	HS07049020 其他鲜或冷藏的西兰花	874.91
HS07019000 鲜或冷藏的马铃薯	784.49	HS07061000 鲜或冷藏的胡萝卜及芜菁	717.04
HS07049010 鲜或冷藏的卷心菜	645.18	HS07049090 未列名鲜或冷藏的食用芥菜类蔬菜	425.46
HS07041000 鲜或冷藏的菜花及硬花甘蓝	421.26	HS07032010 鲜或冷藏的蒜头	198.38

续表

菲律宾市场			
商品名称	可替代金额/万美元	商品名称	可替代金额/万美元
HS07032010 鲜或冷藏的蒜头	6993.63	HS07031010 鲜或冷藏的洋葱	2110.5

数据来源：海关总署。

（二）从全球对新加坡、菲律宾的蔬菜出口来看，我国仍有较大进步空间

我国在新加坡、菲律宾的市场占有率均为 30% 左右，是两国重要的蔬菜进口来源地，但仍有较大进步空间。具体来看，在新加坡市场，2020 年共从全球进口蔬菜 6.6 亿美元，主要进口国为马来西亚、中国；从明细商品上看，从马来西亚进口的番茄、洋葱均是云南省优势出口单品。在菲律宾市场，主要进口国为中国、美国、加拿大，从美国、加拿大主要进口的干豌豆并不是云南省优势出口单品（表 3-17）。

表 3-17　2020 年新加坡、菲律宾从全球进口蔬菜分析

经济体	进口地区	进口额/万美元	占进口比重/%	商品构成
新加坡	马来西亚	20354.51	31	其他鲜或冷藏的蔬菜占比 19.32%；番茄占比 13.5%；洋葱及青葱占比 7%
	中国	19799.44	30	其他食用芥菜类蔬菜占比 13%；菜花及硬花甘蓝占比 10%；大蒜占比 10%
	全球	65978.87	100	其他鲜或冷藏的蔬菜占比 11.24%；洋葱及青葱占比 8%；其他食用芥菜类蔬菜占比 6%

经济体	进口地区	进口额/万美元	占进口比重/%	商品构成
菲律宾	中国	5716.21	36.31	大蒜占比 39.09%；其他干蔬菜；什锦蔬菜占比 16.41%
	美国	2494.22	15.84	干豌豆占比 40.19%；冷冻什锦蔬菜占比 25.32%；其他干蔬菜；什锦蔬菜占比 14.11%
	加拿大	1737.11	11.04	干豌豆占比 97.7%
	全球	15741.75	100	绿豆占比 23%；干豌豆占比 17.26%；洋葱及青葱占比 16.01%

数据来源：联合国商品交易数据库（UN Comtrade Database）。

（三）综合使用 RCEP 和中国-东盟自贸协定关税优惠，云南省有望进一步扩大市场份额

RCEP 与中国-东盟自贸协定的叠加下，我国对新加坡、菲律宾蔬菜出口将全部实现零关税。在新加坡市场，RCEP 生效后所有蔬菜进口立即零关税，与中国-东盟自贸协定保持一致。在菲律宾市场，RCEP 下共涉及减税商品 95 个，平均关税由目前的 15.43% 最终降至 9.85%，其中首年减税至零商品共有 60 个，占进口中国蔬菜商品税则比重为 63%。对于首年减税至零商品，可借助 RCEP 中的海关程序和便利化、丰富的原产地证书等规则，扩大享受关税待遇的商品范围，进而扩大出口。对于 RCEP 中未纳入降税或降税幅度较低的产品，仍然可以选择中国-东盟自贸协定下的关税优惠（表3-18）。

表3-18　协定生效后菲律宾对中国蔬菜商品整体减税分析　　%

商品	基准税率	第1年	第6年	第11年	第16年	第20年
HS07 食用蔬菜	15.43	12.41	11.92	11.44	9.88	9.85

数据来源：根据 RCEP 文本整理。

综合使用 RCEP 和中国–东盟自贸协定关税优惠，云南省有望进一步扩大在新加坡、菲律宾的市场份额，从发展贸易替代市场空间来看，新加坡市场空间大于印度尼西亚市场。以 2020 年云南省的优势出口单品为例，在新加坡市场可替代总额超过 1.4 亿美元，重点商品有番茄、马铃薯、洋葱等，重点国家为马来西亚等；在菲律宾市场可重点发展马铃薯、洋葱等（表 3-19）。

表 3-19   2020 年新加坡、菲律宾可发展贸易替代国际市场情况分析

经济体	商品名称	国家	可替代金额/万美元	对所在国当前税率/%	中国–东盟自贸协定/%	RCEP 下税率变化/%
新加坡	HS070190 鲜或冷藏的马铃薯，种用除外	澳大利亚	308.31	0	0	0
		美国	381	0		
		马来西亚	331.47	0		
		印度尼西亚	371.44	0		
		小计	1392.22			
	HS070200 鲜或冷藏的番茄	马来西亚	2744.85	0	0	0
	HS070310 鲜或冷藏的洋葱及青葱	马来西亚	1347.34		0	0
		泰国	699.78	0		
		印度	616.34	0		
		小计	1663.46			
	HS070970 鲜或冷藏的菠菜	马来西亚	664.69	0	0	0
	HS070490 其他鲜或冷藏的食用芥菜类蔬菜	马来西亚	803.11	0	0	0
	HS070519 其他鲜或冷藏的莴苣	马来西亚	821.1	0	0	0
	HS070999 其他鲜或冷藏的蔬菜	马来西亚	3931.96	0	0	0
		泰国	1023.55	0		
		小计	4955.51			
		合计	14044.94			

经济体	商品名称	国家	可替代金额/万美元	对所在国当前税率/%	中国-东盟自贸协定/%	RCEP下税率变化/%
菲律宾	HS070310洋葱及青葱	荷兰	882.61	40	3	保持3不变
	HS070190马铃薯	美国	656.9	3		
		澳大利亚	272.21	3		
		德国	228.09	3		
		小计	1157.2			
		合计	2039.81			

数据来源：联合国商品交易数据库（UN Comtrade Database）。

小结：结合前文分析，在云南省的蔬菜出口中，新加坡、菲律宾、老挝、柬埔寨、缅甸、文莱均不是云南省蔬菜出口主要目的地，RCEP下除继续稳住老挝市场外，应重点谋划开拓新加坡市场和菲律宾市场，以云南省出口优势单品为基础，在新加坡市场可重点发展西兰花、马铃薯、胡萝卜、卷心菜、番茄、洋葱等，在菲律宾市场可重点发展蒜头、马铃薯、洋葱等。

让"云蔬"走俏 RCEP 市场
（日本、韩国、澳大利亚、新西兰篇）

一、从云南省对日韩澳新的蔬菜出口来看，日韩澳新均不是云南省蔬菜出口主要目的地

运输条件的制约使得日韩澳新并未成为云南省的蔬菜主要出口地。具体来看，在日韩市场，2020 年我国对日韩实现蔬菜出口分别为 11.86 亿美元、5.25 亿美元，分别是我国的第三、第七出口目的地，其中主要出口省份为山东，国内市场占有率均超过 50%，云南省的市场份额均比较低，且出口以松茸为主。在澳新市场，山东也是出口最多的省份，云南省暂未有出口（表 3-20）。

表 3-20　2020 年我国各省（区、市）对日韩澳新出口蔬菜分析

目的地	出口地区	出口额/万美元	占全国比重/%	商品构成
日本	山东	60648.46	51.12	冷冻未列名蔬菜占比 34%；洋葱占比 10%；冷冻菠菜占比 9%；芋头（芋属）占比 8%；干大蒜占比 7%
	福建	11871.39	10.01	干香菇占比 32%；干木耳占比 17%；冷冻未列名蔬菜占比 11%
	云南	4192.42	3.53	鲜或冷藏的松茸占比 69%；冷冻未列名蔬菜占比 12%；其他干芸豆占比 10%
	全国	118642.27	100	冷冻未列名蔬菜占比 26%；洋葱占比 7%；干香菇占比 6%；干绿豆占比 5%；冷冻菠菜占比 5%；芋头占比 4%；干大蒜占比 4%

续表

目的地	出口地区	出口额/万美元	占全国比重/%	商品构成
韩国	山东	26256.67	50	冷冻未列名蔬菜 51%；其他食用根茎 11%；胡萝卜及芜菁 9%；蒜苔及蒜苗 6%
	辽宁	7768.71	14.79	冷冻未列名蔬菜 44%；其他红小豆（赤豆）占比 17%
	云南	316.67	0.6	鲜或冷藏的松茸占比 38%；未列名干蘑菇及块菌占比 28%；冷冻未列名蔬菜占比 20%；冷冻松茸占比 10%
	全国	52542.31	100	冷冻未列名蔬菜占比 42%；其他鲜或冷藏的食用根茎占比 6%；胡萝卜及萝卜占比 6%
澳大利亚	山东	3613.45	54.9	干大蒜占比 14%；蒜头占比 17%；大蒜占比 17%
	湖北	800.2	12.2	干香菇占比 69%
	全国	6581.52	100	冷冻未列名蔬菜占比 19%；干大蒜占比 14%；蒜头占比 11%；干香菇占比 11%
新西兰	山东	1034.55	68.24	冷冻未列名蔬菜占比 36%；蒜头占比 26.9%；干大蒜占比 15%
	浙江	140.96	9.3	冷冻未列名蔬菜占比 48%
	全国	1516.07	100	冷冻未列名蔬菜占比 37%；蒜头占比 18.6%；干大蒜占比 11.3%

数据来源：海关总署。

从现有的全国对日韩澳新出口情况来看，云南省优势的松茸产品市场空间较小。以 HS07095910（鲜或冷藏的松茸）为例，日本共从我国进口 2961.85万美元，其中 95% 从云南省进口；韩国共从我国进口 242.18 万美元，其中50% 从云南省进口，可拓展市场空间较小；澳新则暂未有大额进口。

二、从全球对日韩澳新的蔬菜出口来看，云南省优势出口单品短时间内在 RCEP 获益较小

从全球对日韩澳新的蔬菜出口来看，我国均是第一进口来源地

我国均是日韩澳新的第一进口来源地。具体来看，在日本市场，2020 年共从全球进口蔬菜 23.17 亿美元，是 RCEP 区域内第一进口国，其中 57.54% 从中国进口，其他进口国较多的有美国、韩国；在韩国市场，2020 年共从全球进口蔬菜 6.93 亿美元，其中 74.8% 从中国进口，处于绝对竞争优势；在澳新市场，我国的市场占有率均为 25% 左右，处于相对优势地位（表 3-21）。

表 3-21　2020 年日韩澳新从全球进口蔬菜分析

经济体	进口国家（地区）	进口额/万美元	占进口比重/%	商品构成
日本	中国	133314.4	57.54	冷冻未列名蔬菜占比 26%；其他干蔬菜，什锦蔬菜占比 14%；洋葱及青葱占比 8%；韭葱及其他葱属蔬菜占比 5%
	美国	18133.89	7.83	冷冻甜玉米占比 27%；其他鲜或冷藏的食用芥菜类蔬菜占比 9%；马铃薯占比 9%；干洋葱占比 7%；冷冻马铃薯占比 7%
	韩国	10955.99	4.73	辣椒，包括甜椒占比 84%；番茄占比 13%
	全球	231702	100	冷冻未列名蔬菜占比 22%；其他干蔬菜，什锦蔬菜占比 9%；其他冷冻豆类蔬菜占比 7%

经济体	进口国家 (地区)	进口额/ 万美元	占进口 比重/%	商品构成
韩国	中国	51806.77	74.8	冷冻未列名蔬菜占比 42.55%；其他干蔬菜，什锦蔬菜占比 10%
	越南	6010.26	8.68	木薯占比 52.12%；冷冻未列名蔬菜占比 31.39%
	全球	69255.89	100	冷冻未列名蔬菜占比 35%；其他干蔬菜，什锦蔬菜占比 8%；木薯占比 7%；其他鲜或冷藏的食用根茎占比 6%
澳大利亚	中国	7396.49	25.7	大蒜占比 23.1%；冷冻未列名蔬菜占比 19%；其他干蔬菜，什锦蔬菜占比 18%
	新西兰	5440.37	18.9	冷冻豌豆占比 32%；冷冻什锦蔬菜占比 29%；冷冻甜玉米占比 10%
	全球	28784.53	100	冷冻未列名蔬菜占比 12%；大蒜占比 10%；其他干蔬菜，什锦蔬菜占比 10%；冷冻什锦蔬菜占比 10%
新西兰	中国	1825.66	24.56	冷冻未列名蔬菜占比 32%；大蒜占比 30%
	澳大利亚	1008.94	13.57	豇豆及菜豆占比 49%；辣椒属及多香果属的果实占比 13.8%
	全球	7433.93	100	冷冻未列名蔬菜占比 15.75%；芋头（芋属）占比 10.67%；其他干蔬菜；什锦蔬菜占比 9.5%；大蒜占比 8.64%

数据来源：联合国商品交易数据库（UN Comtrade Database）。

　　RCEP 下云南省优势出口单品并未得到更优惠税率。以云南省优势出口单品 HS07095910（鲜或冷藏的松茸）为例分析日韩的国际可拓展市场空间。在日本市场，该产品在"普通优惠制"下已经实现了零关税，而 RCEP 下则采取从3%逐年减的政策，因此短时间内选择"普通优惠制"更为有利。在韩国市场，该产品目前关税为 3%，RCEP 下继续保持不变，并未实现更进一步优惠。

　　小结：结合前文分析，从云南省蔬菜出口来看，日韩澳新均不是云南省蔬菜出口主要目的地，云南省的出口商品以松茸等高附加值菌类为主，运输条件的制约是关键因素。从云南省出口松茸情况来看，主要为日韩市场，而日本在 RCEP 之前已经对云南省松茸产品实行零关税，韩国则继续保持 3% 关税不变。因此，在 RCEP 下云南省应继续稳住日本市场，保留现有市场存量。

让"云蔬"走俏 RCEP 市场

（对策篇）

一、扩规模，加快蔬菜产业出口步伐

（一）实施目标市场分层打造

结合前文对 RCEP 市场分析和云南省区位优势，云南蔬菜产业开拓 RCEP 的目标市场为越南、泰国、马来西亚、印度尼西亚、新加坡、菲律宾六国。以市场需求为导向，与重点目标市场签订产销合同、基地共建、生产订单等协议，建立稳定产销关系，完善利益联结机制。

第一层次是越南，将越南作为重点市场进行打造，构建对越南的蔬菜贸易通道。

第二层次是泰国、马来西亚、印度尼西亚，将该三国打造为云南省蔬菜出口的中坚市场。

第三层次是新加坡、菲律宾，将该两国打造为云南省蔬菜出口的增量市场。

（二）实施"贸易替代"策略

一是全力做好国内市场"贸易替代"。构建对越南蔬菜产业贸易通道。充分发挥云南省区位优势，从云南省优势蔬菜出口单品出发，将广西作为重点替代省份，重点发展蒜头、洋葱、马铃薯、胡萝卜及芜菁等，构建对越南的蔬菜出口贸易通道。全力开拓泰国、马来西亚、印度尼西亚市场。作为 RCEP 区域内重要的蔬菜进口国，应首先将云南省存量做大做强。在泰国市场，重点替代省份为山东省，重点发展蒜头、胡萝卜及芜菁、洋葱等。在马来西亚市场，重

127

点替代省份为山东、广东，重点发展蒜头、卷心菜、马铃薯等。在印度尼西亚市场，重点替代省份为山东、江苏，重点发展蒜头。积极将新加坡、菲律宾作为增量市场拓展。在新加坡和菲律宾市场，重点替代省份为山东，在新加坡重点发展西兰花、马铃薯、胡萝卜、卷心菜。在菲律宾市场重点发展蒜头、洋葱（表3-22）。

表3-22 越南、泰国、马来西亚、印度尼西亚、新加坡、菲律宾
应关注国内市场层次分析

国家	关注方向		具体层次
越南	关注省份		广西
	关注产品	重点发展	蒜头、洋葱、马铃薯、胡萝卜及芜菁
		积极发展	食用芥菜类蔬菜、西兰花
泰国	关注省份		山东
	关注产品	重点发展	蒜头、胡萝卜及芜菁、洋葱
		积极发展	马铃薯
马来西亚	关注省份		山东、广东
	关注产品	重点发展	蒜头、卷心菜、马铃薯
		积极发展	菜花、胡萝卜、西兰花、洋葱
印度尼西亚	关注省份		山东、江苏
	关注产品		蒜头
新加坡	关注省份		山东
	关注产品	重点发展	西兰花、马铃薯、胡萝卜、卷心菜
		积极发展	食用芥菜类蔬菜、菜花、蒜头
菲律宾	关注省份		山东
	关注产品		蒜头、洋葱

二是精准国际市场"贸易替代"。综合使用 RCEP 和中国-东盟自贸协定，利用关税差异发展贸易替代。全力提高对马来西亚、新加坡、印度尼西亚、泰国的国际市场占有率。在马来西亚市场，重点关注替代国家为巴基斯坦、印度、澳大利亚等，重点发展洋葱、马铃薯、胡萝卜、辣椒等。在新加坡市场，

重点关注替代国家为马来西亚等，重点发展番茄、马铃薯、洋葱等。在印度尼西亚市场，重点关注替代国家为新西兰、印度等，重点发展马铃薯、洋葱等。在泰国市场，重点关注替代国家为印度尼西亚、柬埔寨等，重点发展马铃薯、洋葱等。积极发展越南、菲律宾市场。在越南市场：重点关注替代国家为印度、美国等，重点发展洋葱、马铃薯等；在菲律宾市场，重点关注替代国家为美国、荷兰等，重点发展马铃薯、洋葱等（3-23）。

表3-23 马来西亚、新加坡、印度尼西亚、泰国、越南、菲律宾应关注国际市场层次分析

国家	关注方向		具体层次
马来西亚	关注国家		巴基斯坦、印度、澳大利亚
	关注产品		洋葱、马铃薯、胡萝卜、辣椒
新加坡	关注国家		马来西亚
	关注产品	重点发展	番茄、马铃薯、洋葱
		积极发展	菠菜、食用芥菜类蔬菜、莴苣
印度尼西亚	关注国家		新西兰、印度
	关注产品		马铃薯、洋葱
泰国	关注国家		印度尼西亚、柬埔寨
	关注产品		洋葱、马铃薯、辣椒、食用芥菜类蔬菜
越南	关注国家		印度、美国
	关注产品		洋葱、马铃薯
菲律宾	关注国家		美国、荷兰
	关注产品		马铃薯、洋葱

二、调结构，精准生产和品牌的发力点

（一）调整蔬菜产品种植结构

大力推进蔬菜规模化发展，加快推动云南省成为东盟蔬菜供应基地。结合前文分析的各单项国内国际市场空间来看，云南省应以市场需求为导向，增加蒜头、洋葱、马铃薯、胡萝卜及芜菁四大商品的种植比重。按照单品打造的思

维，继续发挥比较优势，将四大商品做大做强，依据地理气候特点，根据三个优势产业区的划分，重点培育 30 个重点县（表 3-24）。

表 3-24　重点出口商品的种植布局

产业区	重点商品	涵盖州市	重点县
夏秋蔬菜优势产业区	萝卜	昭通市、文山州、大理州、丽江市、怒江州、迪庆州	昭阳、丘北、砚山、马关、弥渡、祥云
冬春蔬菜优势产业区	洋葱、马铃薯	保山市、普洱市、西双版纳州、德宏州、临沧市、红河南部以及低热河谷县	隆阳、施甸、景谷、盈江、元谋、宾川
常年蔬菜优势产业区	马铃薯、葱蒜类	昆明市、曲靖市、玉溪市、楚雄州以及红河州北部县市	宜良、晋宁、嵩明、麒麟、陆良、会泽、师宗、宣威、罗平、富源、通海、江川、弥勒、华宁、禄丰、泸西、建水、石屏

（二）调整"云菜"品牌培育结构

以"三品一标"认证等级产品为基础，以云南省优势蔬菜出口单品为重点，以县（市）为平台，做大做强马铃薯、菠菜、卷心菜领域一批区域蔬菜品牌；大力培育食用芥菜类蔬菜、番茄、莴苣、西兰花、蒜头、菜花及硬花甘蓝等一批农业优势品牌；提升洋葱、胡萝卜及芜菁、松茸等品牌的影响力（表 3-25）。

表 3-25　2020 年云南省出口蔬菜主要品种分析

分类	出口金额（美元）	主要商品
第一层次	≥1 亿	马铃薯、菠菜、卷心菜
第二层次	0.5 亿~1 亿	食用芥菜类蔬菜、番茄、莴苣、西兰花、蒜头、菜花及硬花甘蓝

续表

分类	出口金额（美元）	主要商品
第三层次	0.1亿~0.5亿	洋葱、胡萝卜及芜菁、辣椒属及多香果属的果实、结球莴苣（包心生菜）、松茸、牛肝菌、豌豆、其他葱属蔬菜、干芸豆、牛肝菌、南瓜、笋瓜及瓠瓜等

数据来源：海关总署。

（三）以外贸转型升级基地为抓手

发挥外贸转型升级基地作用，增强基地带动产业发展的能力。作为获批国家级、省级外贸转型升级基地最多的领域，针对玉溪通海、昆明陆良国家级，大理宾川省级外贸转型升级基地，可着重发展易腐货物商品的贮存仓储、物流运输产业，解除因市场限制导致的运输距离限制和出口地限制；注重对大型企业、龙头企业的引入，充分发挥各类企业的带动作用和辐射作用，激发积聚和模范效应，形成可复制的经验；鼓励基地内企业开展国际品牌营销工作，以扩大出口为重要目标，积极参加各地商品博览会。同时鼓励各地区结合优势产业积极培育申报省级、国家级外贸转型基地，根据区域重点产业发展规划，围绕立足"优势"、聚焦"特色"、专注"细化"三个重点，培育和申报一批特色鲜明的蔬菜产业外贸转型升级基地，形成蔬菜产业发展集群。

三、保供给，提高蔬菜产品质量

（一）加强产地交易市场建设

结合区位优势，综合考虑国际与国内、全国与区域协调发展要求，在蔬菜重点县加快推进区域综合交易中心建设，在通海、陆良、砚山、元谋、弥渡、蒙自、隆阳等重点蔬菜产区和交通便利地区建设完善集农资销售、产品交易、信息服务、电子商务平台于一体的区域性蔬菜交易市场。开展区域性冷链物流园区、配送中心建设，逐步提升冷链运输服务能力。在集散地和交易中心加强废弃物集中回收，实现"应收尽收"，进行无害化处理和利用，提高资源化利用率。

（二）推进数字化应用

生产端，采用"产业+互联网"模式，建立以 5G 为引领，以物联网、大数据、云计算、区块链、人工智能等现代信息技术为基础的蔬菜数字化示范基地，发展"智慧蔬菜产业"。建设蔬菜调度信息、质量监测、全程追溯和生产控制技术服务平台，推进蔬菜生产、加工、销售的全程数字化、信息化管理。销售端，积极开展"产业+跨境电商"行动，大力发展订单直销。搭建市场信息交流平台，引导发展适销对路的蔬菜产品。

四、增效益，唱响"云蔬"产业发展

（一）提升产品商品化水平

重点减少采后处理的损耗，提高贮藏保鲜功能，提高蔬菜商品化处理包装率，提高产品档次和附加值。依托大型食品加工企业，发展冻干蔬菜、蔬菜粉、蔬菜汁等新型蔬菜加工制品的订单生产，逐步形成加工产业带，提升云南省深加工能力和水平。大力推行小包装蔬菜加工，提高市场供给水平，满足多样化、高端化市场需求。在昆明、昭通、曲靖、玉溪、保山、楚雄、红河、文山和大理等州市，加快推进科学合理的冷链物流和加工产业布局。

（二）促进三产融合发展

国内端，建设各具特色的蔬菜主题观光、文旅结合的农业综合体。打造城郊休闲体验观光带，开展新品种新技术新模式研发推广、特色产业培育，建设市民周末生活休闲目的地。国际端，支持云南餐饮企业赴东盟开设滇菜餐厅，举办美食文化节等交流活动，根据当地饮食习惯融入云南特色餐饮，引导东盟地区消费者对"云蔬"的消费认知，培养消费习惯。

参考文献

《云南省"十四五"打造世界一流"绿色食品牌"发展规划》

让"云咖"飘香日韩澳

杨欣雨　陈凤梅①

作为中国最大的咖啡种植地和出口地，云南咖啡豆产量占全国总产量的98%以上，但云南咖啡的国际市场占有率、收购价格和影响力却还未与其比重匹配。一方面，云南社会经济发展相对落后，地方财政扶持能力有限，咖啡生产企业多小而散，实力较弱，品牌效应未充分发挥，咖啡商品以初级加工产品为主。另一方面，云南咖啡种植区多处山地，交通、农业设施较为落后，尤其2020年以来，受疫情及各种自然灾害的叠加影响，云南咖啡产业遭受重创，一定程度上阻碍了云南咖啡"走出去"的步伐。近年来，云南咖啡产业发展取得一定成效，正逐步占领更多的国际市场，RCEP生效后更看到了云南咖啡出口市场的扩张机遇，云南省应抢抓机遇，紧扣日韩澳三国咖啡市场需求，推进云南咖啡产业"做全做精"，扩大"阿拉比卡的天堂"优势，同时建立产品、品牌新优势，打造优质高原特色绿色食品牌和一流咖啡产业。

一、RCEP国家中日韩澳位居咖啡进口前三，但并未成为云南省咖啡主要的出口对象

（一）咖啡是云南省优势出口产业，出口总额在全国省（区、市）排名第一，但近两年被替代风险有所增加

云南省对外出口咖啡（HS0901）位居全国第一，占全国咖啡出口比重约为60%，具有绝对竞争优势。通过对2019—2020年我国各省咖啡出口情况分析（表3-26），2020年我国共有16个省（区、市）存在咖啡出口情况，出口

---

① 杨欣雨，云南省国际贸易学会；陈凤梅，云南省商务研究院。

总额为 1.38 亿美元，其中云南省出口额达 8219.5 万美元，是排名第二的上海出口额（3280.49 万美元）的 2 倍多，咖啡是云南省的优势出口产业。

但值得警惕的是，近两年云南省咖啡出口一直处于下滑状态。2019 年云南省咖啡出口额同比下降 30.6%，2020 年受疫情影响，云南咖啡出口规模进一步减少，咖啡出口的增长率低于上海、广东等省份，占全国比重减少近 7%，市场份额处于下降状态，排名第二、第三位的上海、广东则抓住市场实现出口比重上涨，对比其他地区，云南咖啡出口份额流失更为严重，出口市场存在被替代的风险。

表 3-26　2019—2020 年我国各省咖啡出口情况（前 5）

2019 年				2020 年			
出口地区	出口额/万美元	占全国比重/%	同比增长/%	出口地区	出口额/万美元	占全国比重/%	同比增长/%
云南	10109.37	66.52	−30.6	云南	8219.5	59.76	−18.67
上海	3051.9	20.08	−7	上海	3280.49	23.85	7.49
广东	932.02	6.13	−9.9	广东	1034.27	7.52	10.97
北京	435.16	2.86	−65.24	江苏	513.16	3.73	493.22
海南	122.6	0.81	−63.18	北京	295.25	2.15	−32.15
全国	15198.17	100	−34.06	全国	13755.26	100	−9.49

数据来源：海关总署。

（二）云南省咖啡出口主要市场为德国、美国等欧洲国家，RCEP 成员国尚未成为主要目标市场

从云南省 2019—2020 年对全球的咖啡出口数据来看（表 3-27），主要市场为德国和美国，占比合计约达到 48%，其余市场有 RCEP 成员国马来西亚、越南、韩国等，但从总体出口金额来看，RCEP 成员国尚未成为云南省主要目标市场。

具体分析，2020 年云南省共向 37 个国家（地区）出口咖啡，其中对德国出口 2979.37 万美元，对美国出口 932.28 万美元，该两地为云南省咖啡主要出口市场。云南省对 RCEP 成员国中有 8 个国家存在出口情况，其中对马来西

亚、越南和韩国的出口均超过 500 万美元，对其余成员国的出口金额均较小。

表 3-27　2019—2020 年云南咖啡出口情况

	2019 年					2020 年			
排名	地区	出口额/万美元	占总出口比重/%	同比增长/%	排名	地区	出口额/万美元	占总出口比重/%	同比增长/%
1	德国	3620.6	35.81	−16.68	1	德国	2979.37	36.25	−17.71
2	马来西亚	1004.1	9.93	402.81	2	美国	932.38	11.34	9.25
3	美国	853.44	8.44	−52.26	3	马来西亚	741.72	9.02	−26.13
4	越南	840.36	8.31	−73.60	4	越南	719.87	8.76	−14.34
5	比利时	831.07	8.22	−22.87	5	韩国	547.57	6.66	40.45
6	韩国	389.85	3.86	−0.25	6	比利时	445.78	5.42	−46.36
7	澳大利亚	315.38	3.12	44.23	7	荷兰	259.46	3.16	110.65
8	瑞典	256.28	2.54	−35.37	8	日本	228.49	2.78	1519.65
…	…	…	…	…	…	…	…	…	…
36	日本	14.11	0.14	40.24	13	澳大利亚	125.6	1.53	39.83
—	总计	10109.37	—	—	—	总计	8219.5	—	—

数据来源：海关总署。

（三）对比 RCEP 成员国从全球进口咖啡情况，日韩澳可成为云南省未来境外开拓中的主攻市场

整体来看，通过 2018—2019 年 RCEP 各成员国从全球进口咖啡的数据分析（表 3-28）表明，日韩澳是 RCEP 国家中咖啡进口额的前三位国家，未来境外市场开拓中可成为云南省主攻方向。RCEP15 国均存在咖啡进口情况，其中日本、韩国、澳大利亚三国 2019 年咖啡进口额占 RCEP 区域内的 70.38%，日韩澳是 RCEP 区域内的咖啡消费大国。

具体来看，2020 年日本从全球进口咖啡金额为 12.48 亿美元，占全球进口额比重达 4.21%，占 RCEP 区域内进口额比重达 37.07%，是 RCEP 内唯一进

口额突破 10 亿美元的国家，排名全球第五，RCEP 区域内第一；韩国咖啡进口额为 6.62 亿美元，占 RCEP 区域内比重为 19.65%，位居全球第十一，区域内第二；澳大利亚咖啡进口额为 4.6 亿美元，占 RCEP 区域内比重为 13.66%，位居全球第十五，区域内第三。

表 3-28　2018—2019 年 RCEP 国家咖啡进口情况（前 5）

2018 年					2019 年				
排名	地区	进口额/亿美元	占比/%	同比增长/%	排名	地区	进口额/亿美元	占比/%	同比增长/%
1	日本	12.61	35.41	−11.90	1	日本	12.48	37.07	−1.04
2	韩国	6.37	17.89	−2.76	2	韩国	6.62	19.65	3.83
3	澳大利亚	4.84	13.60	−6.51	3	澳大利亚	4.6	13.66	−5.05
4	中国	3.02	8.47	14.99	4	马来西亚	2.74	8.14	9.79
5	马来西亚	2.5	7.01	1.44	5	中国	2.70	8.02	−10.42

数据来源：联合国商品交易数据库（UN Comtrade Database）。

二、RCEP 生效后，日韩将对部分咖啡商品采取逐年减税至零，最终达到日韩澳全部自由化水平

RCEP 生效后，日韩对我国咖啡商品均存在减税，并最终达到日韩澳全部商品零关税。具体分析：日本方面，对中国两类咖啡商品实行逐年减税，生效后第 16 年，实现对中国咖啡商品的全部零关税。韩国方面，对中国两类咖啡商品实行首年减税至零，4 类商品实行逐年减税，政策生效第 10 年实现对中国咖啡商品的全部零关税。澳大利亚方面，RCEP 下继续保持对我国咖啡商品零关税水平（表 3-29）。

表 3-29 RCEP 生效后日本、韩国对中国咖啡产品减税分析   %

	商品名称	基准税率	第 1 年	第 6 年	第 11 年	第 16 年
日本	（HS09012100） 已焙炒未浸除咖啡碱的咖啡	10	10	7.5	3.8	0
	（HS09012200） 已焙炒已浸除咖啡碱的咖啡	10	10	7.5	3.8	0
	商品名称	基准税率	第 1 年	第 6 年	第 9 年	第 10 年
韩国	（HS09011100） 未焙炒未浸除咖啡碱的咖啡	2	1.8	0.8	0.2	0
	（HS09011200） 未焙炒已浸除咖啡碱的咖啡	2	0	0	0	0
	（HS09012100） 已焙炒未浸除咖啡碱的咖啡	8	7.2	3.2	0.8	0
	（HS09012200） 已焙炒已浸除咖啡碱的咖啡	8	7.2	3.2	0.8	0
	（HS09019010） 咖啡豆荚及咖啡豆皮	3	0	0	0	0
	（HS09019020） 含咖啡的咖啡代用品	8	7.2	3.2	0.8	0

数据来源：根据 RCEP 协定内容整理。

三、RCEP 生效后，云南省应加大市场开拓力度，开展贸易替代提高对日韩澳咖啡的出口

（一）从三国进口情况来看，我国不是日韩澳咖啡的主要进口国，RCEP 成员中的越南、区域外的巴西、哥伦比亚是主要竞争对手，主要商品涉及两类

整体来看，在日韩澳的咖啡全球进口市场中，各国之间进口额差距明显，

竞争较为激烈，巴西、哥伦比亚、越南是主要进口国，而中国排名靠后。

2019年，日本共从63个国家（地区）进口咖啡商品，进口额达12.48亿美元，其中中国位于第40位，占比0.02%。从金额来看，中国并不是日本咖啡的主要进口国；从竞争对手来看，日本自巴西进口咖啡金额近4亿美元，占据日本咖啡市场份额超过30%。RCEP区域内的越南，区域外的哥伦比亚、埃塞俄比亚、危地马拉出口额超过或接近1亿美元；从竞争产品来看，主要集中在HS090111（未焙炒未浸除咖啡碱的咖啡）（表3-30）。

表3-30　2019年日本咖啡进口数据分析

排名	国家（地区）	进口额/ 万美元	占比/%	产品构成
1	巴西	39867.67	31.95	未焙炒未浸除咖啡碱的咖啡占比98.76%
2	哥伦比亚	19639.5	15.74	未焙炒未浸除咖啡碱的咖啡占比96.08%
3	越南	14423.95	11.56	未焙炒未浸除咖啡碱的咖啡占比97.91%
4	埃塞俄比亚	9928.65	7.96	未焙炒未浸除咖啡碱的咖啡占比98.48%
5	危地马拉	9734.08	7.8	未焙炒未浸除咖啡碱的咖啡占比97.28%
…	…	…	…	…
40	中国	25.6	0.02	未焙炒未浸除咖啡碱的咖啡占比63.17% 已焙炒未浸除咖啡碱的咖啡占比36.81%
…	全球	124785.06	100	未焙炒未浸除咖啡碱的咖啡占比91.31%

数据来源：联合国商品交易数据库（UN Comtrade Database）。

2019年，韩国共从全球进口咖啡6.62亿美元，涉及有90个国家（地区），其中从中国进口410.7万美元，仅占总进口的0.62%，位于第21位。从竞争对手来看，RCEP区域内国家有越南，其他国家有美国、哥伦比亚、巴西和瑞士；从竞争产品来看，HS09012100（已焙炒未浸除咖啡碱的咖啡）和HS09011100（未焙炒未浸除咖啡碱的咖啡）这两类商品均有涉及（表3-31）。

表 3-31　2019 年韩国咖啡进口数据分析

排名	国家/地区	进口额/万美元	占比/%	产品构成
1	美国	9666.6	14.61	已焙炒未浸除咖啡碱的咖啡占比 94.38%
2	哥伦比亚	9204.84	13.91	未焙炒未浸除咖啡碱的咖啡占比 99.5%
3	巴西	8058.43	12.18	未焙炒未浸除咖啡碱的咖啡占比 98.8%
4	瑞士	6197.61	9.37	已焙炒未浸除咖啡碱的咖啡占比 92.16%
5	越南	5302.75	8.01	未焙炒未浸除咖啡碱的咖啡占比 94.7%
…	…	…	…	…
21	中国	410.7	0.62	未焙炒未浸除咖啡碱的咖啡占比 99.9%
…	全球	66167.34	100	未焙炒未浸除咖啡碱的咖啡占比 64.48% 已焙炒未浸除咖啡碱的咖啡占比 32.47%

数据来源：联合国商品交易数据库（UN Comtrade Database）。

2019 年，澳大利亚共从全球 82 个国家（地区）进口咖啡 4.6 亿美元，其中从中国进口 435.26 万美元，位于第 18 位，仅占总进口的 0.95%；从竞争对手来看，RCEP 区域内国家有越南，RCEP 区域外有瑞士、巴西、哥伦比亚和德国；从竞争产品来看，HS09012100（已焙炒未浸除咖啡碱的咖啡）、HS09011100（未焙炒未浸除咖啡碱的咖啡）均有涉及（表 3-32）。

表 3-32　2019 年澳大利亚咖啡进口数据分析

排名	国家/地区	进口额/万美元	占比/%	产品构成
1	瑞士	8851.9	19.24	已焙炒未浸除咖啡碱的咖啡占比 94.07%
2	巴西	5891.79	12.81	未焙炒未浸除咖啡碱的咖啡占比 99.63%
3	哥伦比亚	4273.52	9.29	未焙炒未浸除咖啡碱的咖啡占比 98.21%
4	德国	3402.03	7.4	已焙炒未浸除咖啡碱的咖啡占比 74.83% 未焙炒未浸除咖啡碱的咖啡占比 21.63%

续表

排名	国家/地区	进口额/万美元	占比/%	产品构成
5	越南	3311.11	7.2	未焙炒未浸除咖啡碱的咖啡占比 92.46%
…	…	…	…	…
18	中国	435.26	0.95	未焙炒未浸除咖啡碱的咖啡占比 97.44%
…	全球	45998.69	100	未焙炒未浸除咖啡碱的咖啡占比 61.74% 已焙炒未浸除咖啡碱的咖啡占比 35.84%

数据来源：联合国商品交易数据库（UN Comtrade Database）。

（二）从 RCEP 生效后的可拓展市场空间分析，云南省优势出口单品未焙炒未浸除咖啡碱的咖啡应重点关注拓展，同时可开发已焙炒未浸除咖啡碱的咖啡这一商品

RCEP 生效后，云南省优势出口单品 HS09011100（未焙炒未浸除咖啡碱的咖啡）可拓展空间最大，是云南省应重点关注的产品。同时 HS09012100（已焙炒未浸除咖啡碱的咖啡）可替代市场也较大，云南省有望通过优化产品结构占据更多该产品在日韩澳的市场份额。

具体来看，HS09011100（未焙炒未浸除咖啡碱的咖啡）在日韩澳的可替代市场空间突破 12 亿美元，是未来对日韩澳的重点出口产品（表 3-33）。云南省 90% 的出口集中在该类商品上，是云南省优势的咖啡出口单品，RCEP 生效后，云南省有望实现数量型扩张，其中在韩国市场关税优势最为突出；主要替代对手为巴西、哥伦比亚、哥斯达黎加等。

表 3-33 2019 年日韩澳市场中 HS09011100 可发展贸易替代市场情况分析

国家		可替代金额/ 万美元	对所在国当前税率/ %	RCEP 下税率/%
日本	巴西	39371.9	0	0
	越南	14121.86	0	
	埃塞俄比亚	9777.47	0	
	危地马拉	9469.46	0	
	印度尼西亚	7295.51	0	
	坦桑尼亚	4304.2	0	
	洪都拉斯	2359.84	0	
	哥伦比亚	1886.97	0	
	秘鲁	1569.18	0	
	哥斯达黎加	686.72	0	
	牙买加	646.14	0	
	小计	91489.25	—	
韩国	哥伦比亚	9161.55	2	由 2 逐减， 消减期 9 年
	巴西	7965.07	2	
	哥斯达黎加	1365.98	2	
	萨尔瓦多	407.45	2	
	小计	18900.05	—	
澳大 利亚	巴西	5870.16	0	0
	哥伦比亚	4197.2	0	
	洪都拉斯	1821.78	0	
	埃塞俄比亚	1676.68	0	
	印度尼西亚	1075.25	0	
	危地马拉	994.04	0	
	德国	735.96	0	
	哥斯达黎加	643.29	0	
	小计	17014.36	—	
—	合计	127403.66	—	—

数据来源：联合国商品交易数据库（UN Comtrade Database）。

值得关注的是，HS09012100（已焙炒未浸除咖啡碱的咖啡）在日韩澳市场中也有较大的可拓展市场空间，金额达到 3.6 亿美元，未来可通过优化产品结构，扩大该产品对日韩澳的出口，其中在日本市场关税优势最为突出；可关注的竞争对手有美国、瑞士、意大利、德国、法国等（表3-34）。

表 3-34　2019 年日韩澳市场中 HS09012100 可发展贸易替代市场情况分析

	国家	可替代金额/ 万美元	对所在国当前税率/ %	RCEP 下税率变化说明 %
日本	哥伦比亚	390.39	10	由 10 逐减，消减期 15 年
	巴西	260.63	10	
	危地马拉	215.15	10	
	印度尼西亚	161.31	10	
	小计	1027.48	—	
韩国	美国	9122.99	0	由 2 逐减，消减期 9 年
	瑞士	5711.56	0	
	意大利	2784.37	0	
	德国	971.85	0	
	日本	786.63	8	
	马来西亚	547.83	0	
	小计	19925.23	—	
澳大利亚	瑞士	8326.78	0	0
	意大利	2833.77	0	
	德国	2545.72	0	
	法国	1369.88	0	
	小计	15076.15	—	
—	合计	36028.86	—	—

数据来源：联合国商品交易数据库（UN Comtrade Database）。

四、云南省扩大对日韩澳咖啡贸易的对策建议

（一）关注需求链，促进云咖抓住机遇扩大贸易市场

一是关注日韩澳市场需求，培育咖啡外贸队伍，抓住 RCEP 窗口期发展机遇型产品。打造咖啡外贸专业人才队伍，加大对日韩澳三国对咖啡产品需求的关注，重点关注未焙炒未浸除咖啡碱的咖啡市场，鼓励云南咖啡企业加强机遇型产品（如已焙炒未浸除咖啡碱的咖啡）市场的重视，优化出口产品结构；同时关注终端产品需求，帮助企业掌握目标市场动态要求，有针对性地进行产品调配和定制，积极扩张终端产品市场；重点关注日韩澳三国的食品安全标准、市场容量、市场准入、海关环境和制度环境等，进一步提升云南咖啡质量水平，引导企业有效避免绿色贸易壁垒。

二是关注国际竞争对手，积极发展数量型扩张和贸易替代。在生产能力、产品质量、加工运输、品牌建设、标准体系等环节关注巴西、哥伦比亚、越南、德国、意大利、马来西亚等主要国际竞争对手，与云南咖啡出口环节进行详细对比分析并进行改善升级，收集国外咖啡技术法规和标准，针对现有贸易产品积极发展数量型扩张和贸易替代。

三是关注境外营销网络，积极接入全球供应链提高市场占有率。提高对市场前端营销的认识及开拓，提升咖啡前端销售和服务能力，重点关注市场的开发和推广，并及时将市场需求反馈给后端营销，连接好市场前端和后端，推动形成完整的咖啡市场营销体系。加强对境内外大型销售机构的关注和对接，积极推动并鼓励咖啡企业在国内大型咖啡加工产业聚集园区设置云南咖啡产业销售机构，积极探索在日本、韩国、澳大利亚重要旅游景区、节庆活动场地、商业中心引进有云南特点、品牌丰富、产品多样化的展会与宣传活动，多渠道、多角度促进云咖国际市场对接，同时积极对接日韩澳三国连锁咖啡企业，提高云南咖啡供应占比。

（二）做精产业链，推动云咖从种子到杯子全链升级

一是加快咖啡种植、采收、收购等过程的信息化和技术化升级。加快升级

优化基地基础设施建设，提升咖啡产业全过程信息化水平，加快先进种植、采收先进器械设备的引进和研发，加大物联网、云计算、大数据等与咖啡产业全链的融合发展，提高咖啡产量和产值，降低种植成本，减小咖农负担。省农业农村厅等部门应支持有条件的地区积极打造规模、规范的"双规"种植示范基地，扶持龙头企业加大基地建设力度，以点带面提高云南咖啡种植水平。

二是优化产业结构，积极引导咖啡企业向终端销售导向型、精深加工导向型转变。鼓励咖啡企业开展转口贸易、精深加工贸易，加大精深加工产品的研发、生产和品牌的市场开拓，充分利用德宏州芒市（国家级）、普洱市普洱工业园区（省级）两个外贸转型升级基地，拓展云咖出口；鼓励咖啡产业向企业化管理发展，支持企业开展标准生产、科技研发、精深加工，研发生产精品焙炒豆、袋泡咖啡、胶囊咖啡、滤挂式咖啡、冻干咖啡等咖啡产品撬动高端市场；积极扩大"企业+基地+农户""深加工+初加工+种植业"管理模式，提高咖啡种植、加工主体凝聚力，培育一批精深加工龙头企业，推动云南省咖啡走精品化道路，同时积极开展与国内外大型咖啡加工企业合作，打破少数外企收购垄断。

三是加大科研投入，优化终端产品布局。省科技厅等部门应积极推进建设更多省级、国家级企业技术中心，积极与高校和科研院所合作研发，加大对速溶咖啡、即饮咖啡等咖啡终端产品的研发，加强二、三产业发展，增加产品附加值，积极开展国际市场，在扩大云南省咖啡原料交易数量的同时开拓咖啡终端产品市场，加大云南咖啡在国际终端消费市场的市场占有率。

四是大力发展贸易模式新业态。重点发展咖啡产业跨境电子商务。鼓励省内咖啡生产商和供应商开展咖啡网上跨境贸易，支持省内咖啡网络交易平台做强做大；充分利用昆明、德宏跨境电子商务综合试验区的引导带动作用，加强跨境电子商务与传统产业融合创新，加强咖啡产品与跨境电子商务平台对接，提升产品竞争力；加强与日韩电子商务企业开展合作（如 Gmarket、Infomart），拓展产品境外营销渠道。

（三）重塑价值链，提升云咖国际认可度和接受度

一是全力扩大云南咖啡国际市场占有量，争取定价权。增加与国际咖啡企业、咖啡组织的交流合作，减小对国外市场的依赖，加快培养和扶持云南本土

知名品牌，加大云咖品牌在国际终端咖啡市场的影响力和话语权，积极争取国际咖啡组织成员国席位，参与对咖啡生豆的出口标准制定，平等参与国际贸易竞争，争取咖啡生豆定价权。

二是加快国际标准体系对接。建议市场监管部门、安全生产监督管理局部门等加强与国际咖啡标准化体系建设组织和市场端的交流对接，完善现有的咖啡标准体系，逐步建立一套涵盖选种育种、种植、加工、储存、交易、包装、运输、质检认证、服务流程等范围的咖啡产业标准体系，加强云南咖啡质量检测标准体系的认可度和认可范围，并加强标准执行监管，积极引导咖啡种植小农户提高标准化程度，保证咖啡生豆的质量稳定性。

三是鼓励市场主体申请食品、咖啡行业认证。鼓励市场主体在进入日本、韩国、澳大利亚市场前积极申请国际食品咖啡行业组织相关认证，如 FDA 安全认证、RFA（雨林联盟）认证、UTZ 认证等；鼓励咖啡从业者积极获得 SCA、AST、Q-Grader 等认证，提高咖啡主体的国际市场认可度。

（四）打造品牌链，助力云咖从幕后走向台前

一是明确云南咖啡全球区域品牌定位。建议省文化和旅游厅、省农业农村厅等部门持续打造云南咖啡出口"开山品牌"、支持咖啡产品扩大品牌影响力，以云南咖啡代表中国咖啡参与日韩澳咖啡市场竞争，建设国家重要出口产业和我国农产品品牌形象的战略高度，加速培育更多保山小粒咖啡、德宏小粒咖啡、普洱小粒咖啡等云南本土中国驰名商标、地理标志商标以及云南省著名商标的咖啡品牌。

二是推进跨界融合，发展"旅游+咖啡""文化+咖啡"模式。建议文旅、广电、宣传等部门利用互联网平台扩大云南咖啡的宣传力度，推进咖啡产业与旅游服务业融合发展，参考中国咖啡第一村——保山市隆阳区潞江镇新寨村建设模式，推动咖啡种植主产区打造一批兼具民族特色和产品特色的咖啡旅游观光园，开展咖啡种植、加工、产品主题游、咖啡多样文化体验游等；讲好"朱苦拉咖啡"等咖啡系列文化故事，同时鼓励咖啡故事创作，培育云南咖啡独特的魅力点和文化氛围，提高云咖文化国际吸引力和影响力。

三是提升云咖宣传高度和广度，积极举办、参与国际性咖啡展会活动。建议省文化和旅游厅、省农业农村厅、省商务厅等部门通过扩大宣传普洱国际精

品咖啡博览会、亚洲咖啡年会等会展活动宣传好云南咖啡；积极争取世界咖啡科学大会、全球精品咖啡博览会等国际性展会多次落地云南，利用国际展会平台举办云南咖啡的专场品鉴会、专场论坛演讲，扩大云咖影响力。建议省广播电视局、省新闻出版局等部门积极对接国家、国际主流媒体频道及专栏，设立云南咖啡专门栏目，组建专业团队深入挖掘云南咖啡与种植、咖啡与宗教及咖啡与少数民族文化等资源，制作并播放云南咖啡专题节目、专题纪录片等，加大主流媒体传播率，增大云南咖啡文化传播范围，提升传播质量。

（五）强化保障链，为云咖走出去保驾护航

一是加大政策扶持力度。建议省农业农村厅、省财政厅等部门认真落实有关扶持咖啡产业发展的政策和措施，合理安排中央、省级财政安排的热作产业发展项目支出，扩大生产示范范围，集中资金力量加快扩大咖啡标准化示范园建设范围；积极与社会资本合作，继续推动如"认养咖啡树"爱心公益活动等公益项目开展，多渠道资金整合，加快引导农民企业家自主投入，以项目参股、贷款等方式积极与大型企业合作，加大招商引资力度，合力形成咖啡产业扶持机制。

二是逐步扩大咖啡生豆目标价格保险试点范围。借鉴巴西经验、普洱经验，鼓励金融机构创新保险支农新模式，加强"政府—平台—保险"合作模式影响力，扩大咖啡生豆目标价格保险机制至全省范围，鼓励咖农、咖企通过云南咖啡交易中心进行咖啡交易，全力保护咖农和咖企的利益。

三是不断完善出口检验检疫体系。建议海关等部门积极指导企业积极对接国际咖啡制品行业标准，帮助企业掌握日韩澳市场动态要求，加强对云南省重点龙头企业的出口服务，健全咖啡产品质量管理体系，继续完善业务流程和管理制度；加强对咖啡及其制品的品质和卫生管理，加强生产加工全过程的管理，建立和完善产品追溯制度，严格实施产品批次和标识管理；继续推行直通放行、无纸化、一体化通关等便利化措施，有效扩大云南省咖啡出口规模。

四是充分发挥云南省咖啡交易中心、云南省咖啡行业协会的促进作用。加快在德宏、保山等咖啡主产区建设分中心，扩大中心职能范围和实施便利度，并完善展示、结算、拍卖、仓储、物流、融资等服务，扩大现货交易量，探索

建立云南咖啡期货交易平台，加大云南各咖啡主产区的交流合作，增加国际咖啡交易量，完善云南咖啡交易平台建设；充分发挥云南省咖啡行业协会对云南咖啡生产者、供应商的联合作用，积极参与监督、调控咖啡种植、加工、销售等环节，保证咖啡产品供应的稳定和高效的市场运作体系。

RCEP 下云南与中南半岛国家
贸易合作的差距和潜力
——基于与国内其他贸易强省的对比分析

陈凤梅　徐　阳[①]

2019 年以来，东盟成为我国的第一大贸易伙伴。中南半岛是东盟经济最具活力的部分，是"一带一路"的重要区域。RCEP 在货物贸易方面旨在"通过逐步取消缔约方之间实质上所有货物贸易的关税和非关税壁垒，逐步实现缔约方之间货物贸易的自由化和便利化"。在关税减让方面，RCEP 各缔约方在协议附件一中列出了关税消减承诺，基本覆盖了所有贸易品类，将最终实现 90% 商品免关税。同时 RCEP 约定，"两个或两个以上的缔约方可以基于共识，就附件一（关税承诺表）中其承诺表所列的关税承诺的加速或改进进行磋商"，为加快关税消减的步伐创造了条件。除了传统关税减让外，RCEP 还将重点放在了原产地规则和贸易便利化议题之上，统一了区域内纷繁复杂的贸易安排，提高了原产地规则的灵活性，并在遵守世界贸易组织现有规则之上在海关程序与贸易便利化、卫生与植物卫生措施、技术法规与合格评定程序等领域引入更加透明的规则来进一步降低非关税壁垒。

---

① 陈凤梅，云南省商务研究院；徐阳，云南省国际贸易学会。

一、云南对老和对缅贸易额排名全国第一，但对越、泰、新、马市场最大的四个国家贸易额极小，对中南半岛国家贸易总额排名全国第十，仅占全国贸易总额的3.19%

（一）2019年云南对中南半岛国家贸易全国排名第十

表3-35显示了2019年我国各省与中南半岛国家（指缅甸、越南、老挝、泰国、柬埔寨、新加坡、马来西亚等7个国家）的贸易情况。从表3-35可以看出，广东、江苏、上海和浙江这四个产业基础较强的南部沿海省份占据我国对中南半岛国家贸易的前4强；广西凭借与越南超高的贸易规模排名第五；排名第六的北京与新加坡的贸易比较亮眼；山东和福建与越南、泰国、马来西亚这3个快速工业化的国家均有较高的贸易往来；同为西部省份的四川与中南半岛国家的贸易额集中在越南和马来西亚，大幅高于云南与该两国的规模；云南在我国对中南半岛国家贸易中排名第十，贸易对象主要为缅甸、越南、老挝和泰国，贸易总额为159.6亿美元，仅为广东的13.74%，为广西的49.22%，落后四川约20亿美元。

表3-35　2019年各省对中南半岛国家贸易情况　　单位：百万美元

排名	地区	缅甸	越南	老挝	泰国	柬埔寨	新加坡	马来西亚	合计
	全国	18699	161986	3919	91746	9426	90025	124052	499854
1	广东	1714	34326	213	23217	2351	19089	35244	116153
2	江苏	1573	18098	134	13767	1819	13446	14958	63795
3	上海	596	13418	79	9487	887	14608	16474	55549
4	浙江	1271	11283	197	8952	1633	5210	9254	37801
5	广西	86	25458	23	4639	73	910	1239	32428
6	北京	1182	5328	546	3682	454	12235	6153	29580
7	山东	1001	7155	404	7190	447	2579	7568	26343
8	福建	476	6173	123	4321	547	2338	5277	19256

续表

排名	地区	缅甸	越南	老挝	泰国	柬埔寨	新加坡	马来西亚	合计
9	四川	83	10183	80	1214	86	1678	4608	17932
10	云南	8129	4473	1260	1581	32	215	271	15961

注：数据来源于中国海关，各省贸易数据为在该省注册企业的贸易数据，下表同。

（二）2019 年云南对中南半岛各国贸易额占全国的比重仅为 3.19%

由表 3-36 可以看出，云南与缅甸和老挝的贸易优势地位十分明显，贸易额分别占全国的 43.47% 和 32.14%，在全国各省（区、市）中排名第一。同时，云南与中南半岛其他 5 国的贸易份额较小，与相邻的越南贸易额仅占全国的 2.76%，为广西的 17.57%；与泰国的贸易额为全国的 1.72%，与其他三国的贸易额占比不到 0.5%。由于缅甸和老挝的贸易量远远小于越南、泰国、新加坡和马来西亚的贸易量，云南省与中南半岛国家贸易总额仅为全国的 3.19%。

表 3-36　2019 年云南省对中南半岛国家贸易额占全国贸易额比重情况

贸易额和占比	缅甸	越南	老挝	泰国	柬埔寨	新加坡	马来西亚	合计
全国贸易额/ 百万美元	18699	161986	3919	91746	9426	90025	124052	499854
云南贸易额/ 百万美元	8129	4473	1260	1581	32	215	271	15961
云南占比/%	43.47	2.76	32.14	1.72	0.34	0.24	0.22	3.19

结论：从云南层面来看，中南半岛是与云南贸易往来最频繁的区域，与中南半岛国家的贸易额占云南贸易总额的 47% 左右。但从全国层面来看，云南与中南半岛国家的贸易规模还很小，占全国比重不高，与贸易强省相比有较大差距，与云南建设面向南亚东南亚的辐射中心的定位还不匹配，对中南半岛国家的贸易规模亟待扩大。

二、与中南半岛国家贸易额排名前三省份和主要贸易商品

中南半岛国家市场大，但市场还不属于云南。云南对越南、泰国、柬埔寨、马来西亚和新加坡的贸易额占全国的比重还很低，发展潜力大，通过详细分析贸易大省与该 5 国的主要贸易的商品（表 3-39 ~ 表 3-43），可以发现中南半岛的市场需求。

（一）对越贸易，广东、广西和江苏排名前三

广东、广西和江苏是对越南贸易额排名前三的省份，电子产品稳居对越贸易产品的第一，贸易规模远远大于其他商品；机械器具、塑料制品、鞋类、仪器类、纺织品也是对越贸易主要商品；桂越边境贸易在对越贸易中的地位十分重要。

（二）对泰、对马、对新贸易，广东、江苏和上海排名前三

广东、江苏和上海都占据贸易额排名前三，电子产品、机械器具、塑料制品和仪器设备都位列最重要的贸易商品；同时，与泰国的汽车及零部件和钢铁贸易，与马来西亚的矿物产品和家具贸易，与新加坡的珠宝和船舶产品贸易也十分亮眼。

（三）对柬贸易，广东、江苏和浙江排名前三

广东、江苏和浙江为贸易前三强省份，纺织品和棉花、化纤等原料为主要贸易商品，电子产品、机械器具和塑料制品同样为主要的贸易商品。

三、宏观层面，需要盯住目标市场、合作目标省份和目标商品，深入开展"贸易替代"计划，做大中南半岛国家市场份额

综合上述各省对中南半岛国家贸易情况的分析，结合云南的贸易基础和地缘优势，我们提出云南挖掘中南半岛外贸市场潜力的目标客体，以求充分抓住 RCEP 之下云南省纺织制品、机电制品等领域出口扩大，矿产品、贱金属等领域进口扩大的优势，融入中国-东盟产业分工，扩大中间产品贸易，有针对性

地发展对中南半岛的贸易。

（一）目标市场

一是巩固缅甸和老挝市场，进一步扩大对缅、对老传统贸易优势，确保云南对缅、对老贸易第一大省的地位，在细分市场、海外营销体系、贸易渠道等方面深耕市场。

二是优先大力开拓越南和泰国市场，充分发挥沿边和目前已开通的优势做好贸易通道，针对市场需求的重点产品强化产业，寻找订单，抢占市场份额，提高贸易额占全国的比重。

三是努力争取新加坡、马来西亚和柬埔寨市场，提升需求产品的产业竞争力和贸易网络辐射范围，持续扩大贸易规模（表3-37）。

表 3-37　云南目标市场分析

市场类型	国家	市场特点	策略
传统优势市场	缅甸、老挝	与云南接壤，与云南贸易往来频繁，贸易额占全国比重较大	深耕市场，扩大贸易优势
第一目标市场	越南、泰国	拥有贸易渠道优势（与越南接壤、中老铁路开通可辐射泰国），市场规模大，但贸易额占全国比重小	优先开拓，提高占全国贸易额的比重
第二目标市场	新加坡、马来西亚、柬埔寨	与云南距离较远，贸易规模很小，但市场规模大	争取发展，扩大贸易规模

（二）合作目标省份

云南要积极寻求与贸易强省的合作，吸引企业、产业和市场资源，学习促进外贸发展的机制和政策。

一是对各国贸易都排名靠前的广东、江苏、上海和浙江。

二是对越南贸易十分突出的广西。

三是位于西部内陆但贸易增长迅速的四川。

（三）目标商品

基于区位和物流时间的优势，绿色食品的进出口将是云南最重要的目标商品。除此之外，通过分析 HS 编码，可以看出中南半岛国家贸易产品以电子产品、机械产品、塑料制品、仪器设备为主。其中，越南的主要贸易商品是鞋类、纺织品和钢铁制品；泰国的主要贸易商品是有机化学品、车辆及配件和钢铁；马来西亚的主要贸易商品是矿物燃料、铜和家具；新加坡的主要贸易商品是珠宝贵金属、有机化学品和矿物燃料；柬埔寨的主要贸易商品是纺织品、棉花和化纤，都是主要目标商品，需要我们开展贸易替代行动。各国具体商品如表 3-38 所示。

表 3-38　HS 编码反映的中南半岛国家贸易目标商品清单

市场	目标商品
所有国家	第 85 章　电机、电气设备及其零件；录音机及放声机、电视图像、声音的录制和重放设备及其零件、附件
	第 84 章　核反应堆、锅炉、机器、机械器具及零件
	第 39 章　塑料及其制品
	第 90 章　光学、照相、电影、计量、检验、医疗或外科用仪器及设备、精密仪器及设备；上述物品的零件、附件
	第 8 章　食用水果及坚果；柑橘属水果或甜瓜的果皮
	第 7 章　食用蔬菜、根及块茎
越南	第 64 章　鞋靴、护腿和类似品及其零件
	第 60 章　针织物及钩编织物
	第 62 章　非针织或非钩编的服装及衣着附件
	第 73 章　钢铁制品
泰国	第 29 章　有机化学品
	第 87 章　车辆及其零件、附件，但铁道及电车道车辆除外
	第 72 章　钢铁

续表

市场	目标商品	
马来西亚	第 27 章	矿物燃料、矿物油及其蒸馏产品；沥青物质；矿物蜡
	第 74 章	铜及其制品
	第 94 章	家具；寝具、褥垫、弹簧床垫、软坐垫及类似的填充制品；未列名灯具及照明装置；发光标志、发光铭牌及类似品；活动房屋
新加坡	第 71 章	天然或养殖珍珠、宝石或半宝石、贵金属、包贵金属及其制品；仿首饰；硬币
	第 29 章	有机化学品
	第 27 章	矿物燃料、矿物油及其蒸馏产品；沥青物质；矿物蜡
柬埔寨	第 60 章	针织物及钩编织物
	第 52 章	棉花
	第 54 章	化学纤维长丝；化学纤维纺织材料制扁条及类似品

四、中观层面，需努力采取特殊系列措施保障贸易额实现快速增加

（一）进一步优化主体：建立云南贸易招商引资联络处，前往外贸强省精准持续开展"引企入滇"专项活动

一是借助行业协会的力量，围绕云南省委、省政府 8 大重点产业、绿色"三张牌"的产业规划设计，结合中南半岛国家产品需求，依托广东、江苏、广西当地各类商协会和在深圳、苏州、东莞、宁波、防城港等百强外贸城市设立云南贸易招商引资联络处，着重引进信息产业、先进装备制造、新材料、落地加工等产业领域外贸型企业，对意向企业实现"1 个工作日响应"。

二是整合商务、投促部门力量，前往贸易强省持续开展"引企入滇"专项活动。组织招商组走访如深圳市共进电子、东莞华贝电子科技有限公司、深圳市泰衡诺科技有限公司、深圳富桂精密工业有限公司等重点商品生产企业和深圳市一达通企业服务有限公司、凭祥胜生商贸有限公司、龙州顺汇商贸有限公

司等一大批外贸型企业开展外贸招商，开展"一对一"叩门服务。对新落地云南的外贸企业配套相关优惠政策，提供奖补。

（二）进一步开拓境外市场：做好"超级推销员"，成为中国与中南半岛市场的贸易通道

一是开拓市场营销渠道，吸引全国企业通过云南做贸易。组建市场营销专业团队，派出干部率企业专业营销人员赴中南半岛国家开展市场开拓工作；组建专业外贸企业队伍，集中开展外贸技术培训和策略安排，强化主要产品的认证认可、外贸备案、物流运输和市场准入等外贸业务；搭建中南半岛市场营销网络，用好云南在中南半岛的企业资源开拓市场，在主要城市设立展示区和营销网点。

二是组建外经贸集团，提高贸易型企业占比。由省政府成立大型省属外经贸公司，为企业提供"一站式"外贸服务，在海关 AEO 高级认证、相关贸易和运输资质的获取、跨境资金池本外币运营、班列整车出口等方面形成优势；培育和吸引一批民营贸易公司，充分发挥民营企业市场嗅觉灵敏、服务意识强等优势，提升云南贸易通道的能力。

（三）进一步搭建平台：抓住 RCEP 机遇，联合周边省份谋划一批示范性带动性项目

一是联合四川、重庆共同打造 RCEP 成员国进出口商品集散中心，发挥云南沿边优势，打造西南内陆省份与中南半岛经贸合作的大通道。

二是探索云南 RCEP 进出口试验示范基地，优选一批海关特殊监管区、边（跨）合区、口岸、外贸企业等各类主体针对 RCEP 货物贸易、通关便利化、电商等条款进行先行先试。例如依托中国河口—越南老街口岸农产品"绿色通道建设通关便利化先行先试示范基地，依托昆明跨境电商综合试验区建设电子商务先行先试示范基地，依托金鼎文化创意产业园（园区）、新知集团（企业）建设服务贸易先行先试示范基地，依托红河综合保税区（园区）、瑞丽天平边贸有限公司（企业）建设货物贸易先行先试示范基地。

三是探索搭建 RCEP 贸易投资博览会，打造服务中南半岛国家商品进口中国市场和中国企业投资中南半岛国家为核心竞争力的公共服务平台。

（四）进一步优化环境：全力做优物流和通关服务，为外贸企业提供优质贸易环境

一是强化云南对中南半岛国家物流枢纽和商品集散地的功能。科学合理规划跨境物流网络体系，建设跨境物流中心，以中老铁路开通为契机，加强云南大通道的宣传推介，吸引其他省份外贸企业落地云南开展外贸活动。加大对物流运输企业的财政扶持政策，对中南半岛国家重点进出口货物承运企业给予财政补贴等。

二是充分发挥云南各类先行先试试点的作用，强化通关便利化。用好昆明、德宏市场采购贸易方式试点，完善"多品种、多批次、小批量"出口通关转关、检验、结汇便利化流程，完善"采购地申报、口岸验放"的一体化通关监管模式；用好跨境电商综合试验区制度优势，推进跨境电商通关监管模式创新和检验检疫流程创新，推动跨境电商通关无纸化监管、加强关检合作、探索建立信息共享机制、优化网购保税进口商品一线入区申报手续，探索实施"先入区后报关"制度；加强自贸试验区通关便利化制度探索和复制推广，推进"提前审结、卡口验放"监管模式改革；推进与周边国家规划、机制对接，加强政策、规则、标准联通，探索中国–中南半岛贸易的数据协同和标准化措施。

三是海关部门提前规划打造 RCEP 快速通道，设立"RCEP 货物专用报关"通道窗口，做好 RCEP 项下货物通关工作，在报关现场优先办理 RCEP 进出口货物海关手续。在海关业务现场设立专职 RCEP 通关事务联络人，开通 RCEP 咨询热线，帮助企业快速办理相关手续。

（五）进一步优化合作机制：借鉴广东等外贸强省经验，通过与沿海、成渝等地区合作，建立健全对外交流合作机制

一是在省级层面与东盟秘书处、中国–东盟中心签署合作备忘录，研究制定合作规划，统筹云南与东盟在 RCEP 框架下货物贸易、服务贸易、投资、电商等领域的合作。充分用好中国–东盟中心一站式信息资源深化与东盟国家的交流合作。

二是与外贸强省搭建省级层面的合作机制。针对电子、机械、现代农业等重点产业以及通关运输、结汇退税、营销等重点环节，组织考察组奔广东、江

苏、广西等省份专题考察学习。参照成渝合作的经验，由省政府高位推动与广东、江苏、广西等省份的战略合作，在商务、金融、文旅、海关等开放发展相关部门形成一系列合作协议。

三是加强与半岛国家的市场机制对接合作。半岛国家大部分属于农业国家，大量的农产品需要中国市场帮助消纳，云南省可以以市场换市场，进一步将绿色食品产业链拉长至中南半岛，又可以换来半岛国家对白色家电、日用品和农机具等市场需求。建议省领导每年不少于两次出访半岛国家，双轨并行开展政策、标准、机制和市场深度合作。

微观层面（此部分将另文专报），我们将按照打造世界一流"绿色能源牌""绿色食品牌""健康生活目的地牌"和全产业链重塑云烟工业新优势、全产业链重塑云南旅游业发展新优势、全产业链重塑云南有色产业新优势的要求，利用鲜活农产品对运距和时间的特殊要求，大力发展农产品贸易，将绿色食品产业链延伸到半岛国家，提升云南在国内大市场中的绿色食品供应能力。在如何加大力度开拓中南半岛国家水电、绿色铝材、绿色硅材以及茶叶、花卉、水果、蔬菜、肉牛等绿色农产品的市场，提升云南烟草、有色金属产品的市场竞争力和占有率，形成多点支撑、多业并举、多元发展的外贸发展格局，争取中南半岛市场的存量、开拓增量，进一步提升云南对中南半岛国家贸易额在全国的占比等方面进一深化研究。

表3-39　2019年我国对越南贸易前三强省份主要贸易商品 单位：百万美元

贸易商品	广东	广西	江苏	合计
第85章　电机、电气设备及其零件；录音机及放声机、电视图像、声音的录制和重放设备及其零件、附件	20337.77	3631.83	6249.64	30219.23
第84章　核反应堆、锅炉、机器、机械器具及零件	2698.38	1967.18	1579.76	6245.31
第98章　特殊交易品及未分类商品	61.69	5798.06	1.79	5861.54
第39章　塑料及其制品	1205.06	902.88	628.55	2736.49
第64章　鞋靴、护腿和类似品及其零件	676.13	595.04	1408.26	2679.43

续表

贸易商品	广东	广西	江苏	合计
第 90 章　光学、照相、电影、计量、检验、医疗或外科用仪器及设备、精密仪器及设备；上述物品的零件、附件	918.31	243.27	1151.60	2313.17
第 60 章　针织物及钩编织物	838.40	717.07	734.17	2289.65
第 62 章　非针织或非钩编的服装及衣着附件	89.16	1871.62	169.54	2130.32
第 52 章　棉花	674.83	323.19	570.15	1568.17
第 73 章　钢铁制品	347.57	623.70	312.83	1284.09

表 3-40　2019 年我国对泰国贸易前三强省份主要贸易商品

单位：百万美元

贸易商品	广东	江苏	上海	合计
第 85 章　电机、电气设备及其零件；录音机及放声机、电视图像、声音的录制和重放设备及其零件、附件	8210.66	2748.90	2051.72	13011.28
第 84 章　核反应堆、锅炉、机器、机械器具及零件	4239.73	3225.47	1546.76	9011.96
第 39 章　塑料及其制品	1717.21	918.25	954.02	3589.48
第 90 章　光学、照相、电影、计量、检验、医疗或外科用仪器及设备、精密仪器及设备；上述物品的零件、附件	619.74	1198.83	346.56	2165.13
第 29 章　有机化学品	248.34	690.45	419.38	1358.17
第 87 章　车辆及其零件、附件，但铁道及电车道车辆除外	288.84	424.70	529.53	1243.06
第 72 章　钢铁	121.29	763.56	225.70	1110.54

贸易商品	广东	江苏	上海	合计
第44章　木及木制品；木炭	942.41	120.46	17.97	1080.83
第8章　食用水果及坚果；甜瓜或柑橘属水果的果皮	941.48	16.42	75.22	1033.12
第40章　橡胶及其制品	278.79	202.00	419.03	899.82

表 3-41　2019 年我国对马来西亚贸易前三强省份主要贸易商品

单位：百万美元

贸易商品	广东	上海	江苏	合计
第85章　电机、电气设备及其零件；录音机及放声机、电视图像、声音的录制和重放设备及其零件、附件	19276.70	8775.34	6979.56	35031.60
第84章　核反应堆、锅炉、机器、机械器具及零件	2596.55	1588.41	1832.82	6017.79
第27章　矿物燃料、矿物油及其蒸馏产品；沥青物质；矿物蜡	1441.56	1766.68	462.89	3671.14
第39章　塑料及其制品	1533.18	559.94	601.74	2694.86
第90章　光学、照相、电影、计量、检验、医疗或外科用仪器及设备、精密仪器及设备；上述物品的零件、附件	972.38	592.59	795.16	2360.13
第74章　铜及其制品	1383.56	21.16	69.61	1474.33
第94章　家具；寝具、褥垫、弹簧床垫、软坐垫及类似的填充制品；未列名灯具及照明装置；发光标志、发光铭牌及类似品；活动房屋	934.88	102.12	240.29	1277.29
第29章　有机化学品	289.90	296.93	513.58	1100.41
第15章　动、植物油、脂及其分解产品；精制的食用油脂；动、植物蜡	324.89	324.96	445.59	1095.45

表 3-42　2019 年我国对新加坡贸易前三强省份主要贸易商品

单位：百万美元

贸易商品	广东	江苏	上海	合计
第85章　电机、电气设备及其零件；录音机及放声机、电视图像、声音的录制和重放设备及其零件、附件	8274.63	4109.53	4162.08	16546.24
第84章　核反应堆、锅炉、机器、机械器具及零件	2383.92	2020.70	2349.83	6754.44
第71章　天然或养殖珍珠、宝石或半宝石、贵金属、包贵金属及其制品；仿首饰；硬币	214.53	14.20	3244.15	3472.89
第39章　塑料及其制品	1344.88	692.56	1044.33	3081.76
第89章　船舶及浮动结构体	297.27	2133.22	554.22	2984.72
第29章　有机化学品	516.29	1182.76	426.76	2125.82
第90章　光学、照相、电影、计量、检验、医疗或外科用仪器及设备、精密仪器及设备；上述物品的零件、附件	644.78	647.71	830.59	2123.09
第27章　矿物燃料、矿物油及其蒸馏产品；沥青物质；矿物蜡	734.36	233.54	302.88	1270.78
第94章　家具；寝具、褥垫、弹簧床垫、软坐垫及类似的填充制品；未列名灯具及照明装置；发光标志、发光铭牌及类似品；活动房屋	754.36	224.27	61.16	1039.78
第38章　杂项化学产品	277.95	237.85	200.01	715.82

表 3-43　2019 年我国对柬埔寨贸易前三强省份主要贸易商品

单位：百万美元

贸易商品	广东	江苏	浙江	合计
第 60 章　针织物及钩编织物	298.48	514.32	495.98	1308.78
第 85 章　电机、电气设备及其零件；录音机及放声机、电视图像、声音的录制和重放设备及其零件、附件	490.50	91.28	88.22	670.00
第 84 章　核反应堆、锅炉、机器、机械器具及零件	168.19	148.78	166.38	483.35
第 52 章　棉花	61.01	210.28	110.35	381.64
第 61 章　针织或钩编的服装及衣着附件	131.49	92.30	55.83	279.61
第 54 章　化学纤维长丝；化学纤维纺织材料制扁条及类似品	32.28	111.56	78.17	222.00
第 39 章　塑料及其制品	107.58	26.73	51.26	185.57
第 69 章　陶瓷产品	152.00	15.79	7.46	175.25
第 55 章　化学纤维短纤	18.64	80.54	59.63	158.81
第 73 章　钢铁制品	63.89	32.98	29.81	126.68

RCEP 下云南如何聚焦
跨境电商精攻全谋

曾凡素　魏浩然①

一、RCEP 电子商务章节概述

RCEP 包括 20 个章节，涵盖货物、服务、投资等全面的市场准入承诺。其中，"电子商务"一章是首次在亚太区域内达成"范围全面、水平较高的诸边电子商务规则成果"。提出了"促进电子商务广泛使用""创造使用电子商务良好环境"和"加强缔约方之间合作"的三项目标。具体来看，该章列出了鼓励缔约方通过电子方式改善贸易管理与程序的条款，主要亮点如下：

业务涵盖多样化，打造多边互动生态圈。共同帮助中小企业克服使用电子商务的障碍；在有针对性的合作领域开展研究和培训活动；分享信息、经验和最佳实践；鼓励商业部门开发增强问责和消费者信心的方法和实践；积极参加地区和多边论坛，以促进电子商务的发展。推进贸易便利化，提升跨境往来高效互通。加快推进国际层面通过无纸化贸易开展合作，增强对电子版本文件的接受度；非法律和法规另有规定的情况下，鼓励使用可交互操作的电子认证与电子签名。营造良好的电子商务环境，实现国际间共赢发展。线上消费者保护，通过法律法规和主管部门对使用电子商务的消费者进行保护；线上个人信息保护，通过法律法规保证线上个人信息受到保护；设立监管电子交易的法律框架；维持目前不对缔约方之间的电子传输征收关税的现行做法；加强认识计算机安全事件主管部门能力建设的重要性，并开展网络安全相关合作。促进跨

---

①　曾凡素、魏浩然，云南省国际贸易学会。

境电子商务发展，强塑国际产业链架构。对于计算设施的位置，缔约方原则上不得以要求相对方将其计算设施"本地化"作为商业行为的条件。原则上应允许电子商务电子信息自由跨境传输。

二、RCEP 对跨境电子商务的发展机遇

（一）减免关税有利于提高出口商品的竞争力

根据协定，RCEP 的 15 个缔约方之间采用双边两两出价的方式对货物贸易自由化作出安排，协定生效后区域内 90% 以上的货物贸易将最终实现零关税；且各国根据自己的国情承诺立刻将关税降到 0 或在 10 年内降税到 0，自贸协定区域内有望在较短时间兑现所有货物贸易自由化的承诺。此外，协定实现了中日双边关税减让的历史性突破。

目前，我国跨境电商零售进口（B2C）已经实施了关税为 0 的"跨境电商综合税"，而各国一般对出口商品也较少征收关税，因此 RCEP 减免关税的措施将为跨境电商 B2B 企业，尤其是为出口企业带来利好。关税的减免有望降低我国跨境电商企业出口商品在进口国的税费成本，进而为海外市场的用户带来更加优惠的价格，提高出口商品的市场竞争力。以汽车零部件进出口为例，RCEP 所覆盖的大部分区域均为我国整车及零部件出口的重点区域。从 RCEP 附件中来看，东盟对汽车零部件进口仅小幅降低关税，日本对汽车零部件进口持完全开放态度，中国和韩国对部分汽车零部件进口给予关税优惠，但是对小部分零部件仍保持高税率，成员国的汽车零部件流通成本有所降低。

以目前现行的摩托车海关税率计算（非最惠国税率），排气量不超过 250cc 的，则进口关税 45%、代征消费税 3%、代征增值税 17%，综合税率计算为 74.897%，即每千元人民币货值征收 748.97 元；排气量超过 250cc 的，综合税率计算为 88.5%，即每千元人民币货值征收 885.00 元。同时，还涉及 3C 认证的问题，进口车 3C 认证费用、时间都是成本。目前日本四大车厂基本都在东盟国家设立分厂，东盟对国内有相应关税减免优惠，参考现时的摩托车税费执行方案下，即 RCEP 签订生效后，摩托车关税降为零，只缴纳消费税和增值税，则排气量超过 250cc 的摩托车需要缴纳的是 17% 增值税 + 10% 消费税（250 cc 以上）= 28.7% 进口综合税（海关代征），降低了 59.8 个百分点。综

上所述，汽摩业将迎来重大利好。

（二） 贸易标准化有利于削弱交易壁垒

此前，跨境电商商品出口海外面临一个较大的合规风险即各国贸易标准存在差异，包括各项原始产地规则、市场准入政策、投资政策、服务贸易政策等。伴随着原产地规则、海关程序、检验检疫、技术标准等统一规则落地，区域内贸易规则逐渐规范与统一，区域内市场的贸易标准一体化大大削弱了交易壁垒。

例如，在原产地规则方面，RCEP 在本地区使用区域累积原则，使得产品原产地价值成分可在 15 个成员国构成的区域内进行累积，来自 RCEP 任何一方的价值成分都会被考虑在内，将显著提高协定优惠税率的利用率。也就是说，根据此前成员间双边自贸协定原产地规则不能算作某国原产的某一产品，经过区域价值累积后，将可能被认定为 RCEP 区域原产，享受 RCEP 优惠税率。

（三） 生产要素自由流动有利于海外仓的建设与运作

RCEP 签订后，区域内的各国国家资源、商品流动、技术合作、服务资本合作、人才合作等都将更加便利，而海外仓的建设阻碍也将大大减少。例如，各方承诺对于区域内各国的投资者、公司内部流动人员、合同服务提供者、随行配偶及家属等各类商业人员，在符合条件的情况下，可获得一定居留期限，享受签证便利，开展各种贸易投资活动。对此，企业可以抓住机遇进行海外资本、人员投入，推进区域品牌化建设，高质量推进海外仓建设、丰富海外仓功能，对海外市场资源进行有效地整合。海外仓对外贸企业转型升级、应对疫情冲击有积极作用，不仅可实现仓储功能，还同时具备运输、销售等综合功能，能够为进出口企业提供专业化仓储服务。

（四） 促进贸易数字化，助力电商企业转型升级

RCEP 涵盖了一系列推动贸易数字化，降低信息沟通成本的规则。例如：协定要求推进无纸化贸易，认可电子文档与纸质文件具有同等法律效力；除了法规特殊要求外，任一组织不得否认电子签名的法律有效性；所有组织应该鼓励应用互认的电子认证等。未来跨境电商交易将持续朝着数字化方向前进，这也要求跨境电商企业充分利用云计算、大数据、人工智能等新生型数字经济，

将其广泛运用于跨境贸易服务、生产、物流和支付环节，提升效率，实现自身从劳动型驱动升级为智慧型驱动。电商企业向数字化转型升级不仅可以提高企业工作效率，优化企业管理流程，同时也能降低企业的运营成本，增强企业的竞争力。

（五）提高区域内生产要素和商品的自由流动

RCEP 制定了一系列规则以提高区域内生产要素和商品的自由流动，降低运输成本，提高跨境物流的时效性及运输效率。一是在海关程序和贸易便利化方面，RCEP 的整体便利化水平超过了世贸组织《贸易便利化协定》，成员国之间应该采取或设立简化的海关程序，采取预裁定、抵达前处理、信息技术运用等促进海关程序的高效管理方式，以消除相关非关税壁垒，方便各方间的贸易。例如：当进口缔约方取得清关所需信息后，应当在 48 小时内放行货物；对于易腐货物，如海鲜、水果和蔬菜等生鲜货物，进口缔约方在收到清关信息后 6 小时内应当放行；允许空运货物加快通关等。二是在卫生和植物卫生措施方面，RCEP 确保相关措施尽可能不对贸易造成限制，不对其他 RCEP 成员构成不合理歧视。三是在标准、技术法规和合格评定程序方面，RCEP 推动各方在承认标准、技术法规和合格评定程序中减少不必要的技术性贸易壁垒，并鼓励各方的标准化机构加强标准、技术法规以及合格评定程序方面的信息交流与合作。通过多项政策提高区域内各国家产品的流通，形成较好的外贸趋势，对外贸企业来说有巨大的发展机遇。

（六）进一步保障跨境电商消费者权益

RCEP 机制的建立将使得区域内商品流通更加自由，跨境电商的进出口成本进一步降低，进而使缔约国消费者享受到物美价廉的海外商品。RCEP 使得消费者权益有望实现跨国协同保障，其线上个人信息将得到更好的保护。

从跨境电商企业角度看，RCEP 要求企业完善相关的消费者权益保护制度，包括退、换货机制、消费者赔偿机制以及消费者隐私保护政策等。例如，企业应建立完善与消费者个人信息保护相关的制度体系，包括以消费者同意为前提收集、储存、使用个人信息，对所收集的信息进行加密保护等。

三、云南省跨境电商发展新蓝图的谋篇布局

（一）直播海外市场红利，加快布局跨境电商平台

RCEP 为跨境电商行业带来的更大利好是广阔的海外市场和良好的地缘经济发展空间，云南省的区位优势使云南成为中国与东盟往来的交通枢纽、门户城市。目前国内的跨境电商平台以天猫国际、苏宁全球购、京东全球购、唯品会全球特卖、洋码头等为主，其运营主体均集中于珠三角长三角地区。RCEP签订后海外市场增长空间巨大，云南应整合现有的电商平台，搭建面向自贸协定区域内的海外跨境电商平台，利用"澜湄合作"集中推选全国各地优质产品到缅甸、老挝及越南等国家，云南搭建跨境面向东盟各国的跨境电商平台，也是贯彻落实好《中国援缅甸减贫示范合作项目实施协议》文件精神，开展好由云南扶贫办负责的东亚减贫示范合作技术援助项目。

（二）全面渗透海外重点区域，打通产品流通渠道

在第一步搭建好面向东盟各国的跨境电商平台后，云南应把握好地缘优势，由红河、普洱、临沧、德宏、楚雄等作为首发阵容，以接壤国家的城镇作为重点突破发展源，鼓励企业利用好 9710 跨境电商模式，把适应市场的国内优质产品大量出口到海外，同时，在做好产品出口的同时联通互动，协助有需求的国内企业进口优质海外产品。

（三）深度联动交流互访，畅通跨境电商产业发展

利用好中国（昆明）跨境电子商务综合试验区、中国（昆明）跨境电子商务综合试验区以及以综合保税区、保税物流中心为核心的"3+5+2"跨境电子商务产业集聚区，与东盟的缅甸、老挝及越南等国家的企业、组织、机构展开深度的跨境电商业务联动，各跨境电商产业渠道积极从传统的"经营者"进一步向"组织者"转化，建立云南与东盟的渠道合作，掌握发展的主动权。可由省直部门牵头、各级商务部门协同定期开展"一把手"组织跨国商务互访活动、重点产业国际双向招商活动、国际跨境电商平台经验分享推介活动等。结合中国—南亚博览会举办期间，邀请 RCEP15 个国家商务部门相关领导人就跨

境电商举办"中国—南亚博览会跨境电商峰会",围绕各国进出口特色展品进行交流互推。

(四) 加快产品标准化体系建设,提升产品市场知名度

随着本次 RCEP 的签订,国际市场进一步扩大,分众、圈层消费日益加深,未来跨境电商用户需求将向垂直化、精细化发展,垂直性品牌化建设工作面临新的机遇和调整,一方面出口到国际市场的产品需要经过贸易标准一体化的检测和认证,企业对产品质量的重视度加强,即对云南绿色食品牌下的重点产业提出了更高的质量要求和产品保障,云南省商务厅、市场监督管理局及相关研究部门、协会等应尽快研学国际统一认证体系,针对相关企业开展云南特色农特产品认证培训工作。另一方面云南加工生产的产品,作为 RCEP 区域原产产品,可享受 RCEP 优惠税率,增加云品出口的核心竞争力,政府层面应针对出口企业制定相关扶持政策,以奖补的方式激励云南省企业大力发展跨境电商出口业务。

(五) 加强对跨境电商模式线上线下双端的服务

为覆盖全球更大范围的用户群体,跨境电商企业的未来发展趋势必然是加快构建一体化的全渠道销售体系,延伸出多种销售终端,逐步形成"线上多销售入口+实体门店"的渠道布局。云南省可加快跨境电商基础设施建设,统筹利用好德宏、红河等位于边境的海外仓、保税仓、自建仓和供货仓等,服务于老挝、缅甸、越南等东盟国家的跨境电商企业提供物流服务,同时主要建立跨境电商企业业务服务平台,扶持第三方跨境业务运营管理公司,加大对海关系统、通关公司、支付系统、仓储物流和跨境电商服务商等类型企业的扶持和培育,把云南建设成为服务于跨境电商企业线上线下之间的第三方。

(六) 通过大数据实现跨境电商精细化管理和运营

RCEP 指出,推进无纸化贸易,认可电子文档与纸质文件具有同等法律效力;除了法规特殊要求外,任一组织不得否认电子签名的法律有效性;所有组织应该鼓励应用互认的电子认证。云南省利用物联网、云计算、大数据、人工智能技术等,在不同领域开发的数字化平台,包括一部手机游云南、一部手机办事通、一部手机云品荟、一部手机云企贷、一部手机办税费等,均已取得一

定成效。2020 年"云南省跨境电子商务公共服务平台"正式上线，通过加速跨境电子商务监管方式的数字化，进而促进贸易数字化，实现云南省作为面向南亚东南亚辐射中心与东盟缅甸、老挝、越南等国家之间开展跨境电商监管与服务的"信息互换、监管互认、执法互助"，及时针对双方往来数据形成相关报告以供领导参阅，提供决策依据。

第四篇

04

投资促进篇

给云南对外投资企业的 28 条建议

徐 阳①

一、RCEP 关于相互投资条款的特点

RCEP 项下投资规则具体指第十章"投资"共 18 条，随附"习惯国际法""征收"两个章节附件，以及 RCEP 附件三"服务和投资保留及不符措施承诺表"，其涵盖投资自由化、投资促进、投资保护和投资便利化措施四个方面的标准化内容。具体而言，该章包含了公平公正待遇、征收、外汇转移、损失补偿等投资保护条款，以及争端预防和外商投诉的协调解决等投资便利化条款。

相互投资范围进一步扩大。RCEP 第十章投资章节第一条对投资的定义和具体表现形式进行了详细的规定（表 4-1），其对投资的定义极大超出传统意义的直接投资（绿地投资、公司并购）和间接投资（贷款、购买债券、股票等），明确了合同权利、具有财务价值的金钱请求权和合同行为的给付请求权等也被视为投资的表现形式，投资的范围被显著扩大，使得缔约国给予跨境投资者更为广泛的制度上的保护。

表 4-1　RCEP 投资章节下的投资形式

序号	投资形式
1	法人中的股份、股票和其他形式的参股，包括由此派生的权利
2	法人的债券、无担保债券、贷款及其他债务工具以及由此派生的权利
3	合同项下的权利，包括交钥匙、建设、管理、生产或收入分享合同

---

① 徐阳，云南省国际贸易学会。

续表

序号	投资形式
4	东道国法律和法规所认可的知识产权和商誉；与业务相关且具有财务价值的金钱请求权或任何合同行为的给付请求权
5	根据东道国法律法规或依合同授予的权利，如特许经营权、许可证、授权和许可，包括勘探和开采自然资源的权利
6	动产、不动产及其他财产权利，如租赁、抵押、留置或质押
备注：用于投资的投资回报应当被视为投资。投资或再投资资产发生任何形式上的变化，不得影响其作为投资的性质	

市场准入门槛逐步降低。RCEP 各缔约国对制造业、农业、林业、渔业、采矿业 5 个非服务业领域的投资实行统一的市场准入负面清单制度，作出了较高水平开放承诺。负面清单制度有助于消除部分行业的隐形壁垒，加强投资的确定性和可预测性。缔约国对彼此实现负面清单的投资承诺，不得另设门槛和隐形限制，这将为企业对外投资带来便利。同时，投资领域的高水平开放将进一步完善缔约国准入前国民待遇加负面清单管理制度。

二、给云南企业的 28 条建议

（1）探索联合组建专业化对外投资集团。通过政府引导，市场化运作的方式，探索联合国有企业、民营企业等多种类型企业主体组建云南对外投资集团，在对外投资企业间建立跨企业、跨国别、跨行业、跨产业链的战略合作伙伴关系，实行专业化整合、专业承担境外投资项目的实施和运营的工作模式，提升承接大规模投资项目的能力，增强实施和运营管理综合能力。

（2）组建专业的对外投资、外经合作、境外园区、对外劳务和对外援助等市场（项目）开拓团队，专职负责驻在国投资项目信息的收集整理核实和报送，负责协调与驻在国政府部门、社会团体、相关企业和民间的关系，负责协助项目承担企业完成境外投资项目审批备案等相关手续办理，负责境外园区开展招商引资工作。

（3）加快赴目标国设立贸易型企业。鼓励市场开拓团队同时开展贸易进出口相关业务，开辟中国产品通过云南进入驻在国市场，驻在国产品通过云南进口中国的双向贸易渠道。

（4）加强与央企、大型民营企业和国际大型企业合作，打造更具竞争力的对外投资合作主体。

（5）重点投资建设境外专业化园区。根据业务实际需要在集团下分板块成立农业园区、物流园区、文旅园区、加工园区等园区投资建设和运营公司，在重点国别和重点区域开展农业、加工、物流和文旅园区项目的收集、跟踪和促进工作。

（6）组建和打造农业、物流、文化、旅游、基础设施、电力、能源和替代发展等专业化对外投资项目公司。

（7）聚焦主业，让"专业的人做专业的事"，专门承接相关专业领域的工程和项目。

（8）始终坚持立足主业，发挥比较优势，提高走出去的核心竞争力，防止因随意涉足非主业领域带来的境外投资经营风险。

（9）联合不同类型的企业"走出去"。推动承包工程企业与对外投资、农业生产、装备制造、园区开发等各工程行业的横向联合，共同开拓国际市场。

（10）促进与会员企业间的务实合作，发挥不同企业在资本、人才和技术方面的优势，鼓励企业以联营体和投资入股等方式共同参与境外重大项目的开发。

（11）龙头企业牵头加强行业商协会建设，规范行业管理和服务。从项目备案和协调、市场协调、分级标准、违规处罚等方面进行行业规范，有效发挥行业协调自律作用，提升行业协调服务能力。

（12）分行业建立企业联盟或专门的商协会，强化行业自律建设，进一步维护经营秩序，防止不正当竞争等恶性行为，保护行业企业合法权益。强化企业与驻外经商机构和境外中资企业商会的工作联动，共同维护市场秩序。

（13）联盟或商协会要做好会员单位指导、咨询、协调、培训和招商服务等工作。不定期举行园区高峰论坛、推介会和培训班等，加强园区宣传推介。

（14）以购买服务的方式，支持和鼓励联盟或商协会向各驻在国云南省驻外商务代表处、相关企业和咨询机构购买服务。

（15）以项目双轨制方式对市场开拓团队进行考核评价。对协助云南主管部门开展项目（市场）开拓的成绩，由省财政给予相应资金支持；对协助企业完成项目的相关工作由市场化方式与被协助企业协商费用。

（16）加快境外园区投资。境外经贸合作区是中国企业"走出去"的集聚平台，已经成为关联企业海外聚集发展的重要方式和推进国际产能合作的重要平台，投资聚集效应和产业辐射作用正在进一步发挥。

（17）加快布局建设一批境外园区，推动企业集群，形成基础设施较为完善、产业链较为完整、带动和辐射能力强的园区，推动对外投资安全、高效发展。

（18）建立境外园区省际企业联合协调工作机制，推动解决园区建设发展中的招商引资等重大问题。在对外签订园区建设合作协议时，联合协调积极争取目标国最大优惠政策。

（19）积极推进与发达国家政府部门、行业组织和企业的对接交流，推动会员企业与欧美日国家承包商、供应商、专业服务机构和金融机构开展合作，发挥比较优势，共同开拓第三方市场合作。

（20）吸引或联合国内外对外投资企业共同发展。加快企业集团化发展，抱团出海，有效降低企业对外投资成本和风险。

（21）积极与东道国政府部门和有关机构沟通协调平台，争取财务管理、商标注册、税收申报缴纳、海关申报、仓储运输、进出口手续、原产地证明及关税申报等方面的便利化服务。

（22）积极参加东道国举办的展览会、行业产品对接会和贸易洽谈会等，向市场推介入区企业生产的产品。

（23）主动与省内高校合作，针对境外园区发展，适时开设相关专业，培养专业化、国际化人才，适应境外园区发展需求。

（24）打造品牌园区，用好国内对对外投资企业的相关支持政策，主动争取政府主管部门的指导和支持，用足用好境外合作区建设资金扶持和援外等关联协同政策、招商促进政策，重点打造精品合作区。

（25）注重开拓对外投资项下产品国际市场。开拓项目项下产品境外市场、开展品牌建设和质量体系建设等工作，不断提升对外投资企业核心竞争力和中国企业形象。

（26）加快引进或投资研发、设计、营销、品牌、质量管理、环境管理、安全卫生管理等价值链优质资源，增强其整合国内外市场、上下游产业的能力。

（27）在国（境）外主流媒体上加强宣传和营销，制作国际市场宣传资料和视频广告等，聘请国外知名品牌策划、设计公司开展策划咨询服务，主动申请国（境）外商标和专利注册。

（28）大力开展投资、收购或并购业务，加快与国外知名品牌合作。

加快"三张牌"产业向境外延伸

何苏剑　李璇①

东盟国家劳动力成本相对于云南省较为低廉，RCEP 框架下，生产资料、劳动力等在东南亚地区流动性增强，省内劳动密集型产业将向东盟布局转移，为建设云南省成为我国面向南亚东南亚的辐射中心取得新突破提供有效支撑，应加速省内产业向外布局，弥补短板，推动供给侧改革。

云南省对外投资发展步伐放缓，新签合同金额、营业额减少。2020 年，云南省对全球 18 个国家和地区实现非金融类直接投资 10.17 亿美元，同比增长 6.85%。西部排名第 2，全国排名第 15。截至 2020 年 12 月底，云南省设立境外投资企业 888 家，累计直接投资 121.62 亿美元，投资涉及 61 个国家和地区。2020 年 1—12 月，云南省对外承包工程新签项目 17 个、新签合同额 7.25 亿美元，同比减少 52.65%，完成营业额 9.70 亿美元，同比减少 26.21%。2020 年 1—12 月，云南省累计派出各类劳务人员 3463 人，同比减少 53.8%；期末在外人数 4139 人，同比减少 59.7%②。

RCEP 框架下，东南亚的投资环境将会得到改善，云南省应发挥区位优势，扩大对缅甸、越南、老挝、泰国等邻国的投资，深化基建、农业、基础产业供应链、能源等方面的出口投资，打造"云南省-东南亚产业体系"，提升辐射能力。

RCEP 第九章"自然人临时移动"提高了各类人才出入境的便利性，将会扩大云南省对外贸易往来、投资力度。导致省内一部分劳动密集型产业企业会受成本低廉、原产地累积规则等多种因素的影响，向缅甸、老挝、越南、泰国等人工成本更低的国家转移生产，即企业更愿意采用跨国生产、国内销售的模

---

① 何苏剑、李璇，云南省国际贸易学会
② 数据来源：云南省对外投资合作网。

式（国内总部仅保留核心人才，在境外机构聘用当地劳动力进行生产），或将致使国内就业岗位、产业规模缩减，对云南省内的经济结构造成一定的影响。

RCEP 新增原产地累积规则，降低对外投资、生产、加工、销售等环节的技术性壁垒，形成 RCEP 内的互惠贸易体系；货物的区域价值成分（RVC）不少于 40% 便可视为原产货物。此规则广泛应用在原产地规则表中，大部分产品在"章、品目、子目"改变的要求基础上增加"或区域价值成分 40"的描述，有效降低 RCEP 区域内产品的生产、加工、流通等环节的技术性壁垒，RCEP 内各成员国之间的贸易往来将会向"内贸"转型，使得要素跨区域、跨国家更加方便快捷。

"走出去"将弥补云南省资源快速流动短板，加速经济结构转型升级。围绕云南省加工制造业领域发展的重点产业、重大项目、重大战略，积极主动融入 RCEP 区域经济，有针对地扩大在越南、老挝、泰国、缅甸的投资，促进云南省经济结构、产业要素、资源配置向外转移、互补发展，加速建设"云南省-东南亚产业体系"，实现云南省产业转移和供给侧改革。

综上所述，RCEP 将有利于云南省"走出去"，加大与老挝、缅甸、越南、泰国等国家在农业、能源、基础产业、基建、专业服务等多方面的对外投资，为建设云南省成为南亚东南亚的辐射中心提供有效的支撑和保障。

RCEP 框架下，越南、老挝、泰国、缅甸均作出了较高水平开放承诺，投资市场技术性壁垒均有不同程度的改善，同时对外投资的企业也将拥有国民待遇，为打造"云南省-东南亚产业体系"提供政策支撑。云南省可借机组团出海、抱团出海，加大工业园、物流园、商贸园、电商园（以下简称"四园"）在东盟的合作共建，利用好原产地累积规则，设立支撑服务企业，服务"大循环、双循环"链接点和支撑点，最终实现将跨国贸易做成 RCEP 框架下的"内贸"体系。

一、增加对越投资

越南相对于其他与云南省毗邻的国家政局更稳定，投资法较为开放、完善，基础设施相对较好、经济发展较快。云南省应抓紧 RCEP 机遇，继铃中出口加工区、龙江工业园、深圳-海防经贸合作区后，打造一批"云南系"的大型投资项目。

一是发展海外农业园区，扩大农技出口影响力。扩大云南省与越南的农业合作范围，依托越南北部农业人口规模和农业发展条件，结合越南在粮食生产、咖啡种植、生猪养殖等方面的优势，与越南政府合资在河内和老街建设农业合作园区，重点围绕生物育种、畜牧养殖、农林经济作物种植、农业科技推广、农产品贸易、农产品加工、农业废料资源化利用等领域开展合作，加强双方人员交流，推进双方跨境动物疫病区域化管理标准建设，加强双方动物疫病防控合作。

二是加速工程建设、设计服务赴越发展，打响云南省基建品牌。鼓励支持云南建投、俊发集团等省内建筑、机械企业联合建筑设计、工程施工、建筑材料企业等形成全产业链集团出海开发越南建筑市场，向越南提供一批优秀的建筑、工程等设计师，参与越南建筑设计施工。

三是转移省内农用机动车等基础汽车工业与零配件企业赴越生产，实现低端产业链向越转移。与越南合资建设农用汽车工业中心和农用汽车工业集中区，大力推进云南省与越南各种所有制经济成分生产企业、装配企业、配套企业与研究中心、培训中心的合作，提高投资效率和专业化水平。

四是复制云南省旅游业发展经验，推动旅游服务出口。依托云南省开发旅游线路、民宿、餐饮的系列经验，推进云南省重点旅游企业与越南头部旅游企业合资合作，共同打造中越国际旅游品牌，在发展芽庄、下龙湾、岘港、美山、大叻等的基础上，结合新媒体、打卡文化，挖掘一批新的打卡点。以云南省旅游业建设经验，支撑越南旅游基础设施、服务高水平、高质量建设，派遣双语导游、服务人员等赴越南开展业务，提供导游、租赁、攻略等多样化服务。推进"云—越"跨国精品旅游自驾、深度体验线路建设，发展高端定制游，逐步将越南旅游融入云南省旅游品牌。

二、扩大对老投资

中老铁路 2021 年 12 月建成通车，极大地改善了中国企业走进老挝乃至东南亚地区的交通条件。老挝矿产资源丰富，现已探明 20 余种矿产。政府高度重视发展农业生产，不断加大农业投入，鼓励外资企业投资农业。同时双方合作基础良好，劳动力成本低，已建成 12 个经济特区。云南省应依托中老铁路已开通的优势，加快布局发展与老挝的投资、货物贸易与服务贸易。

一是继续深化农技出口，拓展云南省农业国际合作。与老挝的农业合作，依托老挝北部林业、畜牧业发展条件，发挥滇老通道优势，深化建设南塔、乌多姆赛、丰沙里农业园区，重点围绕生物育种、农业种植、畜牧养殖、农林经济作物种植、农产品加工等领域开展合作，加快推进磨憨跨境动物疫病区域化管理试点建设工作，加强对老挝与云南省联检模式试点建设的投资，建立通关信息资源共享平台，提升通关效率。鼓励云南省农业大学、西南林业大学等高等学校积极与老挝高校开展合作，向老挝提供一批先进优秀的管理人才、技术人才、专家等，为老挝林业发展注入先进科学技术、培育一批优秀林业种植、加工人才，生产出科技含量高、附加值高的林产品，助推形成"云南—老挝"跨国木材产业链条。

二是精准入驻老挝经济开发区，落实云南省产业链向外转移。合理利用赛色塔综合开发区、沙湾色诺经济特区、普乔经济专区、万象拿赛开发区（经济专区）、塔銮湖经济专区等园区优势，提速"绿色能源牌"出口、"绿色食品牌"出口，加强能源供应链合作与食品供应链合作。鼓励国内能源企业、农产品加工企业、物流企业分别赴赛色塔综合开发区开展电线、电缆、高电压配电柜、变压器等能源装备生产产业投资，大米、咖啡、橡胶、腰果、胡椒和畜牧产品的食品加工产业投资，跨境物流、海外仓等物流产业投资。

三是定位南亚东南亚电网一体化，扩大对老挝能源出口。针对"水电富国"国家经济发展战略，提高对老挝的水电资源开发利用投资力度，加速将老挝建成"中南半岛蓄电池"。鼓励支持省内电网企业与老挝合作共同推进电网一体化建设，加强老挝地区间电源可调配性，促进电力系统的完善，派遣国内电网建设经验丰富的专业人员入驻老挝参与电网建设，协助老挝培训高电压电网管理人才，推动"云南—老挝"跨国电力合作项目快速发展。主动接洽东盟国家电网建设计划，力争将云南省纳入东盟电网范畴，借机打造南亚东南亚电网、能源交易中心，实现不同国家之间能源交易、电力输送的互联互通。

四是弥补老挝基建、石油工业发展空白，推动基建出海、石油工业赴老挝发展、向外转移。合理利用中老铁路，加大对外投资力度。配套中老铁路，在老挝建设一批水泥、钢材、沥青等生产资料生产企业，积极与老挝政府取得公路建设、建筑建设的许可，扩大在老挝的基建投资。探索与老挝在燃煤、天然气、石油炼化方面的合作，填补老挝能源开发空白。将省内煤炭相关产业向老挝转移，同时建设开发热能、风能、光能等新能源跨境生产、研发基地。

五是找准市场需求，推动专业咨询服务赴老发展。鼓励省内财务公司、会计师事务所等在老挝设立办事处，提供财务监督、财务服务、审计服务等服务。鼓励建筑设计建设公司赴老提供设计服务、咨询服务等。

三、加强对泰投资

与其他云南省周边的国家相比，泰国拥有更好的基础设施，更低的投资门槛，更简便的投资、经商申请程序，以及更加完备的物流体系、数字基础设施等，因此泰国更有投资吸引力。

一是落实云南省低端产业、石化产业向外转移，弥补泰国产业经济短板。鼓励省内涉及智能手机、绝缘电线、电缆、低压开关、保险丝等基础电子设备制造的企业向泰国转移，依托宋卡工业区、沙缴经济特区鼓励发展电器和电子产品制造的优惠便利，以及泰国辐射南亚东南亚重要港口的辐射能力，将泰国建设成为云南省开拓南亚东南亚电子产品市场的切口。增加零配件、机械零件、轴承等杂项机械在泰国的加工制造，同时开展与泰国在优势橡胶、有色金属、金属冶炼方面的合作，在泰国投资橡胶产业链、有色金属加工制造产业链。发挥省内煤炭、石油炼化等方面的优势，向泰国转移省内高温蒸馏煤焦油、煤炭、天然气、电力等能源生产制造企业。同时探索与泰国政府合作在宋卡府经济特区建设合成橡胶厂（石油炼化），发展塑料纤维、橡胶手套等产品。

二是积极利用泰国经济合作区，发展"跳板"经济。加速来兴府特别经济开发区、莫拉限府特别经济开发区、沙缴府特别经济开发区的开发合作，打通面向缅甸、老挝、越南、柬埔寨的多方合作通道，将泰国建设成为云南省面向南亚东南亚走出去的"跳板国"。

三是打造云泰新媒体频道，加深云南省与泰国的文化交流。扩大云南省与泰国在文化娱乐方面的投资，成立跨国传媒公司，开设"云南省—泰国"新媒体频道，加强云南省少数民族文化与泰国文化的碰撞与融合。积极指导省内企业走出去，利用泰国旅游业发达、消费市场更广的优势，向泰国输出滇菜文化、手工艺产品，将泰国作为扩大云南省文娱出口能力的跳板，建设中泰文娱项目成为云南省文化"走出去"的示范项目。

四、加强对缅投资

缅甸矿产资源丰富，境外国家赴缅投资石油和天然气领域项目较多。缅甸也是一个典型的农业国家，三次产业结构之比中农业占比较大，同时缅甸基础设施较为落后，对能源建设有比较大的需求。云南省应抓住机遇，继续深化对缅基础设施建设、能源建设、农业建设的投资。

一是发展园区经济，加快园区出海进程。落实四园出口计划。重点建设工业园，同时在有条件的地方建设一批物流园、商贸园、电商园，积极推进"两国双园"模式以及"两国多园""多国多园"模式。借鉴国内产业园区的经验，大力发展以产业物业开发租售为主的地产开发商模式、以 PPP 为主的产业新城开发商模式以及以双轮驱动为主的产业投资商模式。努力推动形成一批含金量高、可操作性强的优惠政策，使自贸试验区和产业园区成为政策的实施平台。

二是扩大中缅农业合作范围，巩固"绿色食品牌"优势。向缅甸布局一批农产品生产企业、种植企业、农业及相关服务企业、替代行业企业，增加缅甸优质农产品的供给，扩大云南省的农技出口，适时在缅开发食品加工业，聘用当地劳动力生产更加低廉的高品质绿色农产品。推动建设中缅合作农业科技产业园项目，充分利用合作园区优势、政策优势和云南省农场资源，提升缅甸农业科技水平、机械制造水平，打造"云南—缅甸"跨国农产品产销联动机制。

三是加强服务支撑，提升中缅贸易往来便利化程度。加速提升双边农产品成份检验、质检等方面的便利化进程，扩大对缅农产品进出口额度，顺势推动与"云南—缅甸"进出口业务相关的服务支撑行业在缅甸落地建设，为"云南—缅甸"双边贸易提供翻译、担保、保险、咨询等多方面的服务，降低中国企业入缅发展门槛，最终实现"一人一票一公司"的保姆式投资服务。

四是深化中缅能源合作，维护"绿色能源牌"成果。加大对缅甸的太阳能光伏发电、风力发电等新能源和其相关领域的投资，鼓励省内企业入缅开发水能、热能、光能等绿色能源产业，并向缅甸提供大型设施建设、设备维修、专家指导等服务，推进东南亚电网的建设。同时继续深化云南省与缅甸在石化能源方面的合作，拓展石油管道的衍生开发业务。

利用外资助力"三张牌""三重塑"

何苏剑　李璇①

RCEP 生效后云南省面临诸多的挑战，其中最为明显的就是云南省产业结构不够完善，对外资的吸引力较低。但是，RCEP 的签署为云南完善产业结构、打造省级重点产业带来了机会，尤其是云南有利于利用外资打造"三张牌"。

一是有利于改善云南高端商务、服务产业发展较缓，外资结构逐渐单一化的局面。由于云南高端商务、服务业发展较缓，导致云南外资青睐度不强，人才吸引力偏弱，省内优势资源投资不足，开拓广大市场竞争力不够。RCEP 的签订有助于云南改善"引进来"结构单一、吸引力低、增长缓慢的情况。2000—2006 年，云南省外商直接投资呈现出多样化发展的趋势，投资国（地区）达 27 个，但自 2006 年以来，云南对外商的吸引力逐渐降低，外商投资国（地区）呈现减少态势。2019 年以来，香港成为对云南最主要的外商投资地区。云南应抓住 RCEP 机遇，积极引进日本、韩国、澳大利亚、新西兰的汽车、医药、半导体、电力、石油炼化、现代农业等优势产业，带动云南的产业升级与发展。

二是"引进来"瞄准云南短板，加速经济结构转型升级。围绕云南加工制造业领域发展的重点产业、重大项目、重大战略，积极主动融入 RCEP 区域经济发展，有针对性地吸引日本、韩国、澳大利亚、新西兰等国家的优质企业到云南发展，促进云南经济结构、产业要素、资源配置的优化，在全力打造的"绿色能源""绿色食品""健康生活目的地"三张牌的同时补齐云南短板，贯彻落实供给侧管理。

因此云南要抓住 RCEP 签订带来的机遇，积极扩大与日本、韩国、澳大利

---

①　何苏剑、李璇，云南省国际贸易学会。

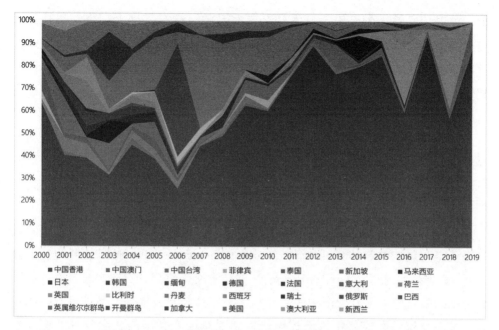

图 4-1　2000—2019 年云南省外商投资实际使用金额占比

数据来源：中国统计年鉴。

亚、新西兰等国家的深度合作、弥补短板，推动供给侧管理稳步推进，为"三张牌"赋能出海提供强大动力，将云南建设成为外资引进示范省，为云南成为面向南亚东南亚的辐射中心取得进展提供有效的支撑和保障。

RCEP 实施生效后，有助于将发达国家的先进技术与云南特色产业融合，优化产业供给能力，实现补短板、提质升级的作用，有利于打造高水平"三张牌"。云南应积极推动重点产业链外资引进项目，促进经济平稳健康发展。

一、引进日本外资

在 RCEP 签署之前，中国与日本自贸关系一片空白。RCEP 是中国与日本自贸往来的起始，是全国各省站在同一起跑线的竞争。未来，RCEP 框架下或还将签订中日双边自贸协定，中日合作将进一步深入。因此，云南省应抓住 RCEP 机遇，积极布局、寻求高端产业与日方在技术上的合作。

一是引进日本优势汽车行业推动省内汽车工业发展。在省内积极引进本田、丰田、尼桑、久保田等日本知名汽车品牌、汽车零件大厂电装（Denso）与省内企业合作建厂，增强云南省汽车制造业的实力，积极融入汽车产业链，带动精炼石油（橡胶产品等）、齿轮、座椅、玻璃等相关产业链的发展。鼓励和引导合资企业派遣专家、先进技术人才、高级管理人员等到云南发展，助力云南制造业产业链技术革新和产业升级。

二是与日本烟草企业进行合作挖掘云南烟草行业潜能。支持云南红塔集团与日本烟草（Japan Tobacco）在技术方面的合作，升级和改造云南省烟草制造机器设备，提高烟草生产工艺流程的标准化程度等，创新烟草产品种类，生产符合不同口味形式风格的烟草制品，提升云南烟草出口竞争力。

三是引进日本先进制药技术拓展医药合作。积极为云南白药、昆明制药厂等医药企业创造与日本武田制药（Takeda Pharmaceutical，亚洲最大的制药公司）、安斯泰来制药（Astellas Pharma）的技术交流机会，支持中日合办的制药公司在云南落地，提升云南中医药开发水平、医药制造水平，借助日方技术优势，发展高精尖医疗，将云南建设成为南亚东南亚、国内西南片区的医疗新高地。

四是引进电子设备制造、装备制造行业提升省内制造业水平、供应链水平。鼓励省内企业加强与日立、佳能、松下、三菱等企业在电气设备、特种设备、耗材等多方面的合作，全面补全提升省内制造企业的产业链、经营管理水平、生产水平，改善生产工艺，提高产品质量。

五是增加日式餐饮服务供给。主动引进高级寿司、传统日料、平价日式小吃、日式甜品等方面的日本知名餐饮品牌入驻云南，在云南设立装修风格、菜品等与日本一致的餐饮门店，并鼓励这些企业以短期临时用工的方式向云南派驻一批厨师，提供原汁原味、地道原生态的日本食物。

六是引进日本动漫服务产业。发挥云南在西部地区相对前沿的动漫产业发展优势，依托云南举办动漫展、动漫节等活动的优势资源，大力引进日本文化娱乐产业企业落户云南，与云南合作建立二次元文化体验基地，并鼓励云南高校与日本动漫游戏企业进行校企合作，定期邀请日本相关专家到云南举办讲座、论坛，培养一批优秀动漫、游戏设计人才，将云南丰富的少数民族文化与动漫游戏融合发展，扩大云南民族文化影响力。

二、引进韩国外资

韩国在汽车工业方面有现代集团的支撑，在芯片制造方面是世界上两个能生产 5nm 制程芯片的国家（地区）之一，全球三大 DRAM 提供商中韩国占了两家，同时韩国也建成了金字塔结构的完整半导体产业链。云南是硅产业发展新沃土，有承载发展半导体制造、芯片制造等高端制造业的潜力。

一是引进韩国半导体（硅）产业，助力云南建"中国硅谷"，提升世界一流"绿色能源牌"水平。着力构建以工业硅和绿色能源为基础的"硅光伏、硅电子、硅化工"产业链条，加快引进电子级多晶硅项目、大尺寸 IC 级硅片制造等硅电子项目，扶持本土企业与三星、海力士（Hynix Semiconductor）、LG、SK 海力士东部高科等合作，鼓励在半导体产业方面的技术引进和专利引进，构建云南省金字塔形硅产业链。

二是开拓电力技术合作，扩大云南省能源出口优势。韩国将成为中国在南亚东南亚投资火电、核电、水电、燃油、天然气及新能源发电的主要竞争对手之一，云南应主动加强与斗山集团（Doosan）、韩国电力公司（Kepco）、中部发电、韩国现代建设等电力出口公司在出海经验方面的引进学习，加大业务交流活动，并依托云南的地缘优势，打造南亚东南亚绿色能源网。

三、引进澳大利亚外资

澳大利亚对中国主要的出口物为有色金属、动物产品、农产品（含葡萄酒）。云南作为有色金属王国、动物资源王国，在有色金属生产加工、高原特色农特产品生产等方面优势明显。因此，云南应抓住 RCEP 优势，支持省内优势行业与澳大利亚的交流合作。

一是合作发展提升世界一流"健康生活目的地"的吸引力。引进澳大利亚国际医疗健康龙头机构，在有条件的州市选址合资建设健康管理中心、温泉养生基地、云南特色中医药旅游养生基地等，鼓励和支持澳方派驻专业人才在云南培训一批职业素养高、专业技能强的健康管理服务人员，借鉴先进的管理经验，打造大健康产业品牌，提升云南健康生活目的地的国际影响力。鼓励和支持澳大利亚营养保健类"新概念产品"品牌企业与云南省内制药企业合作，由其派驻专家入驻合作企业，对其提供专业技术指导，增加保健类产品的技术含量，提高保健产品的知名度，借助与外企合作的机会提高国际竞争力。

二是加强有色金属贸易、技术交流，补优势金属加工制造短板。支持云南铜业、昆明钢铁集团等有色金属、加工冶炼企业与必和必拓（BHP Billiton）、FMG 集团（Fortescue Metals Group）、澳瑞凯（Orica）、纽克雷斯特矿业（Newcrest Mining）等企业在云南合资建厂，引进先进冶炼技术、制造设备、专利等，提升省内有色金属生产加工水平，填补云南在有色金属加工制造方向面短板。

三是引进酿酒工艺，扩大云南红酒品牌影响力。鼓励云南红、云南香格里拉酒业股份有限公司、云南东川长运印象葡萄酒有限公司等主要葡萄酒企业与奔富（Penfolds）、御兰堡（Yalumba）、布琅兄弟（Brown Brothers）、杰卡斯（Jacob's Creek）、黄尾袋鼠（Yellow Tail）等进行学习交流，并定期派遣人员进行交流访问，扩大云南红酒品牌影响力，在云南自贸试验区内探索开发葡萄酒免税加工生产。

四是引进先进石化工业技术，增强绿色示范。探索中国石油天然气集团公司云南炼油厂与伍德赛德石油（Woodside Petroleum）、桑托斯（Santos）的合作项目，延伸省内石化产业链，并引进对有助于改善环境的先进技术设备，将云南建设成为全国环境友好的石化产业示范。

五是强强结合"云澳"教育资源，打造世界一流留学目的地。鼓励云南本土学校与澳大利亚高校合作，将国际化课程引进云南；鼓励本土学校积极邀请国外教师、学者等开办学术讲座；与外资企业在云南开办一体化的国际学校，将澳大利亚国际教育产业的成功经验引进云南，助推云南教育产业国际化，努力提高云南教育质量、校园安全环境以及学历的世界认可度，打造受欢迎的留学目的地。

四、引进新西兰外资

新西兰通过引进优质品种、利用高科技和大数据协助种植、积极培育新品种等方法积累了生产优势，并与工业、商业密切配合，形成了独特的、极为强大的农业产业体系。云南省作为农业大省，应主动抓住 RCEP 机遇，加大与新西兰的企业在育种、改良、农业转型等方面的技术引进、学习交流与合作。

一是引进新西兰现代化种植技术与企业，推动世界一流"绿色食品牌"扩容升级。结合云南本土农业特色优势资源，选址打造现代农业示范区，由新方企业派遣专业技术人员入驻云南，引进现代农业生产理念、先进种植技术等，推动果蔬、粮食等产业实现标准化种植生产，提高云南高品质农产品生产，助推云南农业现代化建设与世界一流"绿色食品"品牌打造。

二是引进新西兰育种技术、人才，打造云南农业研究新高地。鼓励和支持云南畜牧业企业引进新西兰优质牲畜良种，各大高校、科研机构与新西兰共建实验室和联合开发中心，进行技术合作、人才交流，对引进的畜种进行升级改造，并由新方定期派遣专业技术人才在云南培养一批牲畜养殖类专业人才，提高云南牲畜养殖技术专业化水平与产品质量。

服务贸易与投资领域实现最高水平开放性承诺

张晗　宋颖①②

一、服务贸易与投资领域的核心内容

服务贸易和投资是 RCEP 市场准入领域的重点内容，各成员服务贸易和投资总体开放水平显著高于原有"东盟+1"（10+1）自贸协定，全面整合并升级原有规则，打造出更全面、更多元的对外贸易和投资布局。

（一）服务贸易基本概况

1. 基本内容

服务贸易在 RCEP/FTA③ 中被定义为 4 种模式，分别是跨境交付模式、境外消费模式、商业存在模式以及自然人移动模式，其中跨境交付、境外消费及自然人移动统称为跨境服务贸易，剩余一类为商业存在形式的投资。同时，RCEP 依照世贸组织 W120 文（MTN. GNS/W/120)④ 所列 12 大部门、160 个分部门对服务贸易进行了分类。

---

① 张晗、宋颖，云南省国际贸易学会。
② 本文摘编整理自商务部 RCEP 线上专题培训班资料第六讲"RCEP 服务贸易与投资解读"，并由作者结合当下国家政策对部分内容进行了补充完善。
③ 自由贸易区（Free Trade Area，FTA）通常指两个以上的国家或地区，通过签订自由贸易协定，相互取消绝大部分货物的关税和非关税壁垒，取消绝大多数服务部门的市场准入限制，开放投资。
④ WTO 的前身关贸总协定 GATT 制定了"服务部门分类清单"，后经 WTO 服务贸易理事会评审认可。

RCEP 服务贸易领域致力于消减各成员影响跨境服务贸易的限制性、歧视性措施，为缔约方进一步扩大服务贸易创造了条件。日本、韩国、澳大利亚、新加坡、文莱、马来西亚、印度尼西亚等 7 个成员采用负面清单方式承诺，我国等其余 8 个成员采用正面清单承诺，并将于协定生效后 6 年内转化为负面清单。

专栏 1　四种服务贸易模式

跨境交付模式：即自一成员领土向任何其他成员领土提供服务，该模式在服务贸易中占比约 30%，主要包括国际运输、国际电信、网络视听、远程呼叫等，如远程呼叫，境外开展远程呼叫提供商是服务提供者；

境外消费模式：即在一成员领土内向任何其他成员的服务消费者提供服务，该模式在服务贸易中占比约 15%，主要包括旅游、教育、法律、海外医疗等，如赴海外留学，外国大学和教育培训机构是服务提供者；

商业存在模式：即成员的服务提供者通过在任何其他成员领土内的商业存在提供服务，该模式在服务贸易中所占份额最大，约 50%，主要包括设立金融、建筑、电信、会计等商业机构，如招商引资，外国投资者是服务提供者；

自然人移动模式：一成员的服务提供者通过在任何其他成员领土内的自然人存在提供服务，该模式在服务贸易中占比约 5%，主要指外教、医生、跨国公司高管、专业设备安装人员等自然人的移动。

---

2. 服务贸易的核心义务

RCEP 服务贸易纳入市场准入、行政程序和措施非歧视、透明度等条款，核心义务包括市场准入限制措施、国民待遇、最惠国待遇、当地存在义务，取消了影响服务贸易的限制和歧视措施，为区域内服务贸易的开展提供了更有确定性的机会和更广阔的空间。

专栏 2　四大服务贸易核心义务

市场准入限制措施：包括限制服务提供者的数量，限制服务交易或资产总值，限制服务业务总数或服务产出总量，限制雇佣自然人总数，限制特定类型法律实体，限制外国资本/股比；

国民待遇：对于列入减让表的部门，在遵守其中缩写任何条件和资格的前提下，每一成员在影响服务提供的所有措施方面给予任何其他成员的服务和服务提供者的待遇，不得低于其给予本国同类服务和服务提供者的待遇；

续表

专栏 2　四大服务贸易核心义务
最惠国待遇：采用正负混合模式的缔约方对纳入最惠国承诺范围的部门，该成员承诺，在该领域任何第三方的最优惠的开放和市场准入待遇，都会自动给予 RCEP 成员，如中国对专业服务、速递服务、建筑及工程服务、环境服务以及铁路和公路运输服务等部门进行最惠国承诺；采用负面清单模式承诺的成员方，除清单所列领域外，都作出最惠国承诺； **当地存在义务**：该条款约定了跨境服务贸易的服务提供条件，即一缔约方不得要求另一缔约方的服务提供者在其领土内建立或维持代表处、分支机构或其他任何形式的法人，或成为其领土内的居民。

3. 三大服务附件

服务贸易章节除市场开放及相关规则外，还包含了金融服务、电信服务和专业服务三个附件，对金融、电信等领域作出了更全面和高水平的承诺，对专业资质互认作出了合作安排。

专栏 3　三大服务贸易附件
金融服务附件代表了我金融领域的最高承诺水平。首次引入了新金融服务、自律组织、金融信息转移和处理等规则，就金融监管透明度作出了高水平承诺，在预留监管空间维护金融体系稳定、防范金融风险的前提下，为各方金融服务提供者创造了更加公平、开放、稳定和透明的竞争环境。这些规则将不仅有助于我国金融企业更好地拓展海外市场，还将吸引更多境外金融机构来华经营，为国内金融市场注入活力。 电信服务附件制定了一套与电信服务贸易相关的规则框架。在现有的"10+1"协定电信附件基础上，RCEP 还包括了监管方法、国际海底电缆系统、电杆、管线和管网的接入、技术选择的灵活性等规则，首次纳入号码可携带、网络元素非捆绑等条款。这将推动区域内信息通信产业的协调发展，带动区域投资和发展重心向技术前沿领域转移，促进区域内产业创新融合，带动产业链价值链的提升和重构。 专业服务附件对 RCEP 成员就专业资质问题开展交流作出了一系列安排。主要包括加强有关承认专业资格机构之间的对话，鼓励各方就共同关心的专业服务的资质、许可或注册进行磋商，鼓励各方在教育、考试、经验、行为和道德规范、专业发展及再认证、执业范围、消费者保护等领域制定互相接受的专业标准和准则。

4. 自然人临时移动

自然人临时移动是包括我国在内的东亚多数发展中国家的一种重要服务贸易方式，将直接影响到各国服务贸易的发展。RCEP 设立第九章为自然人临时移动章节，是缔约方为促进从事货物贸易、提供服务或进行投资的自然人临时入境和临时停留所作的承诺，规则制定了缔约方批准此类临时入境和临时停留许可的规则，提高人员流动政策透明度。

专栏 4　自然人临时移动主要规则内容

涵盖人员种类。主要包括商务访问者/短期商务访问者、公司内部流动人员、合同服务提供者、安装和服务人员、随行配偶及家属、其他各国根据自身情况规定的允许临时停留的自然人类别。

部分成员国对配偶家属作出承诺。部分成员国承诺相关人员的配偶及家属也可以获得相同停留期限的签证，为相关人员跨境进行贸易投资相关活动免除后顾之忧。

申请及处理高效透明。该条款承诺尽快向申请人通报办理情况，并致力于接收电子格式提交的申请或接受经认证的文件复印件，同时公布所有与本章节相关的解释性材料。

（二）投资领域基本概括

1. 基本内容

RCEP 投资章包含了公平公正待遇、征收、外汇转移、损失补偿等投资保护条款，以及争端预防和外商投诉的协调解决等投资便利化条款，是对多个投资协定的全面整合和提升，将为本地区投资者创造一个更加稳定、开放、透明和便利的投资环境。

RCEP 投资领域涵盖范围广，几乎涵盖经济学和金融学意义上的所有投资，指"直接或间接，拥有或控制的、具有投资特征的各种资产"，主要包括企业及其分支机构（即服务贸易模式 3 商业存在模式）、股份、债券、合同权利、授权、任何动产和不动产相关权利、再投资的收益。

2. 主要条款

（1）投资自由化条款。主要包括最惠国待遇、禁止业绩要求、投资负面清单（适用棘轮机制）。全面采取投资准入国民待遇加负面清单模式，对外开放与本国的发展水平和能力结合，与本国的发展战略和目标相结合，采取灵活、渐进、现实和务实的投资准入自由化道路。

（2）投资保护条款。主要包括公平公正待遇、征收、外汇转移、损失补偿等。该模块内容明确了投资保护的范围，完善了投资保护措施，进一步减少了投资壁垒。

（3）投资便利化条款。RCEP 从多方面促进区域性投资，设立投资便利化条款，主要特点如下：首先，各国简化了投资申请及批准流程；其次，RCEP 设定了业绩禁止性要求，投资者能够更好地根据自身发展需求选择企业结构，无须为满足当地需求而增加不必要的负担；最后，十五国对非服务业投资皆采取负面清单模式，对服务业投资都立刻采用或承诺在协议六年内采用负面清单模式。投资便利化条款大幅降低了跨境投资和跨境产业布局的成本，并充分激发出各类市场主体的潜力和活力。

（三）开放情况

1. 服务贸易总体开放情况

15 个缔约方均作出高于各自与"10+1"自贸协定水平的开放承诺，极大地提高了成员国间的服务贸易自由化水平，主要体现在以下三点：一是中方服务贸易开放承诺达到了已有自贸协定的最高水平，承诺的服务部门数量在我入世承诺约 100 个部门的基础上，新增了 22 个部门，并提高了承诺水平；二是其他 RCEP 成员国也承诺提供更大市场准入，为我国企业"走出去"、进一步扩展区域产业链布局提供了广阔的市场空间；三是采用负面清单方式对服务贸易市场准入进行承诺，7 个成员国已采用负面清单方式承诺，8 个成员国将于协定生效后约定时间内转化为负面清单。

2. 非服务业投资总体开放情况

15 方均采用负面清单方式对制造业、农业、林业、渔业、采矿业 5 个非服务业领域投资，作出较高水平的开放承诺，大大提高了市场准入的确定性，有利于促进区域上下游产业融合，为各国招商引资带来更大机遇。一是中方的负面清单反映了国内改革新进展，也是我国首次在自贸协定项下以负面清单形式对非服务业投资领域承诺的零的突破；二是 RCEP 投资负面清单比国内《外商投资准入特别管理措施（负面清单）》增加国民待遇这一重要义务；三是各方在制造业领域的开放水平总体较高。对于农、林、渔和采矿业，各方总体在满足一定限制性条件或要求的情况下允许其他成员国的市场准入。

二、抓住 RCEP 服务投资开放的机遇，深入发展云南服务贸易与投资领域

（一）深化与 RCEP 国家合作，扩大云南对外服务贸易与投资

一是企业应着力发展与 RCEP 成员间的双向服务和投资。一方面，云南企业应把握好 RCEP 成员国间的高开放性承诺，利用好云南作为南亚东南亚辐射中心的区位优势，扩大双向合作，如重点出口信息、通信和计算机等技术密集型新兴服务贸易，大力进口南亚和东南亚占有比较优势的劳动力密集型服务；另一方面，云南应鼓励企业主动开拓"一带一路"投资市场，例如泰国对商业服务、旅游服务、运输服务等部门实现极大程度开放，企业可探索投资机遇，积极建设境外营销网络和国际合作产业园区。

二是在招商引资中主动打好 RCEP/自贸协定牌。由于疫情影响，云南在招商引资方面可采用"云推介""云招商"的形式，并且借助生物多样性大会、中国南亚博览会的开展，积极与 RCEP 成员国交流，将 RCEP 投资负面清单开放性承诺落到实处，在贴合云南发展的模块如旅游、运输、金融等方面，吸引 RCEP 成员国在云南发展，大力鼓励设立外商独资企业，将云南努力打造为高标准投资促进体系健全、高水平服务系统集成的亚太投资门户。

三是开拓依托互联网的服务贸易。云南应通过资金、政策等手段，鼓励企业发展数字文化、人工智能、信息安全等依托互联网的服务贸易产业，并试点放宽增值电信业务等相关领域外资准入资质，吸引海外电信运营商通过设立合资公司，为在云南外商投资企业提供国内互联网虚拟专用网业务；同时，可探索建设适应海外客户需求的网站备案制度，探索优化对科研机构访问国际学术前沿网站的安全保障服务，增大依托互联网服务贸易在云南省经济贸易中所占的比例。

（二）促进云南服务业高速发展

一是推动先进制造业与现代服务业深度融合。要准确把握推动制造业高质

量发展的方向路径，突出抓好工业设计服务、定制化服务、供应链管理等服务于先进制造业的服务业，加快培育新服务新业态新模式。

二是加强 RCEP 自贸合作，发展生活服务业。抓住 RCEP 自贸试验区建设的机遇，推进教育、文化、医疗、旅游等生活服务领域有序开放，放开育幼养老、商贸物流、电子商务等服务业外资准入限制。鼓励社会资本参与健康服务、家庭服务、体育场馆运营管理、养老服务设施的建设和运营；积极扩大养老服务、医疗保健等服务贸易进口，推动旅游、文化、体育、专业服务等服务贸易出口。

三是着力发展与货物贸易相关的服务业。云南应大力完善货物贸易的各项服务需求如运输服务、保险服务等，能够推动货物贸易经济增长。在物流运输服务领域，在对等原则下允许 RCEP 成员国企业进入市场，与云南企业共建运输线路；在保险领域，云南政府应积极推动该领域率先开放，为进出口贸易提供更完善的保障。

（三）将云南发展与自贸试验区发展相结合

一是将自贸区战略与区域发展战略紧密结合。抓住云南自贸试验区、昆明跨境电商综试区及德宏跨境电商综试区等重点区域加快建设和服务业扩大开放等机遇，积极推动银行、证券、保险、资产管理、信用评级等金融领域率先开放，有序推进电信、互联网、旅游、交通运输、文化、教育等领域扩大开放。

二是借鉴服务投资全负面清单，实现制度型开放。云南应制定政策加强保障，试行 RCEP 跨境服务贸易负面清单管理模式，放宽境外消费、自然人移动等模式下的服务贸易市场准入限制，支持金融机构依法为各项经贸业务提供投资便利，消除行政壁垒，加快简政放权，不断优化营商环境，在形成创新发展制度优势方面展开探索。

RCEP 之下云南扩大对缅服务贸易规模路径分析

徐　阳　肖媚月①

习近平总书记在 2020 年中国国际服务贸易交易会全球服务贸易峰会上的致辞中提出了"各国要加强服务贸易发展对接，创新合作方式，深化合作领域，积极寻求发展利益最大公约数"的倡议。尤其是随着 RCEP 的签署和落实，将进一步提升成员国服务贸易开放水平，推动区域内服务贸易发展。2020 年 1 月，习近平总书记访问缅甸时指出，"中缅要深化经贸往来，注入互利合作新动能"，云南作为建设中缅经济走廊的主体省份，在深化中缅合作中承担着重要责任。

一、RCEP 关于服务贸易的规定

RCEP 第八章关于服务贸易的条款包括了市场准入承诺表、国民待遇、最惠国待遇、当地存在、国内法规等规则，旨在消减各成员影响跨境服务贸易的限制性、歧视性措施，为缔约方间进一步扩大服务贸易创造条件。就开放水平而言，中国与东盟各国均作出了高于各自"10+1"自贸协定水平的开放承诺，在 RCEP 附件二中包含了 15 个成员国的服务具体承诺表，分别用正负面清单方式明确了各自关于服务贸易开放的承诺，其中日本、韩国、新加坡、文莱、马来西亚、印度尼西亚等 7 个成员采用负面清单方式承诺；中国、缅甸等其余 8 个成员采用正面清单承诺，并将于协定生效后 6 年内转化为负面清单。

除市场开放及相关规则外，RCEP 第八章还包括金融服务、电信服务和专业服务三个附件，对相关领域对外开放作出了更全面和高水平的承诺，对专业

---

① 徐阳、肖媚月，云南省国际贸易学会。

资质互认作出了合作安排。其中，金融领域首次引入新金融服务、自律组织、金融信息转移和处理等规则；电信领域在现有"东盟'10+1'自贸协定"电信附件基础上，还包括监管方法、国际海底电缆系统、网络元素非捆绑、电杆、管线和管网的接入、国际移动漫游、技术选择的灵活性等规则；专业服务领域对 RCEP 成员就专业资质问题开展交流作出了一系列安排，鼓励各方就共同关心的专业服务的资质、许可或注册进行磋商，鼓励各方在教育、考试、经验、行为和道德规范、专业发展及再认证、执业范围、消费者保护等领域制定互相接受的专业标准和准则。

二、RCEP 下缅甸对扩大服务贸易开放情况分析

缅甸在中国-东盟自由贸易协定和 RCEP 两个自贸协定框架下都作出了服务贸易开放的承诺①。两份服务贸易承诺表都在服务贸易的跨境提供、境外消费、商业存在和自然人移动 4 个方面详细列出了各服务贸易领域的市场准入限制和国民待遇限制。通过对比两份承诺表的内容，我们可以看到在 RCEP 下缅甸服务贸易开放水平进一步扩大的情况。

（一）外国投资水平承诺进一步扩大

水平承诺指适用于承诺表中所列的所有服务领域的承诺，内容主要来自于缅甸与外国投资相关的法律法规。相较于 2011 年签署的《中国-东盟全面经济合作框架协议服务贸易协定》，签署 RCEP 时不少缅甸投资相关法律法规都已为新的立法或已进行过修订，例如《移动通信法》（2013）、《电子交易法》（2014）、《缅甸投资法》（2016）、《缅甸公司法》（2017）、《缅甸投资规则》（2017）等，这些法律都在 RCEP 缅甸服务贸易水平承诺中提及，为现代服务贸易和服务业投资提供了更完善的法律保障。同时，在 RCEP 框架下，缅甸在市场准入和国民待遇的水平承诺都有所扩大。例如延长外国人或外国公司土地租赁年限至最长 70 年，认定外国公司的股份比例由 1% 提高至 35%，所得税税

---

① 中国-东盟自由贸易协定框架下的承诺详见《中国-东盟全面经济合作框架协议服务贸易协定》附件中的缅甸第二批承诺表，RCEP 协定框架下的承诺详见 RCEP 协定附件二中的缅甸服务具体承诺表。由于在行文时两份承诺表都暂无官方中文翻译，以下涉及的承诺表内容由作者自行翻译。

率由 35%降至 25%，降低"许可证、商标和专利权使用费""向外国承包商支付的款项"等费率，取消对外籍雇员比例的限制条款，允许外国投资者的资金汇到海外等。

（二）服务业领域的具体部门承诺进一步扩大

1. 提升现有承诺领域开放水平

在中国-东盟自贸协定框架下，缅甸服务贸易承诺表具体列出了包括商务服务、建筑服务、金融服务、健康服务、航空运输服务、海运服务、通信服务和旅游及其相关服务 8 大领域在内的 31 项细分行业。在 RCEP 框架下，其中包括电脑订位系统服务、广告服务、出版和印刷服务、外资银行设立代表处服务、海运仓储服务、国际海航客运、电影和录像带制作和发行服务、影院服务在内的现有的服务业行业都承诺扩大开放；基本取消了对跨境支付和境外消费的限制；商业存在和自然人移动的限制也随着法律的修订所有放松。

2. 增加了教育服务、环境服务以及娱乐、文化和体育服务 3 大承诺领域和行业，除金融服务之外不同程度地扩大了原有领域

RCEP 框架下，缅甸服务贸易开放最明显的变化是增加了承诺的领域和行业。通过对比中国-东盟自贸区和 RCEP 缅甸服务贸易承诺情况（表4-2），可以看出，开放承诺由 8 大领域 31 个行业扩大到了 11 大领域 110 个行业。其中教育服务、环境服务以及娱乐、文化和体育服务 3 大领域为新增领域；除金融服务之外的原有领域也有不同程度的扩大；不少原有的领域也做了更精细的划分，例如，商务服务之下划分出了专业服务、电脑及其相关服务、研究开发服务、租赁服务、其他商务服务 5 个板块；建筑服务之下划分出了一般建筑服务、公共设施建筑服务、预制工程装配和安装、建筑表面装饰工程、其他建筑服务 5 个板块等。

详细分析 RCEP 中缅甸服务贸易承诺表新增的 81 个行业（表4-3，中国-东盟自贸区服务贸易承诺表中的录音设备租赁和在线数据处理 2 个行业已被删除），可以看出，商务服务领域的开放扩大的程度最大，增加了包括 19 个行业的承诺，教育服务和通信服务的扩大开放较明显，分别新增 15 个和 11 个行业。新增的行业体现出了缅甸服务业发展的几大趋势：一是助力本国的基础设施现代化，如新增加的建筑设计服务、城市规划服务、一般房屋建筑工程服务等行业；二是助力本国物流、信息流的发展，如新增的航空器租赁、船舶保养和维修、包裹和文件的配送服务、专线电路租用服务等行业；三是更加注重新兴科技的发展和利用，如新增加的软件实施服务、数据处理服务、研究开发服务等；四是更加注重社会服务的发展，如新增加的高等教育服务、污水处理服务、新闻机构服务等行业。

三、云南用好 RCEP 发展对缅服务贸易的建议

缅甸是云南省的好伙伴好邻居，是中缅经济走廊建设的合作伙伴，共谋共建共享是双方必须遵守的原则。提升云南对缅服务贸易竞争力，要共同做好以下工作：一是夯实服务业产业基础。要有针对性地招商引资、培育相关服务产业的发展，进一步改善服务业结构，提升运输、建筑、文化创意、数字服务、教育服务、会展经济等现代服务业的国际竞争力，鼓励服务业创新发展，制定灵活弹性的产业扶持政策，做好新兴服务行业规划，提高招商引资质量，为扩大双边服务贸易市场夯实产业基础。二是加快数字基础设施建设。大力发展 5G 基础设施建设，提升物联网、移动通信和 ABCD（AI、BlockChain、Cloud、BigData）技术在服务贸易领域的应用水平，以促进服务产业数字化和数字产业服务化深度融合，撬动数字产业与服务业之间的良性循环，增强服务贸易的基础和可贸易性。三是加速对服务贸易高端人才的培养与引进。共同推动人才培养模式改革，鼓励高校加快培养服务贸易人才的步伐，从根本上提升服务业竞争力和发展水平；对引进、留住人才实行倾斜政策，设立专项资金，提高对优质人才的吸引力，结合云南服务贸易领域人才需求情况，重点引进数字、电信、金融、会展、文化、物流等领域通晓国际规则的骨干人才。

（一）依托辐射中心建设助力对缅服务贸易发展

一是依托区域性国际经济贸易中心建设，用好云南商贸中心、物流中心、国际航空枢纽、国际通信枢纽、电子商务中心、会展中心等平台，扩大对缅服务贸易和投资合作规模，大力发展对缅的航空运输服务贸易和通信服务贸易，重点扩展航空器维修和保养服务、航空器租赁、航空货物代理服务、包裹和邮件的配送服务、数据传输服务、电信设备维护服务等服务行业的市场。

二是依托区域性科技创新中心建设，主动服务和融入"一带一路"科技创

新合作技术转移协作网络，充分发挥"金砖国家技术转移中心"作用，强化滇缅间高校、科研院所和大型集团的技术交流合作，大力发展对缅的电脑及研究开发服务，重点拓展软件实施服务、数据处理和数据库服务、机械和农业的研究开发服务等服务行业的市场。

三是依托区域性金融服务中心建设，不断加强双边政府在金融领域的交往合作，推动中缅两国签订"双边支付清算框架协议"及"本外币互换协议"，畅通结算渠道；扩大对缅甸的金融服务贸易，推进双边相互增设金融机构，鼓励云南省进入机构积极拓展对缅保险、精算服务等市场。

四是依托区域性人文交流中心建设，加强滇缅人文交流，促进胞波合作发展，与缅开展教育、旅游、健康环保、文化体育领域的合作，重点发展旅行社服务、餐饮服务、各类教育服务、语言和技术培训、主题公园服务等，促进滇缅文化深度交流合作。

（二）鼓励优势领域扩大服务贸易

一是发挥建筑服务贸易的优势。鼓励和支持云南具有比较优势的建筑企业积极参与缅甸基础设施建设和跨境产能合作，大力开展对外工程承包和技术咨询服务，抢抓缅甸加快城市化进程的利好，扩大原有工程服务的贸易规模，抢占新增的建筑设计服务、城市规划服务等设计服务和一般房屋建筑工程服务、装配和安装预制工程、建筑或拆除设备的租赁等服务市场。同时，依托建筑企业"走出去"带动云南甚至中国的技术、标准、服务等出口。

二是加强滇缅生态环境保护合作。环境服务是服务贸易中最具发展潜力的领域之一，也是缅甸新增开放承诺的服务领域。建议充分利用云南生态环境保护、生态文明建设的丰富成果，大力推动滇缅环保产业贸易，鼓励全省节能环保企业积极发展对外业务，重点拓展污水处理服务、固体废物处理服务、绿色产业服务等，鼓励相关科研机构和公司开展生态修复、环境影响评价、生物多样性保护等咨询服务，抢占缅甸环境服务市场。

（三）提升服务贸易出口便利化水平

一是改革通关监管制度和模式。在关检业务融合、机制流程优化、税收征管等方面不断深化改革，简化服务贸易通关流程，提供电子形式的单证、报关、报检、出口退税等一系列流程化服务，实施以"双随机、一公开"监管为基本手段、以信用监管为基础、以重点监管为补充的新型监管机制，为服务贸易创新发展创造适宜的通关监管模式。比如积极探索检验检疫改革措施，推动生物医药研发外包的实验用生物材料等特殊物品通关便利；探索入境维修产品检验监管模式；优化技术出口备案手续，推动技术流动更加便捷高效等。

二是提高跨境支付便利化水平。推动开展人民币在服务贸易领域中的跨境使用，支持企业积极选择人民币进行计价结算；积极用好自贸试验区先行先试优势，不断推进跨境人民币便利化试点、跨境人民币现钞调运等方面的工作，为云南服务贸易企业直接办理跨境人民币出口收款业务提供更便利的环境，优化服务贸易发展的资金跨境流动供给。

（四）强化对缅甸服务贸易的研究和成果运用

一是加强对相关法律和法规的研究。促进对缅服务贸易的发展不仅涉及 RCEP 协议中缅甸服务贸易扩大开放的变化，更重要的是对缅甸相关法律法规的研究和理顺，为开展合作奠定基础。

二是加强对缅甸服务业市场研究。选取国家支持、市场需求、产业互补、省内优势明显的服务领域，有针对性地开展研究。

三是加强对服务贸易实操流程的研究。包括在通关、人员资金往来、政策、准入、专利和标准等方面开展研究，为服务贸易的扩大打牢理论基础。

四是强化对相关研究成果的应用，为服务贸易企业提供便利。积极通过网络平台、企业宣讲等方式帮助企业了解服务贸易知识，增强企业服务贸易国际化意识，鼓励服务贸易企业"走出去"，帮助企业寻找机遇。

表4-2　缅甸在中国-东盟自贸区与 RCEP 中的服务贸易承诺对比

服务领域	中国-东盟自贸区	RCEP	
	涉及行业数	细分领域	涉及行业数
一、商务服务	6	（一）专业服务 8	25
		（二）电脑及其相关服务 5	
		（三）研究开发服务 4	
		（四）租赁服务 3	
		（五）其他商务服务 5	

续表

服务领域	中国-东盟自贸区	RCEP	
	涉及行业数	细分领域	涉及行业数
二、建筑服务	1	（六）一般建筑服务 1	7
		（七）公共设施建筑服务 1	
		（八）预制工程装配和安装 1	
		（九）建筑表面装饰工程 1	
		（十）其他建筑服务 3	
三、金融服务	3	（十一）金融服务	3
四、健康服务	1	（十二）医院服务 1	6
		（十三）其他健康服务 4	
		（十四）社会服务 1	
五、航空运输服务	3	（十五）航空运输服务	6
六、海运服务	4	（十六）海运服务	10
七、通讯服务	10	（十七）快递服务 1	21
		（十八）电信服务 15	
		（十九）视听服务 5	
八、旅游及其相关服务	2	（二十）旅馆和餐馆 6	8
		（二十一）旅行社和旅游经营者 1	
		（二十二）其他 1	
九、教育服务	0	（二十三）初等教育服务 2	15
		（二十四）中等教育服务 3	
		（二十五）高等教育服务 2	
		（二十六）成人教育服务 2	
		（二十七）其他教育服务 6	
十、环境服务	0	（二十八）污水处理服务 1	6
		（二十九）固体废物处理服务 1	
		（三十）卫生服务 1	
		（三十一）其他 3	

续表

服务领域	中国-东盟自贸区	RCEP	
	涉及行业数	细分领域	涉及行业数
十一、娱乐、文化和体育服务	0	（三十二）娱乐服务（包括影院、现场乐队和马戏团服务）1	3
		（三十三）新闻机构服务 1	
		（三十四）图书馆、档案馆、博物馆和其他文化服务 1	
合计	31	合计	110

表 4-3　缅甸在 RCEP 中承诺新增的服务贸易行业（81 细项）

服务领域	细分领域	服务贸易行业
商务服务	专业服务	1. 建筑设计服务
		2. 综合工程服务
		3. 城市规划服务
		4. 一般医疗服务
		5. 兽医服务
	电脑及其相关服务	6. 与计算机硬件安装有关的咨询服务
		7. 软件实施服务
		8. 数据处理服务
		9. 数据库服务
		10. 办公机械和设备的维护和修理服务
	研究开发服务	11. 物理科学研究和试验开发服务
		12. 化学生物研究和试验开发服务
		13. 机械科技研究和试验开发服务
		14. 农业科学研究和试验开发服务

续表

服务领域	细分领域	服务贸易行业	
商务服务	租赁服务 （没有操作员）	15. 用于国际运输的货轮租赁	
		16. 航空器的租赁	
		17. 录音设备的租赁	
	其他商务服务	18. 摄影服务	
		19. 包装服务	
建筑服务	20. 一般房屋建筑工程服务		
	21. 装配和安装预制工程		
	22. 建筑表面装饰工程		
	其他	23. 预装配作业	
		24. 特种行业建筑	
		25. 建筑或拆除设备的租赁	
健康服务	26. 医院服务		
	其他人类健康服务	27. 救护车服务	
		28. 实验室服务	
		29. 其他医疗居住服务	
		30. 其他人类健康服务	
	社会服务	31. 早期儿童保健和儿童项目开发	
航空运输服务	32. 航空器租赁（带机组成员）		
	33. 航空餐饮服务		
	34. 航空货物代理服务		
海洋运输服务	35. 用于国际运输和货运班轮租赁		
	36. 船舶保养和维修		
	辅助服务	37. 船舶救助服务	
		38. 船务经纪服务	
		39. 船级协会	
	40. 海运代理服务		

续表

服务领域	细分领域	服务贸易行业
通信服务	快递服务	41. 包裹和文件的配送服务
	电信服务	42. 语音服务
		43. 分组交换数据传输服务
		44. 电路交换数据传输服务
		45. 传真服务
		46. 专线电路租用服务
		47. 增值传真服务
		48. 寻呼服务
		49. 电信设备维护服务
	视听服务	50. 广播电视节目制作服务
		51. 广播电视传输服务
旅游服务	52. 汽车旅馆租赁服务	
	餐食服务	53. 餐厅服务
		54. 自助服务
		55. 外带服务
	56. 饮料服务	
	57. 摩托车的游客运输服务	

服务领域	细分领域	服务贸易行业
教育服务	初等教育服务	58. 学前教育
		59. 其他初等教育
	中等教育服务	60. 一般中等教育
		61. 技术和职业中等教育
		62. 对残疾人的技术和职业中等教育
	高等教育服务	63. 大专教育
		64. 其他高等教育
	成人教育服务	65. 语言课程
		66. 商务课程
	其他教育服务	67. 自动化制造技术
		68. 高级材料技术
		69. 生物科技
		70. 电子科技
		71. 信息技术
		72. 航空电子科技
环境服务	73. 污水处理服务	
	74. 固体废物处理服务	
	74. 卫生服务	
	其他	76. 废气清理服务
		77. 降低噪声服务
		78. 环境咨询服务
娱乐、文化和体育服务	娱乐服务	79. 主题公园、娱乐公园
	80. 新闻机构服务	
	81. 图书馆、档案馆、博物馆和其他文化服务	

第五篇

05

产业发展篇

RCEP 签订后云南外向型农业发展面临的问题与对策

谭　政①

一、RCEP 下云南农业发展面临的问题

（一）农业竞争整合加剧

从贸易关联性来看，RCEP 成员中的东盟、澳大利亚、新西兰等都是中国农产品进口的主要来源地，日韩则是中国农产品主要出口市场。RCEP 成员中澳大利亚、新西兰是世界重要农产品出口大国，也是农业强国，还是云南农产品、农业出口的主要竞争对手。RCEP 签订后省内一些与澳大利亚、新西兰有竞争关系的产业，比如种植业（小麦、水稻等）、畜牧业（肉牛、羊等）、禽蛋业、制奶业、涉农加工业等将迎来更强的竞争，一方面将加速产业的优胜劣汰，另一方面将加速推动重塑产业链、价值链，并由此加剧劳动力在产业、部门间"进出"流动。而东盟 10 国农产品、农业与我国主要是贸易不足型，云南农产品、农业与东盟国家与仍有进一步扩展空间，以满足各自消费市场差异化需求。然而，据测算，② 泰国、菲律宾的稻米业、制糖业、食用糖业在成员中拥有较强的竞争力，而我国特别是云南糖产业的竞争力指数较低，未来云南稻米、制糖业将面临较强竞争压力。日本、韩国在 RCEP 成员中属世界主要农产品进口国，由于其拥有较大的市场需求缺口，但对进口农产品通常有更高质

---

①　谭政，中国（昆明）南亚东南亚研究院、云南省社会科学院农村发展研究所。

② 刘艺卓，赵一夫."区域全面经济伙伴关系协定"RCEP 对中国农业的影响 [J]. 农业技术经济，2017（6）.

量的需求，比如绿色、生态等食品需求①。然而，云南农业仍有可能拓展日韩需求市场，绕开云南省与日韩空间区位不利的弊端，关键在于抓住和依靠我国强大的跨境电商、数字经济发展基础。

（二）农产品加工业不适应 RCEP 竞争

RCEP 签订后，一方面市场扩大，另一方面加剧了优胜劣汰，如不加快产业转型升级，推动产业向中高端迈进，云南农业的一些低端产业很有可能在国际竞争中"被专业化"所淘汰。不利于维系国内、省内产业链、供应链的安全可靠。全省农产品出口多为附加值低、技术含量低的农副土特产品、原材料性产品等劳动密集型或粗加工产品。由于云南龙头企业的国际市场开拓步伐起步较晚，外商客源市场较为单一，且多有变化，企业研发和创新能力不足，出口的主要农产品仍以低端产品、初级产品为主，大多数农业企业仍以原料供给型、资源消耗型、初级加工型为主，产业集中度不高，精深加工研发能力和市场开拓能力不足。农业企业"走出去"实力较弱，生产经营抵御风险能力不足，农业"走出去"难度较大。

（三）农业数字经济人才缺口明显

尽管 RCEP 条款利好数字经济行业，并且我国跨境电商也走在了世界前列，为发展农业数字经济奠定了基础，但是人才缺口、断层仍然可能失去利好局面。随着云南自贸区的设立，对跨境电商特别是农业领域的复合型专业人才需求明显上升，专业领域的数字经济人才缺口则更加明显。目前的农产品进出口渠道仍然高度依赖长期合作关系，数字经济没有发挥作用，当前的农业数字经济人才瓶颈是数量不足，且人才的质量、结构尚不能满足市场拓展需求，导致农业社会化服务体系发展滞后。

二、RCEP 签订后云南农业发展对策

云南地处我国西南边疆，是我国连接东南亚、南亚的重要大通道，周边毗邻多个 RCEP 成员国，特别是在中老铁路、中缅国际铁路、中泰铁路建成通车

---

① 薛坤. RCEP 对中国农产品贸易的影响研究［J］. 世界农业，2017（4）.

后，使云南站在国内国际两个循环的交会点上，急需抓住云南外向农业发展的战略机遇。

（一）以跨境农业合作，延伸"世界绿色食品牌"产业链供应链

RCEP 的成立将开始云南农产品高端市场。RCEP 成员中日本、韩国、澳大利亚、新西兰等高端消费市场对绿色、生态农产品需求旺盛。加之省内以"三张牌"为产业发展方向，绿色、生态竞争力将进一步释放。根据 FAO[①] 公布的数据，2019 年 RCEP 成员农产品总产量占世界的比重约为 20.1%，是世界重要的农产品贸易市场，中国、澳大利亚、新西兰、日本等都是传统的农产品贸易大国。云南已成为我国重要农产品大省，有参与国际竞争的能力和优势。2019 年云南农产品出口额位居全国第 6 位、西部省区第 1 位。对东盟出口农产品 213 亿元，增幅达六成，占全省农产品出口额的 64.3%。全省出口水果148.2 亿元，占全省农产品出口额的 44.7%，鲜葡萄、柑橘、鲜苹果、鲜梨等主要品种均保持增长；出口蔬菜 101.3 亿元、增长 10.2%；出口花卉 4.2 亿元、增长 29.7%。[②]。关键在于抓住"政策窗口"期，发挥绿色、生态等多样农业资源优势。

（二）加快进一步拓展农产品海外市场

尽管新冠肺炎疫情仍在持续，但是疫情过后世界市场将迎来重新审视健康、安全的农产品的时代。RCEP 的核心在于增强货物贸易、服务贸易、投资以及人员流动方面的市场开放，尤其在关税上取得重大突破，给予"渐进式"零关税政策。RCEP 签订后成员承诺通过立刻降税和十年内逐步降税方式，最终实现区域内 90% 以上的货物贸易零关税。在协议文本中直接涉及农业的条款非常少，绝大多数主要集中在第二章中的"农业出口补贴"。协议参与方重申内罗毕通过的《2015 年 12 月 19 日关于出口竞争的部长级决定》（WT/MIN(15)/45，WT/L/980)，包括取消已计划的对农产品使用出口补贴的权利。协议缔约方强调共同推进在多边框架下取消对农产品的出口补贴，并将尽最大努力抵制对农产品的出口补贴政策重新被使用。对农产品的出口补贴限制与取消

---

① 《联合国粮食和农业组织 2020 报告》。
② 数据来源于中国商务部网站。

政策将推动协定成员之间的农产品贸易自由化，促进中国与协定成员的农产品贸易，这对云南省农产品贸易是利好信号。

（三）抓住农业对外直接投资扩张"窗口期"

在农业对外投资方面，RCEP 的 15 个成员均采用负面清单方式对制造业、农业、林业、渔业、采矿业 5 个非服务业领域投资作出较高水平开放承诺，大大提高了各方政策透明度。自然人移动方面，各方承诺对于区域内各国的投资者、公司内部流动人员、合同服务提供者、随行配偶及家属等各类商业人员，在符合条件的情况下，可获得一定居留期限，享受签证便利，开展各种贸易投资活动。云南与东盟国家建立了长期良好的合作关系，这些条款将有效促进云南省有实力的农业企业、产业化龙头企业"走出去"，扩大对外直接投资，加快产业升级，延伸产业链拓展价值链，参与全球分配、分工。虽然周边国家新冠肺炎疫情仍在持续，但是仍然需要看到疫情后世界贸易次序重构，农业对外直接投资的趋势。

（四）利用农业数字经济发展降低交易成本

RCEP 在服务贸易方面，15 个缔约方通过正面或负面清单模式均作出了高于各自"10+1"自贸协定水平的开放承诺。RCEP 成员国在金融、电信和专业服务领域作出更高水平的开放承诺。还专门就电子商务详细列出了"电子商务"的具体条款。这是首次在亚太区域内达成的范围全面、水平较高的诸边电子商务规则成果，将大大促进区域内电子商务的发展。加之我国也重点强调："发展数字经济，加强数字社会、数字政府建设，系统布局新型基础设施。"[①]数字经济在对外贸易方面可有效降低交易成本，特别是在农业相关贸易领域，将弥补传统贸易理论中由于空间距离短板而造成较高交易成本的局面。在RCEP 成员中日韩市场需求较大，而云南空间区位不利于拓展日韩市场，但是可利用 RCEP 服务贸易条款并结合数字云南建设，将为农产品拓展日韩市场，甚至澳大利亚、新西兰市场提供强劲竞争力。

---

① 《中共中央关于制定国民经济和社会发展第十四个五年规划和二〇三五年远景目标的建议》。

抢抓 RCEP 签署新机遇
加快推动云南农业现代化发展

肖　迎　李越云①

农业作为巩固脱贫攻坚成果、实现乡村振兴的重要动力，推动农业进一步对外开放势在必行。历时 8 年的"长跑"，RCEP 签署，该协定的顺利签署，必将加速云南从"开放末梢"向"开放前沿"的转变。面向未来，云南在推进农业现代化建设的过程中，要积极发挥农业产业优势，加强 RCEP 框架下云南农业对外合作的顶层设计，紧扣需求，搭建平台，促进产业精准辐射，新旧模式并进，多举措保障，全面确保云南农业内外联动，高质量推动云南农业现代化发展。

一、把握机遇，做强云南农业发展新优势

RCEP 的顺利签署，将使云南对外开放程度进一步扩大，"零关税"时代即将到来，云南农业对外开放合作从未像今天这样广泛深远，云南农业的发展机遇和潜力从未像今天这般凸显。云南一定要不负众望，抓住、抓牢全球经济增长重心向亚洲移动、两种资源和两个市场平台建立、贸易壁垒大幅削减和跨境区域性合作的大机遇，对标先进，一鼓作气，做强自身农业发展新优势。

（一）全球经济增长重心逐步向亚洲移动为云南农业发展营造良好宏观环境

当今世界正处于百年未有之大变局中，未来 5 年将是百年未有之大变局中的

---

①　肖迎，云南大学；李越云，云南省特色产业促进会。

加速重构期。RCEP 在这个关键时刻得以顺利签署，无疑是在释放一种支持自由贸易和多边主义的明确信号，经济全球化迎来一针强心剂，世界的目光正聚焦东方。随着 RCEP 效用的不断释放，有望进一步加大全球经济增长重心向亚洲移动的速度，在疫情的严重冲击下，RCEP 成员中的东盟反超欧盟成为中国第一大外贸合作伙伴，中国与东盟国家经贸合作的韧性十足，云南正好处在全球经济繁荣区域的核心圈内，这对于云南农业国际合作具有较大的促进作用。

（二）两种资源和两个市场平台的建立为云南农业融入双循环新发展格局奠定坚实基础

在 RCEP 成员中，三分之二以上的缔约国与云南接壤或毗邻，都是重要的农业大国，云南具有沿边开放和低成本利用 RCEP 成员国尤其是东盟国家农业资源、消费市场的三重区位优势。云南农业资源与 RCEP 成员国尤其是东盟国家，不论在农业产业类别，还是发展层次等方面，都具有较强的资源互补性，如泰国在提供橡胶和部分热带水果等方面具有较强优势，但泰国的蔬菜主要依赖于进口，而云南蔬菜种植品种丰富，已形成一定规模；与云南接壤的老挝、缅甸土地资源十分丰富，自然条件极其优越，是发展水稻、甘蔗、橡胶的适宜区，而云南在农业种植技术、机械化水平、加工能力等方面具有显著优势，从而形成资源互补。加之这些国家人口众多，RCEP 成员国涵盖全球 30% 的人口。农业资源的互补和庞大的消费市场为云南与 RCEP 成员国之间建立两种资源和两个市场平台提供不可替代的先天优势。RCEP 的签署，有助于增强国内国际两个市场、两种资源的黏合度，逐步推动由商品和要素流动型开放向规则国际化等制度型开放的转变，这能够促进云南农业与其他国家之间的合作效率更高，合作机制更加畅通，对云南农业融入双循环新发展格局起到非常重要的牵引作用，同时也能促进农产品实现更加自由地流通，为云南消费者提供物美价廉的进口农产品，从而满足人民日益增长的美好生活需要。

（三）贸易壁垒的大幅削减为农业助力云南建设面向南亚东南亚辐射中心提供实质性的牵引力量

2015 年 1 月，习近平总书记在云南考察工作时提出，希望云南努力成为面向南亚东南亚辐射中心，谱写好中国梦的云南篇章。云南要建成国家面向南亚东南亚的辐射中心，离不开企业的支持，企业的性质又决定其要以营利为目的。那么，如何发挥顶层设计的作用，降低企业参与国际农业合作的经营成本，从而引导企业真正"走出去"，成为关键。RCEP 旨在削减关税及非关税壁垒，建立统一市场的自由贸易协定。RCEP 成员相互实施关税减让、开放市场准入、取消影响贸易壁垒、简化海关通关程序等，未来不排除 95%甚至更多税目产品被纳入零关税范围。云南当前农业境外合作面临的以芒果为代表的水果不被准入、农产品在入境海关滞留严重等问题将会得到实质性解决，农业企业的经营成本得以逐步降低，云南建设面向南亚东南亚辐射中心的农业辐射源将进一步扩大，农业国际交流有望加深，从而推动云南高原特色现代农业生态环境、产业资源、技术支撑等优势大幅释放，"绿色食品牌"的打造取得明显突破，云南农业经济实现高质量发展。

（四）跨境区域性合作为云南提升农业产业链供应链的韧性注入强劲动能

党的十九届五中全会提出"提升产业链供应链现代化水平"，强调"实行高水平对外开放，加强国际产业安全合作，形成具有更强创新力、更高附加值、更安全可靠的产业链供应链"。RCEP 的签署使云南农业参与国际投资的壁垒进一步打破，大大推动了农业域外贸易逐步向域内贸易转变，有利于更好地在区域内聚焦和配置人力、资金、技术等要素资源，从而推动云南农业企业在RCEP 框架协议范围内的区域进行布局，全面助力云南农业在产业类别和产业链环节上实现跨境区域性合作，有效服务于云南农业创新链、供应链、产业链和价值链的补链、扩链、强链，促使云南农业的产业链、供应链、价值链有机嵌入国际的农业产业链、供应链、价值链，成为全球产业链、供应链、价值链必不可少的组成部分，不断提升云南在这些农业链条上的不可替代性，以此达到提升云南农业产业链供应链韧性的目的。

二、拓宽思路，加速云南农业现代化新步伐

立足云南和 RCEP 成员国尤其是东盟 10 国的农业发展实际，全面整合、深入融合多项对外开放的政策资源，以更具创新、更加开阔的思路，全力推动云

南"绿色食品牌"的打造，高效加速云南农业现代化新步伐，云南农业高质量发展必定呈现出喜人的新气象。

（一）主要思路

对外开放是云南农业现代化建设不可替代的推动力，云南农业高质量发展离不开世界的支持。在这个关键时期，云南农业现代化发展亟须在 RCEP 签署的框架协定范围内，积极贯彻落实我国"一带一路"、新一轮西部大开发、乡村振兴等重大战略，深度结合中国-东盟、澜沧江-湄公河合作等现有涉农多边机制，大胆创新、拓宽发展思路，围绕云南打造世界一流"绿色食品牌"的工作部署，积极借鉴新加坡飞地经济经营模式，充分利用云南自由贸易区、滇中新区以及中老磨憨-磨丁经济合作区、中缅经济合作区、中越经济合作区等特区优势，聚焦要素资源，集中多方力量，重点在茶叶、花卉、水果、蔬菜、坚果、咖啡、中药材、肉牛、生猪等九大农业产业方面，与 RCEP 框架协定区域内开展国际农业合作，不断促进农业"压舱石"作用快速释放，高效助力云南高原特色现代农业万亿级目标早日达成。

（二）重点任务

立足云南实际，在 RCEP 签署的框架协定范围内，云南农业对外合作要从顶层设计、平台搭建、产业辐射、模式创新等四个方面开展重点工作，进一步提升云南农业对外开放水平，着力加快云南农业现代化新步伐。

1. 注重顶层设计

一是加强调研。顶层设计，调研是首位。组建或聘请专业团队，面向云南省内和 RCEP 签署协定范围内开展情况摸底和专项调研。其中，面向云南省内的调研，主要针对以云南农垦为代表的境外替代种植企业和以云天化为代表的拟开展境外农业合作的企业展开，及时了解企业发展需求；面向境外的调研，主要包括对自然和政治环境、政策条件、风险情况等的摸底。

二是编制规划。立足调研结果及云南农业现代化发展的实际和需要，编制 RCEP 框架下云南农业对外合作的发展规划。

三是制定手册。围绕"走出去"企业在境外政治环境、政策条件、资源情况、人民币跨境流通、税收征缴、农产品贸易等方面的需求，统一制定专门的业务手册。

2. 多元平台搭建

一是农业政策交流平台的搭建。云南要从政府、企业、高校、民间组织等四个层面，与 RCEP 其他 14 个缔约国，尤其是东盟 10 国，建立紧密的农业政策交流平台。

二是农业投资合作平台的搭建。发挥云南省长期在其他缔约国开展境外农业投资企业的经验优势，建立一个由政府引导、企业主导的农业投资合作联盟平台。

三是农产品贸易平台的搭建。继续利用好已搭建起的中国-东盟博览会和中国-南亚博览会平台；根据实际发展需要，采取线上、线下结合的方式，深入谋划云老、云缅、云越等局部范围内的农产品贸易平台；借鉴国内网红经济发展经验，打造高品质的跨境网红农产品贸易基地；紧扣企业需求，主动对标，建立统一的农产品出口包装平台。

四是农业对外合作科研平台的搭建。借鉴电商平台经验，将电商平台的经营理念引入到科研平台的搭建中，聚集云南省内高校、科研机构、民间智库等力量，为云南企业"走出去"提供一个"24 小时"咨询的科研平台。

3. 产业精准辐射

一是针对缅甸、老挝、柬埔寨等地区，云南要重点加强以农业种植、加工技术为代表的现代农业配套型产业和以鲜花饼、糖果、三七粉、茶树油等为代表的加工型食品辐射。

二是针对印度尼西亚、马来西亚、菲律宾、泰国、新加坡、文莱、越南等地区，云南要以国际市场需求为导向，比如，重点加强以苹果、梨、葡萄、柑橘、橙、香蕉等水果和蔬菜类农产品的辐射。

三是针对日本、韩国、澳大利亚、新西兰等地区，虽然云南与这些国家在运距上不占优势，但仍然是云南不能放弃的市场，云南要充分利用好发达国家优势，积极围绕 9 大重点农业产业，促成一批产业辐射项目，力求依托严苛的出口准入条件，倒逼云南农业品质的提升，以局部带动整体，最终推动云南农业产业实现全面升级。

4. 新旧模式并进

一是加快完善现有载体。云南要加强在金融、人才、技术等层面，对现有的中老磨憨-磨丁经济合作区和中缅、中越经济合作区进行完善。

二是继续加强"两区"建设。继续深入推进境外农业合作示范区和农业对外开放合作试验区建设，同时想方设法筹措资金，解决当前财政支持不足的问题。

三是推动模式探索。借鉴新加坡飞地经济发展经验，依托云南省自由贸易区的优势，积极探索"自贸区+境外农业园区"的中外农业合作模式。

参考文献

［1］ 2022 年 1 月 1 日 RCEP 生效后将有哪些机遇？［EB］．RCEP 中文网：https：//cn. rcepnews. com/2021/12/30/250. html，2021-12-30.

［2］ 陈莺. 云南与东盟农产品贸易的影响因素及应对策略［J］．农业经济，2017（03）：123-124.

［3］ 姜晔，杨光，祝自冬，张芸. 云南和广西参与澜湄农业合作的比较分析［J］．农业展望，2020，16（07）：129-134.

［4］ 王劲松，杨光，刘志颐. 中国面向东盟地区推动农业"走出去"的现状、问题及政策建议——以中国云南省为例［J］．世界农业，2014（11）：22-25. DOI：10. 13856/j. cn11-1097/s. 2014. 11. 006.

RCEP 下的纺织产业重塑
云南如何做好"超级推销员"

王海玲　陈凤梅①

根据联合国商品数据库的统计，2019 年我国纺织出口总额达到 2605.74 亿美元，占全球同期比重达 34.1%，占 RCEP 区域内同期比重达 71.82%。从体量绝对值来看，我国仍然是全球纺织品的生产核心基地。云南省纺织行业通过结构调整和转型升级，已逐渐形成以德宏、红河、保山等纺织工业园区为承载，以服装为主导的产业格局。但 RCEP 下对我省纺织发展的挑战明显大于机遇，如何保证纺织产业园的稳定发展并形成进一步的产业积聚将成为云南省面临的难题，因此有必要对云南省的纺织业发出警惕，早做预防。

一、我国深度参与全球纺织产业分工，RCEP 下纺织产业重塑势在必行，我国有望继续强化世界竞争力

（一）区域内我国在天然纤维和化学纤维两类原材料供应环节均具有优势

原材料属于纺织业产业链的上游产业，主要包括天然纤维（棉花、麻、毛、蚕丝）和化学纤维（涤纶、锦纶、氨纶、粘胶等）的种植与生产，在这一环节生产商将其生产出来的纺织原材料等初级产品提供给中游企业。根据各成员国在两类原材料中的地位分析（图 5-1），在天然纤维的供应上，主要是中国、澳大利亚和泰国；在化学纤维的供应上，主要是中国、泰国、日本和韩国。我国在两类原材料供应上均具有区域优势，其中在化学纤维的供应上，占

①　王海玲，云南省国际贸易学会；陈凤梅，云南省商务研究院。

区域内比重达到 64.95%。

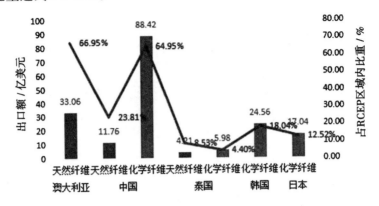

图 5-1　2019 年 RCEP 各成员国在原材料供应环节分析

数据来源：联合国商品交易数据库（UN Comtrade Database）。

（二）我国将近九成纺织中间品出口 RCEP 区域内

中间品环节属于纺织业产业链的中游产业，这一环节厂商将纺织原材料等初级产品经过纺纱、织造、染整等环节加工成中间品，即各种纱线、织物及其他面料，再将其产品提供给成品制造企业，其细分至行业包括纺纱、织布、针织、非织造、印染等工业。根据各成员国在中间品供应的地位分析（图 5-2），我国将近九成中间品出口 RCEP 区域内，拥有绝对优势。其他发展较好的地区有韩国（占比为 7.35%）、日本（占比为 2.44%）和泰国（占比为 2.37%）。

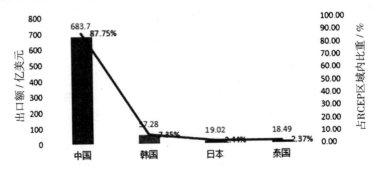

图 5-2　2019 年 RCEP 各成员国在中间品供应环节分析

数据来源：联合国商品交易数据库（UN Comtrade Database）。

（三）我国七成纺织成品出口 RCEP 区域内

成品制造环节属于纺织业产业链的下游产业，这一环节制造商将纺织中间品经过生产加工、设计等环节制造成纺织成品，即家用纺织品、产业用纺织品与各种服装，再将其制成品销往国内外，这一环节需要使用大量劳动力。根据各成员国在中间品供应的地位分析（图 5-3），我国超七成成品制造出口 RCEP 区域内，拥有绝对优势。其他国家中在成品制造环节均有涉及，日本、韩国和泰国属于传统成品制造国，越南、柬埔寨、缅甸、老挝通过前期承接我国产业转移近来发展较为快速。

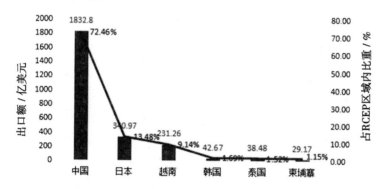

图 5-3　2019 年 RCEP 各成员国在成品供应环节分析

数据来源：联合国商品交易数据库（UN Comtrade Database）。

（四）日韩为区域内重要的纺织成品消费市场

成品消费属于纺织业产业链的下游产业，这一环节销售商可将纺织制成品通过互联网、商场、超市、专卖店、服装批发市场等经销渠道销往国内外。根据各成员国在成品消费环节的地位分析（图 5-4），日韩为区域内重要的消费市场，两地合计占区域内进口纺织成品比重达到 67.52%。其余市场有澳大利亚和新加坡。

综合上述的数据分析，便可整理出 RCEP 各国在纺织业产业链的具体分工（图 5-5）。我国具有从原料供应、中间品制造到成品制造三大完备的产业体系，产业链各环节制造能力与水平稳居世界前列，我国纺织工业具有明显的国际竞争优势。

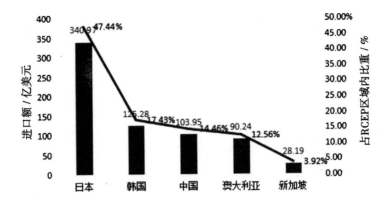

图 5-4　2019 年 RCEP 各成员国在成品消费环节分析

数据来源：联合国商品交易数据库（**UN Comtrade Database**）。

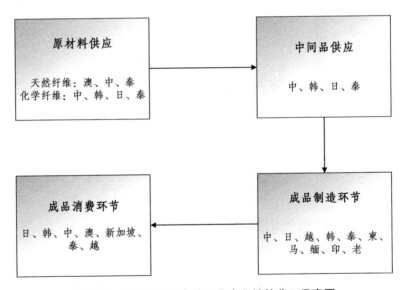

图 5-5　RCEP 各国在纺织业产业链的分工示意图

　　RCEP 明显利好区域经济的表现：RCEP 有利于流通成本下降，将显著促进成员国之间的纺织品采购，非成员国对成员国的出口将会下降；RCEP 有利于构建一体化的区域供应链，在欧美等世界主要服装进口市场显示更强的竞争力。而我国有望在深度参与国际纺织产业分工的基础上，借助 RCEP 通过区域内重新塑造产业链，进一步增强国际竞争力。

二、云南纺织出口发展均较为落后，其中缺少纺织产业集群是当前主要困境

（一）我省纺织出口整体发展在全国处于落后水平

2020 年我省纺织出口总额占全国出口比重仅为 0.28%，是广西的七分之一，四川的二分之一，在全国处于落后水平。2020 年全国纺织业营业收入达 22778.4 亿元，其中云南省占比仅为 0.12%；云南省纺织出口总额为 7.82 亿美元，在全国也处于落后水平。我国纺织出口主要集中在浙江、江苏、广东、福建和山东五个省份，合计出口金额达到 2098.44 亿美元，占全国同期比重高达 74.79%。西南地区的广西通过承接国内产业转移获得了较快的发展，纺织业出口总额是云南省的将近七倍。（图 5-6）

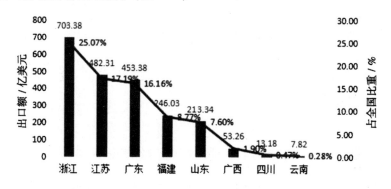

图 5-6　我国主要省（市、区）纺织出口情况

（二）纺织产业园成为云南省承接国内产业转移的主要载体

2020 年我省纺织出口实现快速增长，同比上升 46.44%，主要原因是前期承接的国内产业转移开始实现运营，成为助力我省纺织产业发展的驱动力，其中纺织产业园为承接国内产业转移提供了发展平台。前期各园区依靠电力优势、人力优势（如使用缅甸、越南籍工人，工资更低）、税收政策优势、出口区位优势等呈现了快速承接产业转移的态势，形成了陇川工业园区、保山工贸园区、红河州开远轻工业园区、芒市工业园齐头并进的发展态势，恒丰、天

纺、孚日、雅戈尔、凯喜雅等国内外知名纺织服装企业落户云南。

（三）纺织产业集群的缺失成为当前云南省纺织发展的困境

云南省纺织发展主要依靠承接国内产业转移，尚未形成产业集群发展。云南省纺织承接隶属代加工，前期的原材料采购、中间的智能制造、后期的成品销售和品牌规划均由公司总部负责，形不成大规模经济产值。因承接时间尚短，对区域内的带动示范作用不够，尚未形成纺织产业的集聚发展。从纺织产业集群试点地区分布来看，我国纺织产业的集群发展与纺织出口保持同步发展，浙江、江苏、广东、山东、福建纺织出口五大省（区）最为集中，五地集群数量占全国的四分之三（表5-1）

表5-1   2019年各省纺织产业集群试点地区分布状况

省（市、区）	浙江	江苏	广东	山东	福建	四川	广西	云南
数量/个	44	43	29	26	15	2	2	0

数据来源：中纺联产业集群工作委员会《我国纺织服装产业集群基本分析》。

三、RCEP 更有利于东盟完善布局纺织产业链，对我省纺织产业带来的挑战大于机遇

（一）关税减让的福利对云南省利好影响较小

RCEP 与之前的自贸协定相比，东盟、澳大利亚、新西兰对我国纺织的减税空间较小，可扩展市场空间不大。中国与澳大利亚、新西兰纺织服装产品进出口税率已全部降为零（配额产品除外）。在中国-东盟自贸区下，东盟对我国纺织类正常类税目已全部实现零关税，敏感类税目消减至 0～5%。在 RCEP 项下，东盟依然对我国的棉花和羊毛实行配额制且保持高关税（棉花 40%、羊毛 38%），保持原有协定税率的税目有 6 类，实行保持税率 5% 不变；超出原有协定税率的税目有 7 个，实行第十年降至 3.8% 后保持。

RCEP 下的减税空间集中在日韩，但对云南省的出口利好不及江苏、浙江等地。RCEP 项下对我国纺织关税减让幅度大、占贸易额比重高的国家集中在日韩（表5-2）。但对比云南省与纺织贸易强省（浙江、江苏）对日韩的纺织出口总额（表5-3），日韩均是两地的主要出口市场，而云南省对日本的纺织

出口额仅是浙江的千分之七、江苏的千分之四，从现有存量来看，对云南省的出口利好远不及浙江、江苏。

表5-2　日韩对我国纺织品减税情况分析　　　　　　　　　　　%

	第1年 降为零	第11年 降为零	第16年 降为零	第21年 降为零	不参与 降税	
日本	33.7	37.6	28	0	0.7	
	第1年 降为零	第10年 降为零	第15年 降为零	第1年降至 6.5%后保持	分35年等比 降至6.4%或8	不降税
韩国	37.5	43.9	0.4	0.5	0.6	17.1

表5-3　2020年云南省与浙江、江苏出口市场对比分析

浙江			江苏			云南		
地区	金额/ 亿美元	占比/%	地区	金额/ 亿美元	占比/%	地区	金额/ 亿美元	占比/%
美国	119.78	17.03	美国	105.84	42.31	缅甸	3.31	42.31
日本	28.28	4.02	日本	55.78	12.3	美国	1.35	17.27
越南	25.79	3.67	越南	25.3	5.58	越南	0.36	4.66
意大利	25.73	3.66	英国	15.45	3.41	日本	0.21	2.73
韩国	11.92	1.69	韩国	10.18	2.25	新加坡	0.18	2.29

数据来源：海关总署。

（二）区域内竞争将更加激烈，与东盟的传统优势将受到冲击

一是如何保留现有出口存量成为RCEP生效后云南省面临的首要问题。RCEP生效后，云南省与缅甸、越南等东盟国家的传统区位优势在一定程度上将受到冲击，尤其是对缅甸的纺织出口，占云南省同期比重达42.31%，保住现有存量将成为云南省需要解决的首要难题。

二是在RCEP区域内的竞争将更加激烈。RCEP生效后，区域内多样化的合作渠道和贸易渠道的打开将会带来生产和贸易成本的下降，日本、韩国作为

纺织先进制造业强国、澳大利亚、新西兰作为原材料出口大国都将会是区域内的竞争对手，必然会导致竞争愈加激烈。

（三）承接国内产业转移的难度将越来越大

一是 RCEP 有可能会摊薄云南省区位优势。随着 RCEP 生效，我国的开放环境会随着投资、服务贸易、自然人移动等多方面的改变发生重大变化，在承接国内转移方面可能面临更加激烈的竞争，云南省区位方面带来的相对优势可能会被摊薄。

二是劳动力成本方面优势不再。在承接国内转移方面，云南省将面临越南、缅甸、柬埔寨、老挝等国劳动力成本更优于云南省的现状。因此，RCEP生效后，云南省在承接国内产业转移的难度将加大，会有更多企业选择向东盟国家转移。其中越南与云南省在承接国内纺织产业转移方面竞争最大，除去劳动力成本优势，还有税收政策优势、减少国际贸易壁垒（主要是与美国）和降低客户进口关税成本等优势，使得越南在前期已经承接了国内部分纺织的产业转移。

三是日本对东盟的开放水平要高于对我国的开放水平。整体来看，在RCEP 下日本对东盟与我国的纺织品实行差异化出价（表5-4），以日本进口较多的服装类产品为例，RCEP 生效后第 1 年，对东盟服装类减税至 2.44%，而对我国保留 8.3% 的税率，税差对比较为强烈。仅从税率角度分析，RCEP 下更利于东盟向日本出口服装类产品。

表5-4　RCEP 下日本对东盟与我国服装类成品实行差异化出价　　　%

服装类产品税率	对东盟	对中国
基准税率	8.9	8.9
第 1 年税率	2.44	8.3
第 6 年税率	1.5	5.39
第 11 年税率	0.63	2.46
第 16 年税率	0	0.08

四、云南省纺织产业应对 RCEP 冲击的建议

综上分析，我国出口 RCEP 区域内七成纺织成品，且 RCEP 明显利好我国纺织产业的出口，但云南纺织出口发展均较为落后，其中缺少纺织产业集群是当前主要困境。RCEP 关税减让的福利对云南省利好影响较小，区域内竞争将更加激烈，云南省与东盟的传统优势将受到冲击，承接国内产业转移的难度将越来越大。在这样的环境下，云南省纺织业在面对 RCEP 的冲击下，应以做好"超级推销员"为主线，继续做好承接国内产业转移和发展自身纺织产业为辅线，积极融入国内国际双循环发展格局中。

（一）转变思路，做好纺织品"进出口通道""境内外营销网络""超级推销员""培育独角兽"，打造面向东盟的纺织品交易中心和进出口集散地

一是打造中国与东盟市场的纺织品贸易通道。立足云南的区位优势和我国的纺织产品贸易优势，以中老铁路开通为契机，吸引大型进口商、国外供应商、零售贸易商和采购企业落地云南，打造集交易、产品展示、商务谈判、国际贸易、物流配送等于一体的纺织品交易中心和进出口集散地，把云南打造成为中国与东盟市场的纺织品贸易通道。

二是搭建东盟市场营销网络，实行差别化营销。组建市场营销专业团队，积极赴东盟国家开展市场开拓工作；用好云南在东盟的企业资源开拓市场，在主要城市设立展示区和营销网点；引导和支持企业从传统的供应商向国际营销服务公共平台等更高层次的国际化经营转变，发挥平台主导企业境外区域覆盖范围广、专业化服务水平高等优势，开展线上线下一体化国际营销服务。短期可以将缅甸、新加坡、泰国和老挝作为主要开拓市场，实行差别化的市场营销，加强国际化的精准营销如新加坡和缅甸主要以服装类产品为主，老挝以中间品为主，泰国以中间品、工业用纺织、服装类产品为主。

三是推动市场采购贸易试点与跨境电商融合发展，做好超级推销员。首先，进一步丰富昆明螺蛳湾市场采购贸易试点的产品种类，特别是东盟市场需求的家纺、服装、日用百货等快消品，支持市场经营户、外贸企业通过市场采购贸易方式开展纺织品对外贸易，引导从事内贸业务的市场经营户向内外贸

结合转型，拓展国际市场。同时，探索以纺织品为突破口，推进市场采购与跨境电商融合发展，建立"网上订货、市场采购通关、海外仓分拨"协同贸易机制，推动"市场采购+跨境电商"的融合发展，做大做强纺织品出口。其次，联合相关品牌组成联合战队，组团与商圈商场合作，抢占国内、国外销售高端商业形态。

四是学习借鉴 SHEIN 模式，做供应链的操盘手和独角兽。例如：提升设计能力和市场的联系，探索组建专门团队；创新运用互联网、大数据等手段，精准对接市场需求；寻找合适的评测市场，动态跟进市场需求及时调整优化产品；密切生产端厂商间的合作，打造灵活度高的供应体系；创新营销模式手段，拓展产品销路等。

专栏　SHEIN 案例分析

SHEIN 的设计能力跟市场对接足够紧密，不但有设计师团队，还专门设有买手团队。这些买手就驻扎在一些核心市场里，逛大牌发布会、看流行门店，把流行趋势和文化特色推给设计师团队做参考。SHEIN 对互联网大数据用得好。用 Google 去发现不同国家的流行热词，来判断这个蕾丝在 2018 年夏天可能会在美国火起来，全棉材质可能今年会在印度开始流行，等等。SHEIN 特别机智的策略就是用美国来测试服装新款。美国是全世界各个族裔聚集最多最杂的国家，等于是一个特别好的评测市场。上一款新衣服，印度裔喜欢，那就往印度发 300 件。中东人也喜欢，那就往沙特发 100 件。在生产端，合作厂商跟 SHEIN 配合得非常好。公司枢纽搬到广东，找到了大量的可以密切合作的代工厂，虽牺牲了成本，但抢来沟通速度。SHEIN 的厂商们从设计、打版、制造到生产，最快 7 天。厂商愿意这么配合 SHEIN 打造这么灵活的供应体系，一方面是看中 SHEIN 有持续设计爆款的能力。一款新品只要被市场验证卖得好，那后续的单子就来了。另外一个很重要的原因是，SHEIN 对那些有稳定交付能力的供应商，直接月结甚至每半个月结算一次。在营销方面，SHEIN 很早就圈定网红，让网红们带货；持续投放 Facebook 广告流，给自己的品牌赋予很有个性的人设，去经营自己的社交账号；SHEIN 拍摄的产品照片，是具有非常强烈的社交调性的，在社交成为大气候的互联网上，这样做显然更受欢迎。SHEIN 进入的国家和地区是最多的，有 200 多个。在 Facebook 的粉丝超过 1500 万，也比那些跨境电商品牌要高得多。

（二）加强政策引导，用好 RCEP 规则早做预防

一是强化重点产业地区政府的引导作用，深入研究通过对接 RCEP 规则扩

大区位优势。要树立从上到下的危机意识，通过深入调研和细致梳理，加强对不同地区的评估，把 RCEP 带来的不利影响研究透，已经有纺织产业基础地区（如德宏、保山、红河、瑞丽等）的各级地方政府，尤其要加强指导和协调，科学研判 RCEP 的不利影响，积极研究通过对接 RCEP 规则扩大区位优势。

二是政府主导推动纺织产业的集群发展。以目前的产业园为载体，突出专业特点，合理配置资源，与成熟地区紧密协调发展，建设现代纺织产业制造基地，并积极融入全球纺织产业供应链。园区内地方政府、重点企业、行业协会等各方形成协作，共同提升公共服务能力，助力园区内纺织产业的全产业链集群发展，打造百亿元纺织服装产业基地。

（三）紧抓区位优势，精准发力点助推云南省纺织产业转型升级

一是紧抓自身区位优势，继续做好承接国内纺织产业转移。充分发挥云南省沿边地区区位优势，以云南自贸区、边（跨）境经济合作区等为发展平台，以产业安全为着力点，加强与沿海地区建立产业转移承接合作机制，引导龙头企业在云南布局核心产业链，努力打造加工贸易梯度转移重点承接地。

二是紧抓 RCEP 对外开放和自身区位优势，搭建东盟与纺织强省对外合作平台。积极参与纺织产业相关国际组织，主动搭建与东盟各经济体贸易、技术、投资、社会责任等产业合作平台，与东盟各国政府部门、行业协会、相关企业间建立常态化的交流机制，与纺织强省合作共建境外产业园，充分利用 RCEP 下日本对东盟的优惠税率政策。

三是着力建设外贸转型升级基地，促使出口商品更加多元化、附加值更高、竞争力更强。依托当前产业园区，积极组织申报省级、国家级外贸转型升级基地，促进产业与贸易融合发展，培育外贸竞争新优势。结合自身发展定位，陇川、开远、瑞丽、芒市申报服装类，保山申报纺纱类，先积极开展省级外贸转型基地的申报，再将省级基地申报为国家级基地。已经成功申报省级基地的德宏陇川（蚕桑丝绸）积极申报为国家级基地。依托基地产业发展及国际化发展优势，积极打造纺织贸易产业融合，促使出口商品更加多元化、附加值更高、竞争力更强，助力提升云南省纺织品外贸产品的影响力。抓住"东蚕西移"的战略机遇期，助推云南省纺织产业实现跨境升级。按照"公司+基地+农户"发展模式，稳步扩大桑蚕茧种养殖规模，着力建设"种养加销"一体化丝绸产业链。

依托 RCEP 扩链发展机械车辆制造业

高千凡　何苏剑　李　璇①

《中共云南省委　云南省人民政府关于加快构建现代化产业体系的决定》中提出，云南省应制订产业链补链强链计划，着力解决"卡脖子"问题和产业化瓶颈。云南省产业发展多为"短链"或仅是"长链"中的上游产业②，其中云南省机械车辆③产业具有一定制造基础和出口优势，在 RCEP 大幅关税减让和原产地规则放宽的双重影响下，云南省应顺应出口优势调整结构发展"长链"，更加注重产业循环，稳定优化产业链。

一、云南机械车辆制造业现状

（一）云南机械车辆制造基本具备省内闭环的条件

云南省机械车辆产业链涵盖中上游基础零部件及部分核心零部件制造本土企业，具备省内生产、加工、出口销售闭环条件。根据 2021 年 8 月企查查的数据显示（图 5-7、图 5-8），云南省共有 234 家机械车辆制造本土企业，主要以零配件的制造加工为主，从产品类型来看，云南的机械车辆产业涵盖了机电设备、半轴等核心高强度件及车桥、轮毂等基础零部件，基本具备闭环的条件，集中优势发展机械车辆制造基础条件较好，可行性较强。云内动力、隆基等云南省内机械制造龙头企业对扩链发展机械车辆制造品具有强带动作用。依托云

---

① 高千凡、何苏剑、李璇，云南省国际贸易学会。
② 产业链一般的延伸形式为"上游+中游+下游"。上游主要是为制造产品提供原材料和供应设备的行业，中游一般是生产产品所在行业，下游一般是产品应用领域行业。
③ 机械车辆指海关出口品目 8701～8716 下，包含起重机、拖拉机、牵引车及其零部件、半成品的商品。

内动力、隆基等企业，补齐车辆内燃机、发动机等制造短板，打破核心件产业链的壁垒，辐射带动制造产能共享，供应链互通，对改善机械车辆产业生态发挥补基础、强要素、扩链条的作用；机械车辆制造中上游产业链处于政策利好"风口期"。在省委省政府打造世界一流绿色能源牌的背景下，依托"中国铝谷"、万亿级硅产业的政策利好，主攻关键基础材料绿色铝、绿色硅、有色金属，发挥区域协同、产业带动作用，为车辆核心件、基础件制造本土化生产强基补链。

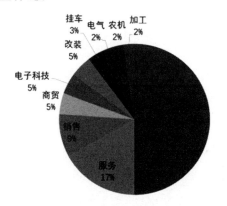

图 5-7　以主管产品类型划分的
样本企业数量占比（预估）

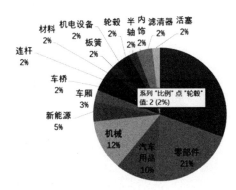

图 5-8　以主管产品类型划分的
样本企业数量占比（预估）

（二）云南机械车辆出口增速优势明显

云南省机械车辆出口增速高于全国平均水平，位于全国 31 个省（区、市）中第一。向越、老、缅、泰、柬五国出口的机械车辆制造方面的产品当中，云南省的优势板块为起重机、拖拉机、牵引车等机械车辆。2021 年上半年，云南省对越、老、缅、泰、柬出口的起重机、拖拉机、牵引车（品目 8701～8716 的机械车辆）占云南省 2021 年上半年对越、老、缅、泰、柬出口总额的 1.47%，比 2020 年上半年增长 0.13 个百分点；增速为 9.7%，高于湖南省、河南省、江苏省、山东省，位于全国 31 个省（区、市）中第一（表 5-5、表 5-6）。

表5-5 2020年、2021年上半年云南省及全国对越、老、缅、泰、柬机械车辆出口情况

出口情况	2020年上半年	2021年上半年
云南省机械车辆对越、老、缅、泰、柬出口金额/万元	38102.22	41798.14
云南省对越、老、缅、泰、柬出口总额/万元	2849637.14	2849050.12
所占份额（云南省机械车辆/云南省出口）/%	1.34	1.47
全国机械车辆对越、老、缅、泰、柬出口金额/万元	187886.89	201923.40
全国对越、老、缅、泰、柬出口总额/万元	70542982.98	70886443.97
所占份额（全国机械车辆/全国出口额）/%	0.27	0.28

表5-6 2020年、2021年上半年各省对越、老、缅、泰、柬出口机械车辆排名（前五）

省份	2020年上半年出口额/万元	2021年上半年出口额/万元	对越、老、缅、泰、柬机械车辆出口额增速/%
云南	38102.22	41798.14	9.7
湖南	46528.20	50762.27	9.10
河南	6557.91	7096.31	8.21
江苏	41736.80	44249.36	6.02
山东	6235.64	6430.82	3.13

二、RCEP下的云南机械车辆制造业发展"亮点"

（一）RCEP关税减让拓宽云南机械车辆市场广度

RCEP确定的机械车辆制造品的基准税率远低于《中国-东盟全面经济合作框架协议货物贸易协议》的税率，将进一步增强云南机械车辆价格竞争力。根据RCEP的中国关税承诺表，海关品目8701～8716的机械车辆制造品的基准税率为6%~10%[①]不等，采取过渡期降税的模式，在协定生效的第10年品目

[①] 数据来源：《区域全面经济伙伴关系协定》（RCEP）附件：中国对东盟成员国关税承诺表。

8701～8716 全部实现零关税；而《中国-东盟全面经济合作框架协议货物贸易协议》确定的车辆及其零附件税率在 9%～10.5%①区间。RCEP 关税减让推动 RCEP 成员国之间取消关税壁垒，机械车辆制造产品成本进一步降低，越、老、缅、泰、柬进口价格随之降低。低关税、零关税环境加速扩宽云南机械车辆制造业市场的广度，国际需求扩大，出口因而增加，进一步巩固延伸云南机械车辆制造业贸易市场。

（二）云南省机械车辆出口具有增量空间

云南省加快发展机械车辆产业步伐，2023 年可填补国内机械车辆制造业出口市场份额的 50%，对应 9 亿元的增量。2021 年上半年，云南省对越、老、缅、泰、柬的机械车辆出口额占全国对越、老、缅、泰、柬的机械车辆出口额的 20.7%。2020 年上半年至 2021 年上半年，云南省对越、老、缅、泰、柬的机械车辆出口增速为 9.7%，全国对越、老、缅、泰、柬的机械车辆出口增速为 7.47%，三年时间②内，云南省对越、老、缅、泰、柬的机械车辆（品目 9701～8716）出口额占比可增至国内对越、老、缅、泰、柬的机械车辆（品目 9701～8716）出口额的 50% 以上，达 9.85 亿元。因此，云南省应加速发展机械车辆的生产及出口业务，巩固对越、老、缅、泰、柬出口份额占比高的优势，扩大延展机械车辆制造产业链，调整区域供应链，抓住国内出口市场的增量空间，加大对企业"走出去"的指导力度，带动机械车辆制造产业链转型升级。

（三）越、老、缅机械车辆进口具有需求空间

根据产品市场周期理论，结合 2019 年及 2020 年越、老、缅、泰、柬机械车辆进口数据分析，越、老、缅、泰、柬机械车辆制造业产品市场需求大。老挝处于扩张型市场，有很大的潜在需求量，可以深入挖掘。有效连接起供给和需求；缅甸、越南处于渗透型市场，该品类产品市场需求处于峰值、利润区间最广的时期，对中国进口额比重增速快，有合作和物流沟通的优势，是相关企业该类目产品的出口优选地；泰国、柬埔寨处于成熟型市场，相关国内企业可

---

① 数据来源：《中国-东盟全面经济合作框架协议》附件：中国对东盟成员降税表。

② 计算公式：50% = [20.7%×（1+9.7%)^n]，n 即为所需时间。

以继续抢占市场占有率，依赖 RCEP 政策、机制、标准的"软联通"打出价格优势（5-7）。

表 5-7　2019 年及 2020 年越、老、缅、泰、柬机械车辆进口情况　　人民币/万元

国家	2019 年机械车辆进口总量	2019 年机械车辆对中国进口量	2019 年机械车辆对云南省进口量	2020 年机械车辆进口总量	2020 年机械车辆对中国进口量	2020 年机械车辆对云南省进口量
越南	1113674.76	330727.23	30318.39	1202534.10	652617.09	36034.82
老挝	45963.27	13284.81	1217.84	111684.42	43458.39	2399.59
缅甸	591030.27	304138.44	27880.94	929252.97	622532.97	34373.70
泰国	1372540.05	49356.36	4524.59	910019.07	41924.79	2314.91
柬埔寨	1187862.66	73619.19	6748.81	871199.82	19585.35	1081.42

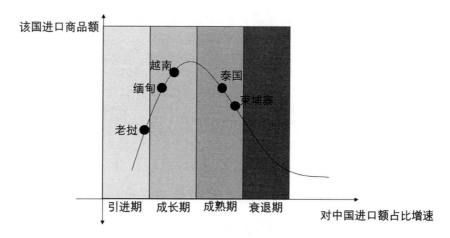

图 5-9　以产品市场周期理论①测定的越、老、缅、泰、柬机械车辆制造业产品市场周期

越、缅两国机械车辆进口市场体量较大，对中国市场依赖度高。2020 年越、缅的机械车辆进口总额分别达 120.25 亿元、92.92 亿元，高于老、泰、柬

---

① Vernon. R，产品周期中的国际投资与国际贸易，1966.根据产品市场周期理论，根据进口国对于该类商品的需求，将产品生命周期划分为引进期、成长期、成熟期、衰退期，结合商品进口额和对中国进口额占比增速两个维度因素影响下考虑，可以得出五国机械车辆制造品的市场周期（2020 年数据）。

2020 年机械车辆进口总额，市场体量较大。其中越、缅对中国机械车辆的进口额占机械车辆进口总额的比重大，分别达 54.27%、66.99%。2019—2020 年越、缅进口中国产机械车辆的增速快，分别达 49.32%、51.15%，比机械车辆进口总额增速分别高出 41.93%、14.75%，对中国市场呈高依赖度态势。

2023 年云南省可以填补近 30% 的越、缅市场需求空间，对应额度为 11.38 亿元。云南省 2020 年对越南机械车辆出口额为 3.6 亿元，增速为 15.86%；对缅甸为 3.43 亿元，增速为 18.89%。越南 2020 年机械车辆进口额达 120.25 亿元，增速为 7.39%；缅甸 2020 年机械车辆进口额达 92.92 亿元，增速为 36.4%。到 2023 年，云南省对越南机械车辆出口额可以占越南需求空间的 18.83%，占缅甸需求空间的 10.19%，合计接近越、缅市场需求空间的 30%[①]。

老挝机械车辆进口市场潜力最大，到 2023 年云南省可以撬动老挝超过 10% 的市场空间，对应额度为 5.6 亿元。2020 年老挝的机械车辆进口总额达 11.16 亿元，其中对中国机械车辆的进口额占老挝机械车辆进口总额的 38.91%，余下部分对应额度为 6.8 亿元的市场空间。2019—2020 年老挝对中国机械车辆的进口总额增速为 69.43%，具有强劲的市场潜力。2019—2020 年，云南省对老挝出口机械车辆的增速为 49.25%，到 2023 年，云南省的机械车辆出口额占老挝机械车辆进口总额的 11.6%。

三、RCEP 下的云南机械车辆制造业当前"痛点"

（一）RCEP 累积性原产地规则带来产业转型升级"阵痛"

累积原产地规则降低半成品零部件生产成本，加速区域内上游供应链向南亚东南亚转移，加剧了云南制造业竞争压力。在 RCEP 设置的累积性质的原产地规则下，商品出口到其他 RCEP 成员国时，多个成员国的中间品都可以纳入原产地增值标准，在最终生产或处理的成员国进行价值累加计算。工业制造品的原产地规则价值成分为 40%，任一成员国在参与整体生产加工时，包含所有环节价值累计产生达 40% 即可视作由该国生产，享受关税减让。

---

① 越南需求空间 $= [(1-54.27\%)+(1-54.27\%)\times7.39\%]^3-54.27\%\times(1+15.86\%)^3$ 缅甸需求空间 $= [(1-66.99\%)+(1-66.99\%)\times36.4\%]^3-66.99\%\times(1+18.89\%)^3$

累积原产地规则使原本在双边贸易协定下难以达到增值标准的半成品零部件也能享受关税优惠，便利生产网络上的半成品零部件进行贸易流转，促使生产环节进一步向土地和劳动力成本更加低廉的东盟国家转移，加快区域产业供应链的重构，对上游产业链相对集中的云南省制造业带来一定竞争压力，但也会促使相关产业升级，提高生产效率。

（二）云南省机械车辆制造业亟须长链产业链带动

云南省机械车辆制造产业链相对而言比较短，对社会经济的拉动作用有限。中上游原材料生产商、基础零部件制造商在机械车辆的产业链中参与生产环节少，建设周期短，带动就业的能力也有限。云南省应借助越、老、缅、泰、柬对起重机、拖拉机、牵引车需求大的趋势，错开竞争激烈的乘用车制造市场、避开省内在核心件等方面的制造壁垒，延长机械车辆的主要制造链条，带动机械车辆的支链升级。丰富下游的核心件制造、车辆组装、销售一体化企业，加强企业专业化生产能力建设，集群进行产业园区等配套设施建设，为云南省中长期的经济高速发展奠定基础。

四、云南延长机械车辆制造业产业链的发展"锚点"

（一）主导产业发力

建立"链长制"核心机制促进形成产业闭环。各州市根据自身发展特点，协同州市经开区、工业园区、龙头企业，积极参与全省机械车辆核心产业链的打造。设立"一条细分行业产业链、一个牵头部门、一个工作方案、一套支持政策"的工作模式推动产业链补链强链，由各州市负责其中任意一环的建设工作，建议大理州、曲靖市、文山州、红河州推进能源与制造业融合，依托云投中裕能源、大理州能源投资、文山华亿能源等区域龙头企业，形成技术平台矩阵，主攻关键基础材料绿色铝、有色金属支链，做大做强机械车辆高强度件制造，向机械车辆车身、变速箱、减震器、传动轴、车桥、轮毂、刹车盘等产品延伸。保山市、昭通市、楚雄州打造绿色硅新材料产业集群，延长机械车辆新能源部件支链，将绿色元素用活用好制造研发动力电池、电机硅钢片等重要机械车辆制造部件。利用中老铁路、昆玉河铁路、昆楚大铁路、大瑞铁路以及各州市主要交通干线多式联运，联动区域制造产业链。

（二）壮大产业队伍

加快谋划云南可发展的机械车辆制造业衍生支链。建议围绕西双版纳、普洱、临沧等滇西南橡胶主要产区，利用现有炼化厂拓展橡胶产业链，辐射机械车辆配件制造产业链。加强橡胶深加工产业链补链强链计划的布局规划，实施核心基础零部件、先进基础工艺、关键基础材料和产业技术基础攻关。在西双版纳、临沧、普洱等天然橡胶种植丰富的地区布局建设橡胶木精深加工及升级改造建设项目，利用安宁 PX 炼化厂合成橡胶产业现有优势，鼓励引进、落地、扶持一批兼业或主业生产制造轮胎、刹车片、脚垫、塑料等机械车辆件的企业，由机械车辆制造工业向生活用品工业延展。建议聚焦保山、德宏等主要聚集区，加快建设保山工贸园区、盈江轻纺工业园区重塑云南轻纺工业，投产机械车辆内饰产品。鼓励生产纺织脚垫、地毯、坐垫、座套、安全带等机械车辆内饰产品，引导产业业态聚集，提高生产集中度，扶持龙头企业，打造保山轻纺产业园区、盈江工业园区成为云南省轻纺产业的龙头和核心集聚区、面向南亚东南亚的国际经济合作的区域平台。加大对本地轻纺产业的政策扶持力度，对使用省内轻纺企业终端产品进行机械车辆生产、加工、组装等的企业，给予一定额度的补贴优惠。建议立足全省绿色能源产业，引进国内绿色能源加工制造企业，开拓新能源装备制造产业。鼓励省内绿色能源企业多赴省外调研学习，开发研制铝、钢等有色金属的高强度件，用于机械车辆车身、发动机、变速箱、减震器、传动轴、车桥、轮毂、刹车盘等，打造绿色硅先进制造业集群，形成"硅棒—硅片—电池片—组件"的硅晶全产业链布局，延伸开发试验新能源发动机、仪表及仪表盘、玻璃、灯等机械车辆相关产品的制造，借机鼓励省内自主生产自行车、电动车等一些具备生产条件的产品，形成"多轮驱动"的产业格局。

（三）巩固国际市场

用好南亚东南亚现有铁路扩大对 RCEP 成员的辐射功能。出台制定省内的铁路运输优惠政策，对运输机械车辆的费用进行一定程度的减免，同时联合海关等部门，精简优化出口手续，做到起重机、牵引车、拖拉机出口的最惠、最快出口口岸在云南。利用中—老—泰铁路，自西双版纳傣族自治州勐腊县磨憨站出境至老挝首都万象，跨过湄公河接驳曼谷—廊开高速铁路到达曼谷，沿途在芒塞、琅勃拉邦、万象、孔敬布局建设机械车辆物流中转场，形成穿越老挝、泰国的对外辐射发展的核心轴。在曼谷终点之后，可由海运或陆运接通曼谷—新加坡普速铁路继续南下覆盖马来西亚、新加坡、菲律宾、印度尼西亚等国家。利用昆玉河铁路向南至河口口岸与越南铁路相接，联通老街、河内、胡志明市，覆盖越南、柬埔寨。继续推进昆明-皎漂中缅国际大通道建设，连接昆明—缅甸木姐—印度洋深水港皎漂港，联通南亚东南亚各大交通枢纽，形成以中老泰铁路为轴心向东西辐射的物流大通道，扩宽对 RCEP 成员出口面。

依托 RCEP 做好越、老、缅、泰、柬的市场推广工作。成立专门研究机械车辆进出口的专家组或专业研究机构，负责省内机械车辆制造企业的赋能工作，打造无障碍式跨国交易，做到政府部门为企业外拓做好支撑服务工作，大力扶持发展面向南亚东南亚的起重机、牵引车、拖拉机制造业。发挥外经贸投资贸易服务中介机构的作用，定期组织 RCEP 成员国市场开拓对接洽谈会、研究论坛等，为省内企业提供战略咨询服务等。老挝市场处于引进扩张期，采取多品种、小批量的柔性生产模式，同时简化分销中间渠道，结合地域优势让云南省机械车辆快速触达老挝市场，优先打出价格优势；缅甸、泰国市场处于成长期，可以依托现有物流大通道优化供应链设计，扩大规模效应，为进一步市场细分和云南省机械车辆出口升级打下基础，以密集、广泛的分销体系刺激新的市场需求反作用于云南省内产业链，实现良性循环。

（四）开放平台支撑

加速国家级经济技术开发区改革创新发展，鼓励创建机械车辆制造国家级、省级外贸转型升级基地。依托云南省机械车辆制造以零配件的制造加工为主的产业形势，在蒙自经济技术开发区、云南昭阳工业园区、保山工业园区、大理祥云财富工业园区布局、培育、引进车辆制造基础材料绿色铝、有色金属生产企业，以力帆骏马、云内动力、中恒集团等龙头企业为带动，引进中小企业落地园区进行专业化配套生产，承接省外机械车辆制造产业转移，发挥示范引领和辐射带动作用。利用中国老挝磨憨-磨丁经济合作区核心物流节点优势，建设机械车辆装备加工区、出口仓储区。加强建设口岸车辆智慧通关系统，优化机械车辆查验通关流程，推进磨憨-磨丁口岸货运专用通道、自助通关系统、国际商贸物流园等建设，建设机械车辆出口仓储区。

RCEP 背景下中国（云南）自由贸易试验区昆明片区发展外向型制造业选择培育建议

袁　帆①

一、RCEP 与昆明片区制造业外向发展机遇

RCEP 是一个全面、现代、高质量和互惠的自贸协定。RCEP 的签署将极大地提高区域内经济合作水平，推动 RCEP 区域价值链重构。RCEP 为自贸试验区昆明片区制造业外向发展带来新机遇，建议昆明片区可从以下方面推动制造业外向发展：

（一）推动制造业产业链细化与延展

RCEP 成员间将逐步实施关税自由化，成员间 90% 以上的货物贸易将于近期实现零关税。降低关税将为 RCEP 经济体带来贸易创造效应，增加成员间货物贸易的数量与种类，细化与延展区域内制造业产业链。昆明片区可利用 RCEP 区域内制造业产业链细化与延展的机遇，推动高端数控机床、商用高效内燃机、自动化物流成套设备、智能特泵、重型装备、新能源汽车向配套零部件产业、数字化智能化软件、制造材料等细分行业的发展，完善产业配套体系。

---

① 袁帆，云南大学。

（二）积极嵌入 RCEP 区域制造业产业链

RCEP 促进区域内投资与技术合作，推动区域内产业结构和生产网络布局的良性竞争，重组与优化区域内产业链。预计中国、日本、韩国将在区域产业链内成为高端装备制造、贸易加工业、新能源汽车产业和数字化、智能化装备制造业的主导国家。昆明片区可利用面向东南亚开放的区位优势，吸引 RCEP 区域内发达国家和地区制造业头部企业投资，鼓励片区企业主动加强与头部企业的研发合作和产业对接，争取更深地融入 RCEP 区域核心产业链和供应链体系，借力区域产业链外向发展。

（三）扩大面向成员国需求的制造业出口

RCEP 成员国产业发展阶段差异较大，区域内发展中国家处于工业初期和中期阶段，进口机械设备的需求较大，与昆明片区重点发展的高端制造业具有较强的互补性。昆明片区可充分利用这一机遇，瞄准 RCEP 区域内发展中国家工业化进程对机械设备的需求，瞄准东盟国家基础设施建设设备、制造业通用设备和专用设备、采矿业和冶金专用设备、农用机械设备，利用昆明片区数控机床、柴油内燃机、自动化成套设备、机械铸件等产业的优势，加快发展符合成员国需求的基建、工业生产、采掘和农业机械设备的研究开发，扩大机械设备出口。

（四）稳定制造业供应链体系

RCEP 将构建更为稳固的区域贸易关系，有助于国内产业链获得更加稳定的外部供应链环境，从而提高国内制造业产业链"韧性"。昆明片区可围绕制造业的供应链短板，积极与区域内国家开展产业合作，稳定冶金工业和新材料产业的原材料供应体系，完善高端装备制造业的零部件供应链体系，打造医药产业的原材料和原料药供应体系，构建更加稳固的供应链体系，提高制造业产业链"韧性"。

（五）发掘新的制造业外向发展新机遇

RCEP 除促进区域内成熟制造业产业链合作深化外，还将催生新的产业发展机会。昆明片区可重点关注以下领域的新发展机遇：一是 RCEP 区内产业链替代区外产业链带来的发展机遇，重点关注受益于原产地原则的农副产品、原材料和半成品贸易加工业；二是依托昆明空港仓储物流和中老铁路仓储物流的高附加值加工、再加工和包装产业；三是利用 RCEP 数字经济发展机遇推动非实体数字化产品的发展，重点关注虚拟现实（VR）、工业 App 等产品；四是抓住新技术发展趋势前瞻性布局新产业，重点关注氢能源、人工智能、元宇宙领域的新产业发展机遇。

二、昆明片区制造业外向发展选择和培育

综合 RCEP 带来的机遇和昆明片区制造业发展重点，昆明片区制造业外向发展选择和培育的总体思路为：充分利用 RCEP 促进成员国经济一体化的作用，立足于自贸试验区昆明片区的制造业基础和制造业发展重点，瞄准 RCEP 成员国的市场需求，重点推进专用设备制造业、交通运输设备制造业、电器设备制造业和零部件制造业的出口；积极引进国内外高端制造业投资，弥补高端制造业发展短板，嵌入区域高端制造业核心产业链和价值链。RCEP 框架下昆明片区制造业外向发展的重点有六个方面：

（一）积极嵌入 RCEP 区域高端装备制造产业链

积极推动区内制造业与东部沿海地区和区域其他发达地区的产业合作，争取在智能机器人、高端专用设备产业、新能源汽车、光伏设备、计算机和通信设备的关键零部件和材料制造业领域嵌入核心产业或企业的产业链，通过更深入地融入我国高端装备制造体系打牢产业基础，再进一步推动昆明片区产业沿产业链升级。

（二）发展面向东盟国家的特色专用设备制造业

瞄准 RCEP 东盟成员国农副产品、矿产品生产和加工等专业化生产领域的需求，利用云南生产条件与东盟国家相似，专用设备适用性强的优势，研究和开发适合东盟使用场景的专用设备，重点发展农用机械、重化矿冶设备与工程机械、轨道交通装备、电力设备等装备制造，积极推动专用设备出口。

（三）发展基础设施养护配套制造业

围绕云南与东盟国家的互联互通基础设施建设，以及云南和东盟各国交

通、通信、电力等基础设施建设和养护需求，重点发展铁路养护配套机械、高速公路养护设备、电力成套设备和元器件、5G 和其他网络基础设施和配件、物流装卸和自动化设备等配件，争取成为我国面向东盟的基础设施养护配套业制造基地。

（四）推动新材料制造业升级和出口

以冶金工业为基础，瞄准新能源汽车、新基建、高端装备制造对新材料的需求，引导冶金工业向新材料产业方向发展。重点发展新能源电池材料、太阳能光伏材料、机械设备铸件、电子元器件材料、5G 等通信设备材料和绿色环保材料，高强钢和先进高强钢、铝合金、镁合金等合金材料，新能源汽车轻量化材料和碳纤维材料。

（五）依托 RCEP 资源禀赋发展进口加工业

一是基于 RCEP 国家的农副产品和水果的资源禀赋，结合云南高原特色农业发展，发展面向国内市场的热带农副产品和林果加工业；二是基于 RCEP 国家的生物资源优势，结合云南生物医药和大健康产业，依托东盟生物资源发展生物医药、康养、医美、保健等产品；三是基于周边国家的劳动力成本优势，结合云南的电子信息等制造业，与周边国家形成制造业产业分工；四是基于空港物流和综合保税区，发展两头在外的高附加值保税加工业。

（六）布局前瞻性高新产业

根据未来绿色发展、高质量发展导向，主动布局前瞻性、未来导向产业。一是以氢能作为产业发展方向的新能源、替代能源开发，提前谋划包括设备生产、储存、运输等环节的氢能和其他新能源产业链。二是依托昆明光学仪器生产的产业研发和生产基础，以及光污染较低的环境基础，提前谋划介入深空探测产业链。三是及时把握元宇宙等新理念，了解与元宇宙相关包括区块链、交互、电子游戏、人工智能、网络及运算、物联网等产业链环节，提前进行产业链布局。

三、RCEP 背景下昆明片区制造业强链固链的建议

昆明片区要抓住 RCEP 带来的制造业发展机遇，应对 RCEP 产业竞争带来

的挑战，还需要从以下方面稳固和强化产业链，夯实产业发展基础。

（一）加快培育高端装备制造能力

一是要加强与省内各产业园区的产业协作，整合产业发展资源，以昆明片区优势制造业为中心打造完备产业链；二是要重点引进东部沿海地区先进装备制造业投资，特别是核心企业的投资，通过引进核心企业来配套产业投资；三是加强与国内制造业先进地区协作，通过技术研发合作，产业横向和纵向合作，人员培训等多方面合作提升昆明片区制造业发展的要素支撑。

（二）推动"进口侧"和"出口侧"联动发展

一是主动积极寻求与日本、韩国、澳大利亚、新西兰等 RCEP 发达国家的合作，推动生物医药、康养、特色农产品出口，利用发达国家高端消费市场促进产品升级，同时要从这些国家引进技术、高端生产设备、开展研发合作，提升高端装备制造能力。二是变面向东盟国家的出口"过境通道"为出口"加工基地"，中国向东盟国家出口大量制造品，从云南出境的产品也多为东部沿海地区和成都、重庆等地制造，昆明片区要创造条件，引进对东盟特别是中南半岛国家出口量大的制造品生产。三是以 RCEP 经空港经济区过境的进口商品为基础，在仓储物流的基础上发展进口产品加工业。四是加强与长江经济带产业园区和 RCEP 国家产业园区合作，强化昆明片区与国内外产业园区的分工合作关系。

（三）突破关键技术和关键零部件瓶颈

一是整合省内研发资源，加强与省内企业、高校和研发机构的合作，提升产学研协作水平和深度。二是引进外部技术和高端生产设备，加强与 RCEP 内产业发达地区的合作，积极引进项目和技术，鼓励片区企业引进高端生产设备，发展关键零部件生产制造。三是积极鼓励区位开展技术研发外包，对于省内缺乏研究能力的领域，鼓励区内企业采用研发外包模式，通过异地研发加速产业技术进步。四是带项目引进核心人才，以项目为中心，主动积极引进关键领域和技术核心人才，以人才带动项目发展。

（四）整合 RCEP 资源补齐产业链短板

一是利用 RCEP 国家之间的产业互补性完善制造业产业链，RCEP 国家处于不同发展阶段，昆明片区应围绕高端装备制造、新材料、生物医药等重点产业的产业链缺失环节，通过在区内引进投资先进生产设备，逐步培育和完善重点产业的产业链。二是利用 RCEP 国家的资源禀赋互补性补齐供应链短板，充分利用 RCEP 国家的矿产资源和生物资源，通过签订长期合同、积极对外投资合作等方式，推动区内企业与 RCEP 国家形成稳固的供应链关系。

（五）深化制造业与服务业的有效融合

一是推动制造业与研发设计服务业的融合，鼓励和引导企业设立独立的创意开发、产品设计和工业设计部门，或者与外部研发设计服务企业融合，加速产品的研发和设计。二是推动制造业与销售环节的融合，推动重点企业与 RCEP 广告创意、销售服务、跨境电商等市场服务企业的融合，提升片区产品扩大市场的能力。三是推动制造业的现代仓储物流企业的融合，推动企业与公路、铁路、空运、水运多式联运和智慧仓储物流业的数字化和智慧化融合，以高效流通促进制造业发展。

抢抓 RCEP 重大机遇，推动云南旅游转型升级，打造区域性国际消费新高地

申雅洁①

《区域全面经济伙伴关系协定》（RCEP）的签订，为云南旅游转型升级带来了新的机遇。云南省投资控股集团有限公司作为云南省 RCEP 研究专班成员，组织了专业研究队伍，就抢抓 RCEP 机遇，推动云南旅游转型升级，打造区域性国际消费新高地进行了深入考察和研究。

一、RCEP 为云南旅游业带来的机遇

（一）巨大的旅游客源市场

RCEP 覆盖的 15 国总人口达 22.7 亿，RCEP 的签署使成员国间的游客流动更加便捷，对云南旅游业来说，这将是一个巨大的客源市场，可充分发挥云南省面向南亚东南亚的区位优势，最大限度地发掘市场潜力，助推云南旅游业转型升级。

（二）丰富的旅游产品

RCEP 的签署将使消费者能买到域内国家更多物美价廉的产品。关税壁垒的降低，极大地丰富了消费市场，云南旅游可借此契机，大力发展旅游免税商品、旅游跨境电商，形成旅游附加值的新优势与新亮点。

---

① 申雅洁，云南省投资控股集团有限公司。

（三）创新的国际旅游合作模式

RCEP 的签署重建了亚洲国家经贸和旅游新秩序，为国际、地区间的文化和旅游合作带来新机遇，为云南拓展和巩固国外旅游市场提供了新空间。应充分发挥云南区位优势以及枢纽作用，加强与周边各国政策、规范、标准的对接，推动解决跨境旅游产业的痛点和难点，探索国际旅游合作新机制。

二、云南旅游产业转型升级的基本框架

习近平总书记两次考察云南时指出："云南旅游资源丰富，要发挥比较优势，大力发展旅游业。"近期，云南省委、省政府立足发展新阶段，提出了推动云南旅游业向"国际化、高端化、特色化、智慧化"方向迈进的目标。要实现这一目标，必须扎实抓好一批重点文旅示范性项目，作为推动文化旅游产业转型升级的重要载体，有计划有步骤地推进实施；必须结合推动全域旅游发展、文化旅游融合发展和旅游康养融合发展，增强文化旅游产业发展新动能，推动旅游传统业态向高品质和多样化升级。

（一）加快构建旅游服务贸易体系

旅游服务贸易是国际贸易的重要组成部分，对区域经济发展、产业升级都有着重要积极的作用，同时也是解决就业的重要途径，对区域经济快速、可持续发展起到举足轻重的作用。对云南旅游产业而言，大力发展旅游服务贸易，通过跨境交付、境外消费、商业存在、自然人流动四种服务贸易形式，参与酒店、旅行社、旅游交通、旅游餐饮、旅游娱乐服务、旅游景点等项目投资，鼓励本地旅游服务人员赴海外就业，构建旅游服务贸易体系，是推动产业发展的有效路径。

（二）抓好跨境旅游示范项目建设

大力发展跨境旅游项目，是云南实现旅游业升级转型，打造区域性国际消费新高地的新路径。云南旅游产业应结合打造世界一流"健康生活目的地牌"的目标，构建跨境康养旅游示范区，充分利用 RCEP 政策，吸引东南亚有康养需求的客源群体。

（三）推动旅游免税店业态升级

RCEP 的签订使关税及非关税壁垒降低，免税购物势必将成为受益领域。云南旅游产业应关注旅游免税市场投资，打造跨境免税购物平台，探索跨境电商监管新模式，加快构建跨境电子商务综合试验区，引领和推动云南旅游购物的全新发展。

三、打造区域性国际消费新高地的主要建议

云南省是我国最早发展旅游业的省份之一，在我国旅游业中具有重要的地位。推动云南旅游转型升级，打造区域性国际消费新高地，必须兼顾以云南省为核心的旅游资源区域性整合和中、泰、老、缅"金四角旅游环线"跨境项目合作，主要建议如下：

（一）聚焦云南优势景点资源，构建五大生态特色旅游区

一是依托高黎贡山潞江坝和怒江沿线的民族文化和生态田园风光，打造高黎贡山生态田园型国家级旅游区；二是依托楚雄优良生态环境、丰富民族文化和东方人类发源地，打造滇中东方人类始祖生态文化旅游区；三是依托文山丘北县、广南县原始自然风光和千年农耕文明，打造滇东南世外桃源民族文化旅游区；四是依托红河元阳、红河、绿春三县拥有的世界文化遗产元阳梯田及优良生态，打造红河大梯田生态文化旅游区；五是依托普洱澜沧县、西盟县、孟连县优质的自然生态环境、多彩的民族风情和独特的区位优势，打造"绿三角"生态文化旅游区。这五大旅游区的推出将作为云南旅游业高质量发展的区域特色支撑点。

（二）深挖文化旅游元素，推出一批示范性项目

按照"国际化、高端化、特色化、智慧化"方向，研究"旅游+"和"+旅游"模式，聚焦"文化、医疗、养生、佛学"等元素，突出地域特色，打造一批新兴旅游业态项目。如云南国际康养旅游示范区的生态旅居、户外运动、养生养老等。

（三）利用旅游科技创新，推动管理服务升级

支持围绕旅游产业的"游前、游中、游后"三大环节引入科技创新。一是利用互联网、大数据、云计算、人工智能等现代科技手段开展"游前"的精准化营销与规划服务，进行游客潜在需求预测，形成个性化精准营销；二是鼓励和支持植入人脸识别、指纹识别、智能感知设备、智能导游等前沿人工智能应用，对景区进行智能化改造，提高"游中"的服务品质；三是鼓励和支持利用现代科技做好"游后"的数据分析，助力产品与服务的改进和升级。同时，进一步完善旅游科技创新企业投融资支持政策，探索建立旅游科技创新风险补偿机制，构建多层次、多样化的融资机制。

（四）研究东南亚申根签模式，探索跨境旅游合作

积极与老挝、越南、缅甸和泰国等国探索跨境旅游合作项目，开发跨境旅游路线，共建跨境旅游服务设施，如打造澜沧江-湄公河旅游精品线路，打开国际水上旅游客运产品和市场的开发通道；借助中老铁路契机，推动老中两国旅游业的加速发展及中老经济走廊建设；按照短中远进行规划布局，最终打造形成中、泰、老、缅"金四角旅游环线"。研究签证便利化政策，借鉴欧盟申根签模式，探讨在 RCEP 成员国间降低旅游限制，推动区域内免签旅游模式。

RCEP 加剧产业转移竞争
云南省亟须积极应对

李娅婕   尤功胜①

承接东部地区产业转移，是云南省发展实体经济、解决就业、获取可持续税源的关键一环。RCEP 签署有利于扩大云南省与东盟国家的经贸合作，但也会对云南省承接东部产业转移带来三大挑战：一是加剧东盟国家与云南省承接东部产业转移竞争；二是加剧周边省市与云南省承接东部产业转移竞争；三是放大云南省承接产业转移能力不足。对此，云南省需未雨绸缪，积极应对，抢抓 RCEP 生效前的窗口期，加快承接东部产业转移步伐。

一、RCEP 对云南省承接东部产业转移带来"三大挑战"

（一）加剧东盟国家与云南省承接东部产业转移竞争

1. 部分中低端产业流向东盟将挤压云南省产能和市场份额

根据 RCEP 签署协议，协定生效后区域内 90% 以上的货物贸易将最终实现零关税，但方式包括立刻降税到零和 10 年内降税到零。中国目前对东盟国家的进口关税约在 9.4%，协定生效后第一年大部分商品即可降到零关税。东盟国家对中国商品的平均关税除新加坡、文莱较低外，其余国家从 5.33% 到 15.71% 不等。另外，并非所有贸易商品都包含在降税协议中，还存在豁免条款。我国对东盟国家的未降税项商品在 500 项以下，东盟国家内部有一定分

---

① 李娅婕、尤功胜，云南省社会科学院。

化，但整体对中国的未降税商品较多，以越南为例，越南对东盟内部的未降税项商品数为131，但对中国的未降税项商品数为534。关税降低有助于减少东盟国家制造业成本，再加之东盟国家的海运优势等，可有效诱使我国中低端制造业流向东盟国家，进一步挤压云南省产能和市场份额。

2. 部分国内投资流向东盟将压缩对云南省投资规模

在制造业投资方面，RCEP 成员国将用负面清单方式进行投资准入谈判，只要不是负面清单上的行业、项目和企业等，都可以平等进入市场。我国企业进入东盟国家投资的范围、审批速度都将得到极大提升。尽管负面清单政策为我国企业海外投资提供了便利，但也客观上加剧了国内企业将本有意愿投向西部省份的项目投向东盟国家，因为相对于中西部省份，东盟国家拥有更低的人工成本、物流成本等。这在客观上会压缩东部地区对云南省的投资规模。

3. 更加开放的中国市场将加剧东盟国家与云南省制造业发展的竞争

我国将向域内国家进一步开放市场，刺激东盟国家大力发展本国制造业并将目标市场瞄准中国。以越南为例，越南人力成本比我国西部省份低 20% 以上，并提供更加优惠的原材料、厂房和能源政策。RCEP 生效后，我国市场对东盟国家进一步开放，越南等东盟国家必将更加重视本国制造业尤其是中低端制造业的发展，将加剧与云南省制造业发展的竞争。

（二）加剧周边省份与云南省承接东部产业转移的竞争

1. 周边省市将扩大对东盟制造业市场份额

2019 年云南省与东盟国家贸易额为 1143 亿元，低于四川的 1342 亿元和广西的 2307 亿元。RCEP 签署后，广西、四川和重庆都将争取东部地区更大的制造业转移，加大对东盟国家的制造业出口，如果周边省市产业优势形成，云南省只能成为周边省市制造业出口的陆上出境通道，对云南省制造业发展竞争加剧。

2. 周边省市承接东部产业转移能力领先云南省

重庆、四川等省市通过重构交通大动脉、以铁路运输代替海运，建设保税区、免去进口零件和出口产品的流程以及费用，政府采取动员式招工、解决企业用工难等一系列手段，进一步优化了营商环境，增强了竞争优势，有效承接了东部产业转移。四川生产了全球 70% 的 iPad，重庆则包揽了 40% 的笔记本电脑。相比之下，云南省未能抓住电子产业转移机会。

（三）进一步放大云南省承接东部产业转移能力不足

1. 制造业成本优势不突出

成本是制造业发展的关键因素。在原材料、人力、水电、厂房和税收五个最基本的成本要素中，云南省在人力、电力方面具有一定优势，但由于地理位置偏远，原材料和产成品的运输成本较高，厂房成本和税收政策方面也没有明显优势，部分地区仍然存在供水不足现象，加上产业链不发达，制造业成本优势不明显。

2. 承接东部产业转移政策不具体

一是政策环境不优。在承接东部产业转移方面，云南省未提供像四川、重庆那样的土地、税收以及资金支持政策。二是未能争取国家承接产业转移示范区建设政策支持。目前，广西、重庆等地先后建成了国家承接产业转移示范区，获得国家优惠政策支持，而云南省尚未建有国家承接产业转移示范区，缺失国家专项政策支持。

3. 承接东部产业转移不精准

一是缺乏精准的产业招商计划和招商配套措施。招商部门与具体审批部门思路不统一，作风不一致，要求不衔接，造成你招商我拒商，所有部门都去招商，造成浪费和无序。二是缺少大型龙头企业迁入。截至目前，我省在承接东部产业转移方面缺乏整体产业链搬入，尤其缺乏制造业大型龙头企业带动，没能有效发挥产业转移对云南省工业增加值的提升作用。三是未能有效利用承接产业转移改善云南制造业产业结构。云南省工业产品主要集中在水电、采矿、钢材冶炼、有色金属冶炼以及卷烟等领域，缺乏能够解决剩余劳动力的制造业。

二、做好产业转移承接地的"三点建议"

针对 RCEP 对云南省承接东部产业转移带来的"三大挑战",云南省需要做好"降成本、建枢纽和优环境"三项工作,加快提升云南省承接东部产业转移竞争力。

（一）降成本,增强云南省与东盟国家的竞争优势

1. 以绿色能源优势降低制造业电力成本

全力打好世界一流"绿色能源牌",切实发挥云南省绿色能源优势,促进绿色能源与制造业深度融合发展,有效降低制造业用电成本。一是加快建设绿色能源基地,提升牵引力和吸附力,大力发展铝基、硅基产业,做大做强绿色能源产业链,配套引进芯片硅等高载能的重工业,全面补强工业基础。二是严格落实制造业用电降价政策。根据《关于云南电网 2020—2022 年输配电价和销售电价有关事项的通知》,2020—2022 年省内市场主体每年可降低用电成本约 13 亿元。其中,省内 35 千伏、10 千伏及以下电压等级输配电价、销售电价每度降低 0.0324 元,制造业用电成本明显降低。

2. 以区域交通优势降低制造业物流成本

一是持续推进"五网建设",通过市场化模式对热点公路、铁路路线进行融资,并配套建设非热点路线,通过争取中央资金补贴、银行贷款融资、项目权益融资等手段,进一步加快出省、出境公路、铁路、航空、水路建设,充分降低原材料和工业制成品的物流成本。二是充分发挥昆明陆港、商贸型、空港型物流枢纽,大理商贸服务型物流枢纽作用,加快推进红河河口、西双版纳磨憨、德宏瑞丽口岸型物流枢纽等 7 个国家级物流枢纽和曲靖等 19 个省级重点发展物流枢纽建设,加快降低物流成本。

3. 以优质高效服务降低制造业交易成本

一是持续推进减税降费改革,破解市场主体的痛点和难点,降低企业负担,充分激发市场主体活力。二是争取将制造业生产和配套产业链供应链迁入

云南省，政府承担相应的搬迁转移成本并提供一定的税收、土地优惠。

（二）建枢纽，增强云南省与周边省市的竞争优势

1. 重点承接我国出口东盟的制造业

RCEP 对关税的降低是双向的，以云南省为基地向东盟国家出口商品也能享受关税下降的红利。与国内其他省区相比，云南省可针对我国对东盟国家出口大头的机电及电气设备、机械器具、纺织纱线、摩托车等产品溯源至生产厂家，逐项分析产能转移至云南省的可能性并研究制定相应的优惠政策，提高东部产业转移承接能力。

2. 建设东盟进口原材料商品加工第一站

东盟向中国出口的商品主要是半导体元器件、机电设备、矿物燃料等。除半导体产业牵涉较广外，云南省可主动承接东盟国家的初级工业成品和原材料，争取建设加工制造的第一站，深加工后再向国内其他地方销售。

3. 提升与东盟国家物流合作能力

深入研究提升中越国际通道、中老铁路、中缅铁路、中缅印铁路等重要出境铁路和公路通道服务能力，着力打造我国至东盟国家最重要的陆上交通枢纽，缩短物流时间，提高物流配送效率，补强云南省承接产业转移的交通基础。

（三）优环境，加快塑造云南省制造业竞争新优势

1. 用好用足现有政策

充分发挥中国（云南）自由贸易试验区和昆明、红河两个保税区的税收和政策优势，支持企业将制造业的重要环节布局在自贸试验区内或综合保税区内，鼓励参与境外园区建设，优化上下游产业链和关联产业协同布局，"一产业一方案"，加速引进和承接东部产业转移。

2. 加快制定承接东部产业转移专项政策

借鉴四川等省市经验，加快研究制定云南省《关于承接产业转移的实施意见》，明确承接的重点产业和扶持政策。比如，新增就业人口激励政策，对吸

收就业人口超过一定基数的给予一定奖励；融资和厂房土地帮扶政策，参考上海引进特斯拉，与企业签订对赌协议，对立下税收、产值目标的企业给予优惠的融资补贴和厂房、土地补贴。

3. 向上争取国家专项政策支持

借鉴广西、重庆等地的经验做法，抓住《西部产业发展目录（2020）》机遇，做好国家支持的产业，积极争取国家支持云南省建设面向国际物流大通道，在财税、金融、投资、土地等方面积极争取相应的政策支持，进一步改善云南省投资环境，促进产业有序承接。

第六篇

06

| 物流畅通篇 |

为云南构建面向 RCEP 开放新格局当先行

何盛龙 鲁智敏 刘 杰①

开放不停歇，交通再出发。RCEP 签署，既是云南开放发展的机遇，也是企业投资云南、抢占市场的机遇。云南省交通部门为了不断夯实对外开放的基础，打通我国连接东盟国家的重要通道，推动我国与东盟经贸合作提质升级，正在加快综合交通基础设施建设，为面向 RCEP 开放当好先行。

一、云南面向东盟开放的交通辐射格局基本形成

（一）以昆明为中心的"七出省五出境"高速公路主通道基本成型

"七出省"通道：除滇藏通道正在推进前期外，G5 昆明—北京、G85 昆明—银川、G56 昆明—杭州、G60 昆明—上海、G78 昆明—汕头、G80 昆明—广州 6 个出省通道云南境内段已全部实现高速化。

"五出境"通道：除中缅通道昆明—清水河段未通高速外，中越昆明—河口、中老泰昆明—磨憨、中缅昆明—瑞丽、中缅印昆明—猴桥云南境内段已全程高速。

（二）"八出省五出境"铁路大通道建设加快推进

"八出省"通道：已建成 6 条，分别是贵昆、成昆、南昆、内昆、云桂和沪昆客专；在建 1 条渝昆高铁，预计 2026 年建成，计划"十四五"开工建设 1 条滇藏铁路。

---

① 何盛龙、鲁智敏，云南省交通运输厅；刘杰，云南省商务研究院。

"五出境"通道：中越铁路通道境内段全线贯通；中老泰铁路通道，计划
2021 年年底昆明—老挝万象段全线贯通；中缅铁路通道，昆明—大理段、大理
—临沧段已通车，大理—瑞丽段正加快推进，2021 年建成大理—保山段、2023
年建成保山—瑞丽段；积极开展中缅通道临沧—清水河、中缅印通道芒市—腾
冲猴桥铁路相关前期工作。

（三）面向南亚东南亚空中运输通道布局逐步形成

目前，全省运营民用运输机场 15 个，其中国家级口岸机场 4 个（昆明、
丽江、西双版纳、芒市），4 个市（保山市、丽江市、临沧市、普洱市）实现
了"一市两机场"且彼此相得益彰和良性互促。"十三五"以来，全省累计开
通至南亚东南亚客货运航线 75 条，通航城市 43 个，居全国第一，基本实现南
亚东南亚首都航线全覆盖。

（四）水路"两出省三出境"通道加快构建

"两出省"通道：金沙江—长江航道逐步改善，右江—珠江出省通道中右
江百色枢纽通航设施项目于 2021 年 6 月 23 日开工建设。"三出境"通道：澜
沧江—湄公河国际航运健康有序发展，实现了沿岸中、老、缅、泰四国互利
共赢。

（五）沿边开放的高速公路走廊加快推进

沿边高速公路串联昆明至猴桥、瑞丽、清水河、打洛、磨憨、河口等出境
高速通道，形成沿边开放经济带，增强沿边地区发展活力，是实现与周边国家
互联互通的重要基础设施，对促进少数民族地区兴边富民和稳边固边都具有重
要意义。目前，云南省沿边高速公路已建成 462 千米，正在推进腾冲—陇川、
瑞丽—孟连、景洪—勐海、勐醒—绿春、绿春—元阳、元阳—蔓耗等高速公路
项目建设，"十四五"期间将陆续启动孟连—勐海、河口—马关、马关—西畴、
西畴—富宁等项目。

（六）国际道路运输便利化工作稳步推进

云南省积极配合交通运输部完成中越、中老国际道路运输会谈工作，分别
与老挝和越南开通了 19 条和 10 条国际道路客货运输线路，建立了滇老、滇越

双边国际道路运输会谈、口岸定期会晤以及相应的企业合作机制。

二、推进服务 RCEP 的国际大通道面临的困难

当前，云南立体综合交通网虽然初步形成，但是国际大通道境外段建设相对滞后，距离真正建成面向南亚东南亚和环印度洋地区开放的国际大通道还有很大差距。

（一）综合交通国际大通道网络尚未形成

云南省综合交通基础设施规模总量不足，全省铁路网密度为 107 千米/万千米^2、排在全国第 28 位，低于全国平均水平 30%，铁路出境通道不足，6 个州市不通铁路，高速公路网密度仅为东部发达地区 50% 左右，也仅为周边贵州省 50% 左右，19 个县不通高速公路，通用机场发展相对缓慢。基础设施等级结构不尽合理，铁路复线率低于全国 20 个百分点，普通国道二级以上比例不到 60%，远低于全国水平，内河高等级航道里程较少。同时，云南省主要出境公路已基本高速化，但有关合作国家受经济社会发展限制，公路铁路等级较低，部分境外交通运输互联互通合作项目因合作国家意愿不明确，难以推动，云南省建设辐射中心的大通道在口岸成了"断头路"。

（二）多式联运现代综合交通体系还不完善

大湄公河次区域（GMS）便利运输协定尚未全面实施，国际物流通道通而不畅。综合交通枢纽建设滞后，各种运输方式接驳不畅，客货场站建设与城市发展和产业布局不够协调。运输结构性矛盾突出，铁路客运周转量占比（29%）低于全国 12 个百分点，多式联运发展缓慢。智慧交通体系建设尚处于起步阶段，发展水平、服务能力较低。水运与其他运输方式尚未形成协调发展。

（三）交通基础设施建设困难重重

云南省经济基础薄弱、财力有限，地质条件复杂，交通基础设施工程造价居高不下。当前在建高速公路每千米投资额已达 1.8 亿元以上，远远高于全国平均水平，资金不足一直是困扰云南省交通基础设施发展的主要问题。在国家

"严堵后门、开大前门"投融资导向下，高速公路收支缺口持续扩大，社会资本投资意愿不强，交通基础设施建设筹资压力巨大。交通基础设施项目投资规模大、涉及部门广、审批周期长。

三、构建服务 RCEP 国际大通道的建议

（一）加快构建中缅环印度洋新通道

加快打通面向南亚东南亚和环印度洋的国际大通道是"一带一路"倡议的重要支撑，对形成我国沟通印度洋、太平洋的陆海新通道具有关键作用。其中，沟通印度洋的陆路通道通过云南连接缅甸和印度，进出口货物可不绕行马六甲海峡，是我国通往印度洋最便捷、最经济、最快速的陆上通道，对构建以国内大循环为主体，国内国际双循环相互促进的新发展格局具有不可替代的作用。

一是深化中缅经贸合作，大力支持临沧运用中国中西部地区远洋运输货物可以海运至仰光港，由仰光港以公路运输方式运至临沧清水河口岸入境的多式联运方案，全面构建中国—缅甸物流大通道，加快仰光—临沧公路沿线物流基础和配套园区建设，进一步丰富和完善物流通道；二是在国家发展改革委牵头的中缅经济走廊合作机制和省"一带一路领导小组"框架下，加强与缅方多渠道沟通协调，凝聚合作共识，建立健全中缅合作机制及磋商机制，共同推进皎漂港及公路、铁路项目建设，构建物流网络体系。境外物流网络应重点支持迪拜（海运）—缅甸仰光港（公路）—缅甸曼德勒（公路）—缅甸腊戌（公路）—临沧清水河口岸入境；迪拜（海运）—缅甸皎漂港（公路）—缅甸曼德勒（铁路）—缅甸腊戌（公路）—临沧清水河口岸入境；相应加快形成国内物流配套线路，临沧清水河口岸（公路）—临沧（公路）—临沧火车站（铁路）—昆明，以及临沧清水河口岸（公路）—临沧（公路）—普洱墨江（铁路）—昆明；临沧清水河口岸（公路）—临沧（公路）—普洱墨江（公路）—昆明；加快规划建设临沧—清水河铁路。同时可以考虑稳步推进缅甸—德宏—昆明线路。迪拜（海运）—缅甸仰光港（公路）—缅甸曼德勒（公路）—缅甸腊戌（公路）—德宏瑞丽口岸入境；迪拜（海运）—缅甸仰光港（水运）—八莫（公路）—德宏陇川口岸入境等。

（二）积极谋划多线路和多通道的国际物流大通道

一是积极谋划从缅甸毛淡棉、土瓦港口转口经泰国进入老挝对接中老铁路的方案；谋划从确定泰国拉廊港直接进入泰国转口老挝对接中老铁路的方案。二是积极推进中老铁路通过老挝对接柬埔寨、越南的方案，积极推进中老铁路延伸至泰国、马来西亚和新加坡的方案。三是积极规划建设中越河口—河内—海防，河口—河内—胡志明的铁路公路对接海运的物流方案。

（三）加快完善提升出省通道，促进省际交通互联互通，为区域经济社会一体化协调发展和提高经济社会效益作出云南

一是加大支持云南出省公路通道建设力度，将 G5615 戛洒—镇沅（者东）段、G60 曲靖—盘州段扩容改造及进藏公路（G0613 香格里拉—德钦—隔界河段）等项目列入国家规划加快实施。二是对接成渝经济圈，加快渝昆高铁建设，将大理—丽江—攀枝花铁路、云桂沿边铁路等项目纳入国家"十四五"规划建设。三是服务长江中上游地区的对外开放，将水富港列入国家重点港口建设，加快扩能改造，并将水富港至宜宾 30 千米航道建设管理和海事监管纳入中央事权，划归交通运输部长江航务管理局和国家长江海事局管辖，以便于统筹长江流域保护与发展。

（四）进一步加大云南连接国际大通道的物流体系对西部地区经济发展的支持力度

一是加大对云南等西部地区普通国省干线的改造力度。建议国家在支持沿边国道 G219 云南境内约 1300 千米建设的基础上，将国道 G214 线隔界河（滇藏界）—德钦县城段公路工程等重点项目纳入国家规划加快实施。

二是继续加大对云南边疆地区铁路建设的资金支持力度。我省的建铁路有大瑞铁路、丽香铁路、玉磨铁路、叙毕铁路云南段、弥蒙铁路等 7 个项目，资本金出资占比分别为 15% 至 58.6% 不等。建议国家统筹考虑对西部边疆地区实行差别化支持政策，引进央企投资，减轻西部沿边省区地方政府出资压力。

三是加快滇藏铁路、沿边铁路（云南猴桥—广西）建设，并给予项目和资金支持。

RCEP 下云南跨境物流发展的
着力点和突破点

李 婷 宋 颖①

一、跨境物流与对外贸易相辅相成

在 RCEP 签署背景下，我国与其他成员国间贸易往来快速增长带动了跨境物流行业发展，而跨境物流发展水平直接影响着对外贸易的发生与流向，最终影响对外贸易的实现，跨境物流与对外贸易相融共生。

（一）以运带贸与以贸促运

以运带贸，跨境物流为对外贸易活动的开展提供了坚实的条件。对外贸易的本质是货物的跨区域流通，这需要完善的物流基础作为支撑，跨境物流的发展水平直接影响着对外贸易的发生与流向。基于此，很多国家对物流行业的重视力度持续加强，推动对外贸易与跨境物流协同发展成为构建国际供应链的重要议题之一。

以贸促运，对外贸易规模跃升推动跨境物流高质量发展。在"一带一路"建设实施的过程中，跨境物流作为资源配置的有效载体，随着对外贸易规模的跃升迎来重要发展契机，典型案例就是 RCEP 的签署在带动我国与其他成员国间贸易往来的同时，也带动了跨境物流行业的突破发展。

（二）从对外贸易看跨境物流，云南发展空间巨大

近年中国对 RCEP 其他成员国进出口贸易额逐年递增，RCEP 签订后更是

---

① 李婷，云南省商务研究院；宋颖，云南省国际贸易学会。

264

增长迅速。2021年上半年，中国对RCEP其他成员国合计进出口贸易额达8803.37亿美元，同比增长32.5%，占我国外贸进出口总值的31.6%。云南省对RCEP其他成员国进出口贸易额达111.66亿美元，同比增长56.3%，占全省外贸进出口总值的48.5%（表6-1）。可见，RCEP签订对云南贸易带动效应较强。

云南是中国唯一能从陆地上沟通南亚东南亚的省份，与相邻国家的对外贸易发展直接影响着中国—中南半岛经济走廊发展进程。对缅、老、越三国贸易，云南占据全国一席之地。云南对缅甸进出口贸易额达46.62亿美元，占全国对缅甸进出口总值的51.4%；对老挝进出口贸易额达6.59亿美元，占全国对老挝进出口总值的28.7%；对越南进出口贸易额达26.44亿美元，占全国对越南进出口总值的2.4%。随着中老铁路等物流通道打通，云南与RCEP成员国中的中南半岛国家贸易地位将进一步提升。

贸易量代表着运输量，云南省对RCEP其他成员国贸易同比增长达56.3%，意味着云南对RCEP其他成员国的跨境物流运输量也呈大幅增长趋势。云南对缅、老、越三个邻国进出口贸易总额为79.65亿美元，占云南对RCEP 14个成员国贸易总值的71.3%。云南省对缅甸的进出口贸易额占云南对RCEP其他成员国贸易总值的41.8%，对老挝的进出口贸易额占云南对RCEP其他成员国贸易总值的5.9%，对越南的进出口贸易额占云南对RCEP其他成员国贸易总值的23.7%。

表6-1　2021年1—6月中国、云南与RCEP各成员国贸易总值

国家/地区	中国				云南			
	进出口/亿美元	比重/%	出口/亿美元	进口/亿美元	进出口/亿美元	比重/%	出口/亿美元	进口/亿美元
文莱	13.02	0.15	3.07	9.95	0.04	0.03	0.04	
缅甸	90.67	1.03	50.95	39.72	46.62	41.74	18.4	28.22
柬埔寨	61.09	0.60	251.37	9.73	0.48	0.43	0.48	—
印度尼西亚	535.67	6.08	272.88	262.79	4.64	4.16	2.63	2.01
老挝	22.96	0.26	8.70	14.26	6.59	5.90	1.55	5.04
马来西亚	817.88	9.29	339.53	478.35	3.23	2.89	2.91	0.32

国家/地区	中国				云南			
	进出口/亿美元	比重/%	出口/亿美元	进口/亿美元	进出口/亿美元	比重/%	出口/亿美元	进口/亿美元
菲律宾	375.33	4.26	265.39	109.94	1.52	1.36	1.43	0.09
新加坡	443.43	5.04	254.76	188.67	1.47	1.31	1.37	0.10
泰国	625.87	7.11	324.45	301.42	10.01	8.97	5.42	4.60
越南	1121.64	12.74	687.21	434.43	26.44	23.68	18.05	8.39
日本	1812.85	20.59	800.18	1012.67	3.07	2.75	2.5	0.58
韩国	1688.77	19.18	692.33	996.44	2.69	2.41	2.56	0.14
澳大利亚	1074.20	11.65	296.82	777.38	4.66	4.17	3.03	1.63
新西兰	120.00	1.36	36.58	83.42	0.20	0.18	0.18	0.02
合计	8803.37	100	4032.86	4719.15	111.66	100	60.54	51.12

数据来源：中华人民共和国海关总署。

二、RCEP 背景下的云南跨境物流

（一）RCEP 有利于云南发展跨境物流

通关时限规则和 AEO 制度提升跨境通关效率。RCEP 简化了海关手续，要求在取得清关信息后，一般货物 48 小时内放行、易腐货物和快件 6 小时内放行，同时允许空运货物加快通关。海关手续简化能够破除云南跨境物流流程冗杂、操作烦琐的制约，对于云南在水果、海产品进口，鲜花、蔬菜出口方面大有裨益。同时，RCEP 将经认证的经营者（Authorized Economic Operator，AEO，即被海关当局认定符合世界海关组织或相应供应链安全标准的一方）范围扩大到中小微企业，并建立 AEO 协调员制度为守法企业提供便利措施，目前其他 14 个成员中，已有 10 个成员建立了 AEO 制度，云南可以大力加快企业进行 AEO 认证以提高跨境通关效率。

运输领域开放扩大跨境物流市场规模。老挝、缅甸、菲律宾、韩国、日本、新西兰等成员国的运输服务贸易均在 RCEP 中进行了不同程度的开放，加

之商业服务、通信服务、金融服务、旅游服务等方面的开放与逐步落实，将进一步活跃云南与其他成员国之间的贸易往来，加速货物、资本、人员、技术、信息等要素的流动。

关税减免、区域原产地累积规则加速货物流通。RCEP 关税减免、原产地累积规则将直接降低生产和流通等环节的成本，而多方市场的贸易标准统一化也将削弱交易壁垒，促进自由贸易。成员国间进出口成本的降低将加速区域内商品流通，进而提高物流运输需求，加之物流业务进入域内国家的"门槛"降低，有利于云南进一步拓展运输服务市场。从供应链整合的角度看，RCEP 各成员国在物流产业结构上有很大互补性，日本和韩国属于工业国家，在物流装备制造的技术上有一定的优势，云南可以寻求发达地区的技术和经验援助。同时作为沿边省份充分利用周边国家的资源优势、劳动力优势，享受产业链供应链整合优化带来的红利。

中老铁路率先联通中南半岛助力云南抢占发展先机。中老铁路是连接中南半岛经济走廊的重要通道，中老铁路境内外轨距相同可实现直达运输，能够大大减少货物进出口的时间成本和环节成本。铁路开通后，境内外沿线的配套物流通道、枢纽会随着市场需求逐步完善，吸引更多物流市场主体参与，大幅提升跨境物流整体水平。中老铁路的市场带动效应、经济溢出效应能够推动云南运输结构、产业结构、经济结构的变革，为云南省加快区位优势转化、释放国际大通道潜力、做大跨境贸易和跨境物流规模带来历史性机遇。

（二）抢抓 RCEP 扩大跨境物流市场仍有困难

基础层面：一是云南山多路险，路况复杂，物流成本远高于全国平均水平，但是运输效率远不及全国平均水平。二是云南跨境物流基础设施建设相对滞后，目前省内现代化仓储、多式联运转运等设施不足，缺乏布局合理、功能完善的海外仓支持境外运输。三是跨境运输便利程度低，中老、中越、中缅之间跨境运输协定尚未落实，境内外车辆无法实现直达运输，双边一体化通关、自助通关、一站式通关和陆海联运等双边通关合作不足，导致跨境物流成本居高不下。四是云南相邻国家综合交通运输短板突出，基础设施供给总量不足，与云南衔接不畅，境内外通道之间不衔接、基础设施不配套等问题比较突出。

服务层面：一是云南缺乏具备行业引领的本地跨境物流企业，注册资本小于等于 500 万元的物流企业占总数的比例高达 80%，跨境物流企业境外段服务能力远远不足。二是云南现有跨境物流园区专业化程度低、服务功能单一、综合服务能力弱，设施设备、转运联运、流通加工等基础功能不足，信息服务、金融服务、供应链服务等增值功能缺失。

RCEP 规则应用层面：一是 RCEP 中，对于如何消除国别间物流制度和流程标准差异，需要国家层面主导对接、沟通，推动政策落实，云南省级层面只能协助解决。二是 RCEP 下 15 个成员国的物流企业都在争抢跨境物流的市场，云南发展跨境物流的竞争范围从国内扩展到了国外。而云南在通道、枢纽、市场主体等基础层面，物流网络、专项物流、配套支撑体系等发展层面以及体制机制、配套政策等管理层面与发达地区相比还存在差距，竞争优势不明显。

三、几个典型案例——"七个"重点环节成功模式参考

（一）运输环节

甩挂运输是提高道路货运和物流效率的重要手段，早已成为欧美和日本等发达国家和地区的主流运输方式，特别在跨境物流中大力发展甩挂运输，对提高运输效率、降低物流成本意义重大。同时也有利于促进运输行业低碳发展，实现碳达峰、碳中和。

案例 1 德邦快递：全网络集中化甩挂运输

甩挂运输是指按照生产要求，在一个场站甩下一部挂车装卸货物，并挂上另一部挂车后，继续运行到另一个甩挂运输场站作业的运输组织形式。德邦甩挂模式主要有对点甩挂和大循环甩挂。对点甩挂是指两个场站间对发甩挂，车辆到达场站卸柜挂柜发车，充分节约装车卸车等待时间提升效率。针对货量零散不对等的单条线路，采用大循环闭合甩挂模式，达到单边货量稳定充足的线路实现降本增效的目的。德邦还开放招入社会优秀物流企业参与德邦甩挂业务。运输同等重量的货物，相比传统单车运输，甩挂模式下牵引车百吨公里油耗可降低 4%。德邦通过全网络集中化甩挂运输，降低物流成本，提高运输效率，提高集约化程度，实现节能减排。

（二）仓储环节

在疫情之年，大量飞机停航情况下，海外仓保障外贸产业链供应链畅通运

转的重要性更加凸显。同时，海外仓可作为对外展示商品的窗口，放置商品以吸引海外采购商，拉近客单距离，保证商品质量和运输效率，进一步扩大商品海外市场。

案例2 海外仓模式

自建模式：针对有实力的物流企业鼓励自建海外仓，不仅可以掌握整个物流运作过程的主动权，给客户带来更佳的购物体验，还能直接面向当地市场，深入了解客户需求。京东在海外建立自营物流运输中心，将国内货品运输到海外仓库后再运至海外企业或消费者，具备从下单到送达顾客的跨境物流一体化监控能力。这种方式有利于统一操作流程，缩短跨境物流配送时间。

共建模式：针对中小型规模的跨境物流公司，可以采用共享云仓储模式，多个企业共建海外仓或与当地企业合作共建海外仓。例如大龙网与XRU（俄速递）在俄罗斯联合建设"海外仓"，为其进军俄罗斯婚纱市场在物流环节"保驾护航"。并采取自用+出租的模式，不仅可以解决在国外语言不通、环境不熟悉的问题，还可以整合多家企业的货物统一出入海关。

（三）配送环节

大多数中小型电商企业都没有大中型电商物流公司的资产和整体实力去单独进行货物配送，此时可以选择第三方电商仓储物流企业，把物流配送业务外包，可集中企业资源、降低物流成本。

案例3 阿里巴巴全球速卖通第三方跨境物流模式

阿里巴巴在全球速卖通上有三类物流服务，分别是邮政大小包、速卖通合作物流以及商业快递，提供一站式地跨境物流服务。在前端订单生成后，卖家只需在后台发布发货需求，选择在速卖通上线上发货，也可以联系各主要城市的货代公司上门收件发货。卖家也可选择自己将商品送至距离最近的物流仓储中心开展集中配送。

（四）装卸环节

加强应用标准化、自动化与智能化物流设备的应用，提高物流设备在装卸、搬运以及运输过程中的通用性和互换性，减少人工介入，可以减少装卸次数，节省过程时间成本，降低货物的损坏率。

案例 4　AGV 机器人使作业效率提升 1.5 倍

AGV（Automated Guided Vehicle，自动导引车）。AGV 可以按照指令，在二维码铺就的"轨道"上快速移动，可以带着订单箱到货架指定区拣货，也可以带着移动货架自己找到订单箱装货，作业效率是普通仓库的 1.5 倍。菜鸟 AGV 多使用于库内拣选环节，使用 AGV 设备将存放商品的货架搬运至作业人员面前进行快速拣选，通过减少拣选人员95% 以上的行走路径提升拣选效率，与纯人工相比，提高了 2 倍以上的作业效率。AGV产品种类上从简单环形半自动牵引、自动装卸，到低层托盘搬运叉车、高位窄巷道堆垛叉车，再到复合机械手 AGV。目前 AGV 已经成熟渗透到电商快递仓储分拣、汽车、医药、食品、3C 电子、港口码头和机场等多个行业。跨境物流企业可将 AGV 应用于物流仓储装卸环节提高效率。

（五）包装环节

在满足国际贸易对运输包装的要求下，结合运输方式对产品包装进行统一设计，减少包装型号的种类，强调包装的通用性，可降低企业跨境物流成本，减少掏箱换装，降低货物破损。

案例 5　云铝绿色运输模式入选 2021 年国家典型案例

云铝物流全力做好铝产业链各环节协同发展，提升物流专业化运营能力和物流价值链，积极实施技术革新，开启氧化铝"绿色包装"物流运输新模式。针对散装氧化铝运输实施过程中，氧化铝流动性强、密封性要求高、怕受潮等物流特性，企业定制化设计了专用的干散货集装箱，同时，优化工作流程，从提货到收货共节省 6 个工序，创新推广火车集装箱和汽车散装集装箱发运新模式，开启氧化铝发运"去包装化"的新时代，减少包装袋使用，有效降低碳排放。

（六）流通加工环节

完善海外仓的流通加工功能，实现海外仓多功能化和增值化，例如将一般产品境外粗加工，加工后的产品直接投入配货作业，将流通加工与配送相结合，缩短物流响应时间，降低跨境运输成本。

案例6　中邮的第三方海外仓跨境生鲜模式

　　跨境生鲜电商将货物运至中邮的第三方海外仓，利用中邮的物流信息系统对货物实时监控，买家通过订单管理系统将其需求信息发送至跨境生鲜电商企业后，立马对中邮第三方海外仓发出指令。海外仓依照指令对货物进行流通加工、包装、仓储等工作，并通过企业的本地资源进行本地物流配送至买家手中。这一利用海外仓将流通加工与配送相结合的案例，对云南对外贸易商品中占有重要份额的生鲜农产品来说，是值得学习推广的物流模式。

（七）信息处理环节

支持有条件的物流企业自建大数据平台，提升企业物流管理信息化水平。同时政府部门应该积极发挥主导作用，通过对跨境物流信息公共平台的开发和利用，促进跨境业务的线上迁移，提升跨境物流效率。

案例7　全球 FBA 数字物流平台助力亚马逊卖家大卖

　　全球 FBA 数字物流平台运用区块链、大数据、云计算、仓储自动化互联网、物联网各项技术打造出一个行业全新的国际物流数字化服务场景解决了传统物流痛点，最大限度地帮助了亚马逊卖家规避风险、降低成本和提升企业竞争力。如一键查询全球线路，一键下单寄往全球，最快 1 小时免费上门揽收，极大地提高运营效率，直线降低 20% 沟通成本。通过全球 FBA 数字物流平台大数据智能评算，能帮助卖家预估每条线路的稳定性与时效性，帮助卖家选择最优路线，做好时间规划，实现超时必赔、24 小时售后服务，消除后顾之忧。

四、抢抓 RCEP，加快推动云南跨境物流发展

（一）盯住三个目标

积极谋划多线路和多通道的国际物流大通道，形成相互补充、相互制衡的

安全可靠通道。

1. 加速临沧中缅新通道发展

以中缅新通道首发为契机，以打通环印度洋地区大通道为主攻方向，将云南打造成为中缅"双循环"发展中的重要战略支点。建议：一是支持临沧市尽快成立中缅新通道物流和运营中心，以"政府主导，企业运营"的运营模式开展对外市场合作，邀请省内外企业入股运营平台，探索建设国际多式联运中心，形成临沧—仰光境内境外双枢纽和沿途多点集输格局，与省内外、国内外货代和物流公司建立战略合作伙伴关系，实现共担风险、共享收益。二是支持相关部门尽快成立相关课题研究项目，为新通道建设提供决策意见，并出台相应支持政策，将通道建设中的难点堵点问题变特事特办为常事常办，保障新通道常态化运行。

2. 延伸思考中老铁路发展可能

以率先落实 RCEP 简化海关手续、运输领域扩大开放等各项条款为抓手，借助大通道逐步扩大云南对外贸易的市场规模和范围，同时发挥枢纽作用，力争做到联通环印度洋与欧洲贸易市场。以中老铁路开通为契机，建议：一是积极谋划从缅甸毛淡棉、土瓦港口转口经泰国进入老挝对接中老铁路的方案。二是谋划从确定泰国拉廊港直接进入泰国转口老挝对接中老铁路的方案。三是积极推进中老铁路通过老挝对接柬埔寨、越南的方案，积极推进中老铁路延伸至泰国、马来西亚和新加坡的方案。四是打造中老铁路特色专列，如针对泰国热带水果、越南海产品等量大且货源稳定的生鲜产品运输打造冷链专列，推动中老铁路辐射范围向环印度洋地区延伸。

3. 协调推进中越物流走廊

滇越方向是云南省最早实现铁路、公路连接基础条件的方向。云南省积极配合交通运输部完成中越、中老国际道路运输会谈工作，分别与老挝和越南开通了 19 条和 10 条国际道路客货运输线路，建立了滇老、滇越双边国际道路运输会谈、口岸定期会晤以及相应的企业合作机制。建议：一是积极规划建设中越河口—河内—海防，河口—河内—胡志明的铁路公路对接海运的物流方案。二是支持企业加速在中南半岛国家布局跨境物流网络，探索推进中国（云南）—越南—老挝—泰国—柬埔寨等中南半岛国家的国际陆水联运。三是通过疫情防控援助加强与老挝、越南等中南半岛国家的友好交往，利用会展、驻外商务代表处等平台吸引跨境物流企业发展沿线多式物流，形成产业。

（二）做好三件工作

1. 引入和培育跨境物流市场主体

一是鼓励并引进龙头企业，如中远海运、中铁集装箱公司、中海通等全方位参与跨境通道建设与运营工作。对外引入境外物流企业，尤其是老挝、泰国等 RCEP 成员国的国有控股运输企业，建立多边利益共享机制，借助境外运输企业的资源，协调解决境外口岸通关、返程货源等问题，合力开展国际多式联运，拓展跨境物流辐射能力。二是发挥昆明企业聚集度高的优势，培育一批资源整合能力强、运营模式先进的国际多式联运经营主体，鼓励和支持基础较好的企业通过技术创新、规模扩张和并购重组等方式拓展国际物流业务。创新个性化服务模式，着力打造一批专注于细分市场的"专精特新"本土中小物流企业。三是鼓励省内快递企业与跨境电商企业深度合作，在 RCEP 其他成员国设立分支机构，发展跨境寄递业务。四是着力培育专门为跨境物流产业发展提供技术和装备研发生产服务的高新技术企业，支持跨境物流技术设备、管理模式创新和研发，加强先进技术在跨境物流运作和管理体系中的应用。

2. 扩大物流规模

一是加大财政专项资金支持，将现代物流作为重点产业发展，将通道建设本身作为产业发展，促进物流与贸易并重，通过物流发展带动运输贸易一体化，通过贸易扩大物流规模。二是谋划跨境电商带动跨境物流发展。鼓励有条件的州市申请国际快件监管中心、邮件互换局等资质，提前布局口岸边境仓、重要港口海外仓等基础设施，申建多式联运监管中心，打造跨境电商综合服务平台，形成"通道+跨境贸易"发展模式。三是加强园区联动合作。支持大通道节点上的重要园区探索与中国（云南）自由贸易试验区联动创新。加强与缅甸、老挝等 RCEP 成员国的产能对接，加快跨境产能合作，鼓励共建共营边境经济合作区。四是借势在 RCEP 其他成员国建设国际物流节点，特别是在辐射范围广，连接万象、曼谷、曼德勒、河内、仰光等重要出境铁路、公路及港口，与云南贸易进出口量较大的国家的轴心城市，支持有条件的企业在节点建立采购中心、"海外仓"和物流配送服务网络，开展国际物流业务。

3. 优化口岸通关监管合作

一是借鉴重庆经验成立口岸和物流办公室，统筹口岸管理与物流产业深度融合发展，实现"一个窗口"服务。并以此部门牵头，厘清海运、陆运、铁路部门的合作管理机制，确保多式联运顺利衔接。二是加强沿线国家海关的"执法互助、信息互通、监管互认"，推动对大通道多式联运专列开通"绿色通道"，通过口岸之间签订合作备忘录等方式，实现沿线国家口岸"关检合作，一次通关"。三是利用好中国海关与新加坡、韩国、澳大利亚、新西兰和日本等 RCEP 成员国的 AEO 互认，通过召开线上线下专题政策宣讲会主动送政策上门，鼓励指导更多企业成为 AEO 企业，提高企业跨境物流效率。

（三）实现三个突破

1. 开启多维度国际合作模式

一是建议云南主动向国家汇报，争取国家有关部委加强与南亚东南亚国家在发展战略规划和重点项目建设的对接，积极开展外交对接推动成立高层次的互联互通协商机制，尽早商签与 RCEP 其他成员国的"国际道路运输协定""陆水多式联运协定"等相关协定，实现与 RCEP 成员国在运输标准、检验检疫标准、结算方式跨境物流配套方面的效率对接。二是通过对外援助协助与云南进出口贸易较大的 RCEP 成员国进行基础设施建设，弥补周边国家基础设施薄弱的短板，尽早实现境内外物流畅通衔接的国际物流通道体系。三是支持云南发挥民间交往作用，借力中缅经济走廊、中国-中南半岛经济走廊，搭建中国（云南）与缅甸、老挝等国的 RCEP 框架合作协议，与沿线国家主动探索政府、智库、企业多维度合作模式。四是加强大通道沿线国家之间国际贸易、跨境结算、旅游、文化等方面的合作，利用商会组织、海外侨商力量，助力互联互通。

2. 加强省际合作模式

一是建议组建由省领导牵头的云南省环印度洋地区大通道建设领导小组，负责规划布局与统筹协调。牵头制定大通道建设总体规划，明确战略定位、空间布局、发展目标和重点任务。二是以省委省政府牵头与西部省份签订战略合作协议，成立环印度洋地区大通道联盟，召开大通道建设情况新闻发布会等，邀请兄弟省区共商共建新通道，扩大通道影响力。三是邀请国内相关省份、大通道沿线国家有关领导，围绕通道建设、经贸往来、政策解读、招商引资等，举办国际论坛、专家论坛、企业家论坛，就大通道建设出新思路、新方向。

3. 创新跨境物流模式

一是提高多式联运能力。依托昆明商贸服务型、空港型、陆港型国家物流枢纽建设，加快昆明国际多式联运试点建设，对内与重庆、成都、上海、深圳、宁波各地铁路、公路、航运、水运优势开展区域多式联运合作。对外依托曼谷港、仰光港、西哈努克港等发展"铁公海"国际多式联运。二是加快跨境物流公共信息平台建设，整合政府运营的云南国际"现代物流云"综合信息服务平台与企业平台数据资源，建设集运输业务、线路设计、运踪查询、金融服务、数据服务、供应链服务（运贸一体化）等多功能为一体的多语言（中、英、老、泰等）公共信息服务平台，通过平台促进业务线上化迁移，提升整个物流产业链的运营效率。三是创新利用多种物流模式，发挥聚合效应。例如通过"国际物流专线+海外仓""国际邮政+国际快递+国际物流专线+海外仓""集货物流+保税区物流"等多种模式联用提升跨境物流运输水平。

参考文献

[1] 葛金田. 跨区域物流网络体系构建与物流大通道建设研究 [J]. 东岳论丛, 2017, 38 (12): 102-107.

[2] 李严锋, 张焰. 云南面向南亚东南亚跨境物流发展现状与对策 [J]. 中国物流与采购, 2019, (08): 2.

[3] 李婷, 宋颖, 张晗, 王若谷. 延伸中老铁路境内辐射范围，促进区域经济协同发展 [J]. 中国储运, 2022, (02): 181-182.

[4] 赵雪松. 云南省面向南亚东南亚跨境电商物流发展研究 [J]. 物流工程与管理, 2020, 42 (05): 3.

[5] 王智慧, 刘昆林. 物流业助推高质量发展对策研究 [J]. 内蒙古统计, 2019, (04): 62-65.

云南将全面进入集装箱时代

蒋 兰 李 婷①

一、集装箱运输发展概况

（一）集装箱运输概况

集装箱运输（container freight transport），是以集装箱这种大型容器为载体，将货物集合组装成集装单元，以便在现代流通领域内运用大型装卸机械和大型载运车辆进行装卸、搬运作业和完成运输任务，从而更好地实现货物"门到门"运输的一种新型、高效率和高效益的运输方式。目前，集装箱按照用途分类，通常分为干货柜、冷藏柜、油罐柜、平板柜、开顶柜、挂衣柜；按箱型分类，通常分为普柜、特种柜，特种柜主要有冷藏柜、罐式柜、平板柜、开顶柜、挂衣柜。目前常用的普柜集装箱规格见表6-2。

表6-2　普柜集装箱规格

规格	箱内尺寸/米			开门尺寸/米		装货容积/立方米	配货毛重/吨
	长	宽	高	宽	高		
20 英尺②	5.898	2.352	2.385	2.340	2.280	28	17.5
40 英尺	12.032	2.352	2.385	2.340	2.280	56	22
40 英尺高柜	12.032	2.352	2.690	2.340	2.585	68	22
45 尺高柜	13.556	2.352	2.690	2.340	2.585	78	29

---

① 蒋兰，云南省国际贸易学会；李婷，云南省商务研究院。
② 1 英尺 = 0.3048 米。

集装箱货物的包装方法：根据集装箱货物的包装数量和包装方式，可分为整箱和拼箱。整箱（Full Container Load，FCL）指托运人将货物装入整箱后，以箱为单位检查的集装箱。当托运人有足够的货物来装载一个或几个完整的集装箱时，通常采用这种情况。除了一些大型托运人有自己的集装箱，通常从承运人或集装箱租赁公司租赁某些集装箱。空箱运输到工厂或仓库后，在海关人员的监督下，货主将货物放入箱中，锁好、密封后交给承运人并获得车站收据，最后用收据交换提单或运单。拼箱（Less Than Container Load，LCL）是指承运人（或代理人）接受货主托运的小客票，数量少于整箱后，按照货物的性质和目的地进行分拣。将前往同一目的地的货物集中到一定数量组装成箱。因为箱子里有不同主人组装的货物，所以叫 LCL。当发货人的寄售数量不足以装满整个箱子时，采用这种情况。包装货物的分类、分拣、集中、包装（拆包）、交付等工作均在承运人的码头集装箱货运站或内陆集装箱中转站进行。

集装箱货物的交付方式：集装箱货运分为整箱和拼箱两种，因此交接方式也有所不同。综观当前的国际惯例，大致有以下四类：一是整箱交整箱接（FCL/FCL），货主在工厂或仓库将整箱货物交给承运人，收货人在目的地收到整箱货物。二是拼箱交拆箱接（LCL/LCL），发货人将在集装箱货运站或内陆转运站将少于一整箱收据的托运货物交给承运人，由承运人负责货物的包装和拆包。三是整箱交拆箱接（FCL/LCL），货主在工厂或仓库将整箱货物交给承运人，承运人负责在目的地集装箱货运站或内陆转运站开箱后，各收货人凭借凭证收货。四是拼箱交整箱接（LCL/FCL），发货人将在集装箱货运站或内陆转运站向承运人交付少于一整箱收据的寄售货物，由承运人分类调整，将同一收货人的货物组装成一个整箱。运输到目的地后，承运人整箱交货，收货人整箱收货。其中，全集装箱交接和全集装箱连接效果最好，也能充分发挥集装箱的优势。

集装箱货物的交货地点：根据贸易条件，集装箱货物的交接一般分为：门到门（door to door），从托运人的工厂或仓库到收货人的工厂或仓库。门到场（door to CY），从托运人的工厂或仓库到目的地或卸货港的集装箱堆场。门到站（door to CFS），从托运人的工厂或仓库到目的地或卸货港的集装箱货运站。场到门（CY to door），从起运地或包装港的集装箱堆场到收货人的工厂或仓库。

（二）国内集装箱运输发展整体态势良好

集装箱运输市场逆势增长。据交通运输部统计数据，2020 年，全国规模以上港口集装箱运量达到 26430 万 TEU①，同比增长 1.2%，在 2020 年全社会货运总量同比下降 0.5% 的背景下，集装箱运输市场逆势增长。其中，港口集装箱吞吐量快速增长。根据交通运输部数据，2016—2021 年中国规模以上港口集装箱吞吐量逐年增长，到 2020 年达到 26430 万 TEU，同比增长 1.2%。2021 年上半年，全国港口累计完成货物吞吐量 764334 万吨，同比增长 13.2%；累计完成集装箱吞吐量 13818 万 TEU，同比增长 15.0%。铁路集装箱发送量进一步增长。据中国国家铁路集团有限公司数据显示，2020 年上半年新增集装箱办理站点 301 个，集装箱运输对铁路货运增量的贡献率达到 82%。2021 年上半年铁路集装箱发送箱完成 1259 万标箱，同比增长 29.5%。但总体来看，目前国内铁路、港口的集装箱运量占比仍然较小，与发达国家水平相比还有一定差距，未来行业增长空间较大。

集装箱制造业繁荣发展。集装箱运输的迅速发展带动了集装箱制造业的繁荣。集装箱制造业主要包括干货集装箱、冷藏集装箱及罐式集装箱等其他各类特种集装箱的制造。2016—2020 年中国集装箱产量波动变化，2020 年产量为 9863.6 万米³，同比增长 12.3%。2021 上半年我国金属集装箱产量为 10442.4 万米³，同比增长 168.2%。目前中国生产的标准干货集装箱占世界产量的 90% 以上，集装箱产销量十多年来一直保持世界第一。

（三）云南大力推进集装箱运输发展

铁路集装箱发货量同比大幅增长。2021 年以来，云南铁路持续深化路企战略合作，优化货物运输结构，全面实施"宜箱则箱"战略，新增集装箱办理站点 7 个，不断提升铁路集装化运输比例。2021 年上半年完成货物发送量 3153.9 万吨，同比增加 306.7 万吨，增幅达 10.8%。其中，铁路集装箱发送量达到了 1147.7 万吨，同比增加 338.1 万吨，增幅达 42.0%。

---

① TEU（Twenty-feet Equivalent Unit），标准箱（是集装箱运量统计单位，以长 20 英尺的集装箱为标准），即 1 TEU ＝一个 20 英尺标准集装箱。TEU 通常用来表示船舶装载集装箱的能力，也是集装箱和港口吞吐量的重要统计、换算单位。目前世界上最大的集装箱船为 24000 TEU 级别。

创新集装箱运输模式，优化服务流程。为充分发挥集装箱运输低碳、环保及在海公铁联运中装卸方便等优势，中国铁路昆明局集团加大敞顶箱运用组织力度，在全路首创投入 80 只侧开门集装箱用于电厂电煤在线卸车，解决了电厂电煤在线卸车问题，提升了作业效率。为满足市场需求，云南铁路持续完善果蔬鲜花班列运输，全国首家投用新型蓄冷保温集装，实现"门到门"式的将云南鲜花运往全国各地，2021 年上半年发运冷链鲜活货物超 2180 吨。为服务贵州省六盘水市盘州市柏果镇煤矿运输需求，中国铁路昆明局集团改造集装箱箱体进行煤焦运输，为煤焦企业有效降低了运输成本和货物损耗，并改善了运输过程中焦炭落地、破碎、污染等情况，截至 2021 年 8 月 26 日，柏果站完成装车 58653 车，日均 248 车，同比增长 5.4%；发送货物 303.55 万吨，同比增长 1.5%。

二、全球集装箱发展面临新困境

（一）各大港口拥堵持续，海运集装箱价格飙升

自 2020 年新冠肺炎疫情暴发以来，全球航运供应链陷入瘫痪，全球缺柜塞港事件不断上演，塞港问题持续恶化。截至 2021 年 8 月中旬，全球有 353 艘集装箱船停泊在世界各地的港口外，比 2020 年早期增加了一倍多。根据 Drewry 的数据，2011 年至 2020 年 3 月期间，从上海到洛杉矶的平均运费每个集装箱 1800 美元左右。2021 年 7 月起，从中国运往欧洲和美国西海岸主要港口的标价接近每集装箱 12000 美元，一度出现从上海到纽约的运费触及 15035 美元的纪录高位。2021 年海运运价指数①持续上升达到新高点。据行业咨询机构 Container Trades Statistics（CTS）统计，2020 年中国出口集装箱运价指数（CCFI）均值为 984.4 点，到了 2021 年上半年，CCFI 均值为 2066.64 点，同比增长 133.86%。直到 2021 年 8 月，中国运价指数继续飙升，到达 2978.47 点。

---

① 海运运价指数指的是海上运输价格变动的相对数，主要被国际航运市场用来反映海上运输价格的水平和动态。波罗的海交易所发布的四个运价指数是国际上最常用的运价指数，分别是波罗的海好望角型船、巴拿马型船、灵便型船的运价指数以及干散货船的期租费率指数。

（二）海运集装箱价格上涨，带来系列连锁反应

随着疫情得到一定程度的控制，全球经济逐步复苏，中国对外出口上涨，海运迎来"爆发式"增长，出口使用集装箱需求增加，但国内集装箱产量水平相对较低，且全球各大港口因疫情防控、海外疫情反复等造成大量船只被耽搁，大量空箱在美国、欧洲和大洋洲等地积压，大量集装箱"有去无回"。加之全球各大港口政策收紧等进一步激发了供应链供需矛盾等因素，导致集装箱运费价格上涨，也带来了一系列连锁反应。一是干散货运①价格上涨，标普全球普氏②7月20日公布的报告指出，部分商品的干散货运费已经处于11年来的高位。随着干散货运费上涨，谷物类大宗商品、商业成品、生鲜、蔬菜等价格受到一定程度影响，且推高了多种食品价格。二是中欧班列运价翻番。因集装箱短缺和中欧班列开行数量和货运运量纪录不断刷新，中欧班列也面临着集装箱紧缺的问题。疫情前，中欧班列40英尺大箱运价维持在3000～5000美元，目前已经上涨到1万多美元，且舱位大多需要提前一个月预订。

三、云南发展集装箱运输适逢其时

一方面，RCEP将于2022年正式生效，RCEP简化了海关手续，采取预裁定、抵达前处理、信息技术运用等高效管理方式将帮助中国出口商品在目的国海关通关效率大大提升。另一方面，8月25日，中老国际物流通道货运班车顺利发车。8月27日，中缅新通道（仰光—临沧—成都）海公铁联运测试货物首次顺利到达四川省成都国际铁路港。该批货物自新加坡海运至缅甸仰光港，经公路运输自云南临沧入境，又经铁路运输直达成都。12月2日，中老铁路即将开通运营，中老铁路连通云南昆明至老挝万象，云南物流大通道将进一步贯通中南半岛。加上已建成通车的昆明至河内的铁路线路，至此，云南已形成东中西三个方向的国际物流大通道格局。随着"中缅新通道"贯通和中老铁路的开通，高效集装箱运输将迎来发展高峰，并将成为跨境运输、多式联运的核心

---

①　干散货，是指像谷物、铁矿石、煤炭等能够以散装形式处理和运输的物品。

②　标普全球普氏隶属于标普全球（纽约证券交易所代码：SPGI），是商品和能源市场的信息和基准价格的重要独立提供机构，在150多个国家都拥有客户，随时关注新闻、定价和分析方面的专业观点。

支撑。云南应该提前谋划，为发展集装箱运输提供支持，做好准备。

（一）提升昆明王家营西集装箱中心站综合服务能力

1. 提升王家营西集装箱中心站基础设施

基于王家营西集装箱中心站空间有限，应进一步提升场站的基础设施和场站利用率。加强王家营西周边道路基础设施建设，对道路进行客货分流并设置货车专行通道提高进站效率。加强场站内基础设施建设，加强对集装箱作业区、快运作业区、特货装运作业区、整车货物作业区的基础设施提升改造，在条件允许情况下大力引进先进装卸设备，合理规划作业动线，提升运转效率。明确场站的主要集货方向、提升场站的利用效率。引导推动大宗货物如矿产、煤等货物通过桃花村站、研和站集结运输，王家营西集中于日用品和特货等的运输。

专栏 1　广西钦州铁路集装箱中心站引进自动化装卸作业设备

钦州铁路集装箱中心站定制了 6 台具备全路最先进技术的远控自动化门吊。6 台门吊是具有我国铁路自主知识产权的全自动智能化门吊，为全国铁路系统首批，代表世界铁路集装箱自动化、智能化的最高水平。该批门吊作为全路自动化智能化集装箱装卸设备的标杆和引领，有力促进并推动了铁路货场设备管理的精细化、绿色化、智慧化进程。钦州铁路集装箱中心站引进的 6 台设备，与规划中的钦州保税港区自动化设备在同一张智慧网下融合运行，发挥大规模自动化设备的集群优势，为实现西部陆海新通道海铁联运"下船即上车、下车即上船"和建设北部湾国际门户港发挥积极作用。钦州铁路集装箱中心站是全国已建成的第 12 个中心站，配置有全路最先进的智能化场站设施设备，也是目前唯一实现海铁联运无缝衔接的铁路集装箱作业场站。

---

2. 打造"互联网+"场站

加强王家营西集装箱中心站的网络基础设施建设，基站建设、网络优化、5G 专网的建设、场站自有核心网建设、MEC① 搭建、高精度定位等网络基础建设，加强物联网技术等在场站管理、现场作业、管理运营等方面的运用，将

---

① MEC（Mobile Edge Computing）全称为边缘计算技术，是信息通信技术融合的产物，也是支撑运营商进行 5G 网络转型的关键技术，以满足高清视频、VR/AR、工业互联网、车联网等业务发展需求。

互联网和新兴技术应用到集装箱中心站的集装箱分类、装卸、转场、存放、进出站等各个环节。引进和打造集装箱智能远程控制系统和设备，实现从货物、箱体的信息采集、录入、核查、检对，到验箱、配箱等全过程的远程、无人操作，减少站场作业人员，提高集装箱的装卸和转运效率，降低作业过程中的安全风险。

3. 全面提升王家营西集装箱中心站的综合配套服务能力

加快建立中心站物流服务体系，通过王家营西集装箱中心站完善的集装箱信息系统、仓储设施、场地设施等优势，发展代理、仓储、分拨、配送和汽车集运业务，实现车站和客户之间的数据共享与交换，形成有集装箱运输特色的物流服务经营体系。解决集装箱"最后一公里"转运问题，建议中心站引进集卡车辆调运信息平台，实现集卡车辆信息的及时查询和调运。整合社会集卡车辆资源，引进社会成熟集卡车队，组建集卡车队，服务短程集装箱运输。打造集装箱预约平台，充分利用中国铁路 95306 网站、打造微信"小程序"专属集装箱预约平台，为客户提供货运"一站式"办理、货物追踪、到达预测等服务，及时推送集装箱货运信息，让客户可及时根据需求进行集装箱预约，缩短集装箱等候时间。

（二）提前谋划，做好针对中老铁路开通的备箱工作

1. 按需储备、调运集装箱，专货专箱

提前谋划，主动开展中老铁路沿线及周边城市、"海公铁"联运辐射区域的货源调查，摸清当前既有产业、产品现状，主要进出口产品的性质。有针对性地提前谋划，储备符合各类商品运输需求的集装箱，避免"一箱难求"，通过专货专箱专业化服务，更好地满足专业化运输需求。

专栏 2　提前配备各类集装箱
1. 干货集装箱：满足对东盟的日用百货、医药、纺织品、工艺品、化工制品、五金交电、电子机械、仪器及机器零件等的运输需求。
2. 通风集装箱：满足东盟进出口的无须冷藏的水果、蔬菜等的运输需求。
3. 冷藏集装箱：满足生鲜、肉类的进口及温带水果、蔬菜的出口等的运输需求。
4. 罐式集装箱：满足成品油、化学品等的运输需求。
5. 散货集装箱：满足粮食、饲料等进口，水泥等出口的运输需求。

2. 推出满足重点客户需求的定制服务

结合云南大型企业的大宗货物运输需求，制定专门的集装箱服务方案。如针对云天化集团的进口硫黄和出口化肥需求，中国铜业、云锡集团、冶金集团等生产有色金属的企业进口铜精矿、锌精矿等原材料的运输需求，定制专门的集装箱，减少货物损失，提高运输效率。畅通自备集装箱与铁路集团的对接机制，针对云南大型企业如云天化化肥出口等大宗货物出口需求，制定相应的集装箱运输优惠政策，降低自备集装箱的运价率，明确自备集装箱运输的对接体系、收费标准等。

（三）解决中老铁路沿线空箱调运问题

1. 加强对集装箱的追踪

建议由中国铁路昆明局集团有限公司对铁路集装箱进行信息化管理，引进先进集装箱追踪系统，对集装箱位置、空重状态、货运需求等信息进行追踪，及时发布集装箱运用、空箱分布及空箱需求数据。编制全路集装箱空箱调配一体化方案，对集装箱进行统一管理，并根据各个铁路站点的需求进行调运。

2. 打通集装箱循环体系

打通集装箱运输"大循环套小循环"模式，重货入境和出境的集装箱在无返程货物的情况下，可进行段内短程循环运输。如加强昆明与重庆、昆明与南宁，段内各个站点间的集装箱调运循环。

专栏3　中国铁路太原局集团有限公司空箱调运模式

中国铁路太原局集团有限公司实施"循环使用车体+重去重回"运输模式缓解空车不足，提高运输效率和效益。针对煤炭保供50天专项行动期间空车阶段性紧张的情况，太原局集团公司在组织实施"太原至武汉煤炭集装箱大循环"运输的同时，将回送空车、空箱优先在管内进行"赵城至东镇间焦炭集装箱小循环"运输。"大循环套小循环"的运输模式有效缓解了空车和空箱不足的被动局面，大幅提高了运输效率和效益。

大力推动"一箱到底"。推动铁路集装箱下水和海运箱上铁路，打通海公铁集装箱循环。支持中远海运、中海通等大型综合物流供应链服务商打通中老

国际货运班列与澜沧江—湄公河航运、中缅新通道之间的通道，实现铁路集装箱与航运集装箱的循环。

专栏 4　中远海运集运成功试点铁路箱联运"一箱到底"
上海中远海运集装箱运输有限公司（以下简称"上海集运"）率先成功试点了铁路箱"下水"联运项目。开通了"长江中上游—上海—海外"的铁海联运路径，实现了铁海联运对接海上丝绸之路，进一步拓宽了华东区域的物流通道。 　　2019 年 9 月上旬，上海集运第一批"先铁后水"模式试点箱从无锡站申请提取铁路空箱，装货后从无锡站发车至上海港，登上海船抵林查班港。2019 年 12 月初，上海集运又尝试"先水后铁"模式，从铁路杨浦站提取铁路空箱装货后配中远海运的日本线运抵神户港。在上海集运日本公司、泛亚航运的协同下，积极组织回程货源回运，第一批铁路箱在林查班港拆箱后回运上海后全部送还杨浦站，第二批装上进口货经海运中转后发往成都站，在成都站拆箱后返还。上海集运在华东区域成功实现了铁路箱内外贸货物"一箱到底"的全程多式联运物流新模式，完成了整个业务流的闭环。

3. 建立境外还箱点

整合中老铁路沿线国家企业资源，依托海外仓、海外物流园区在老挝万象、磨憨-磨丁口岸等重要节点建立中老铁路集装箱运输境外还箱点。如支持省级平台公司牵头，在老挝万象建立境外还箱点，负责集装箱空箱的回收、存储和提取。

专栏 5　湖北襄阳设立外贸集装箱还箱点
襄阳市商务局支持襄阳国际陆港投资控股有限公司联合马士基、中远海、万海、汉升等船舶公司在襄阳金鹰重工铁路物流园设立外贸还箱点。襄阳外贸集装箱还箱点用地面积近 4000m²，配套建有集装箱还箱点堆场、集装箱货运站、控制室、维修车间、停车场等设施。计划年吞吐量 5000 箱，其中进口箱 30%，出口箱 60%，中转箱 10%，目前放箱近 200 个，计划放箱 500 个。集装箱还箱点设立后，襄阳及周边外贸企业可以就近拆空还箱、提用空箱，物流成本大大降低。

（四）筹备建立集装箱共享平台

鼓励中国铁路昆明局集团依托中国铁路95306铁路货运网上营业厅，搭建中老铁路沿线及周边集装箱信息公开平台，协同各大物流园区、运输企业、集装箱公司、外贸企业，整合铁路集装箱、企业自备箱等资源，实现集装箱信息公开、资源共享。依托中国铁路95306网站和微信小程序，进一步开发完善功能，实现对集装箱的监管监控，提供集装箱线上线下一体化服务。

专栏6 铁集共联"共享集装箱平台"
由成都铁集共联科技有限公司创新研发的"共享集装箱平台"正式上线运营。客户可通过铁集共联"共享集装箱平台"App，使用手机扫码用箱及归还，按天计费（60元/天），免收押金，异地归还，实现更加方便快捷的操作。集装箱配备有RTCC专用智能锁、定位器，可严格管控集装箱的箱门开关和监管集装箱的位置信息，为用户提供了完善的线上线下一体化服务，用户可及时掌握集装箱动态，为实现集装箱多式联运提供了技术支持。

（五）倡导建立 RCEP 集装箱调运协调委员会相关机制

一是与老挝、泰国、缅甸等RCEP成员国统筹协调，协定出台铁路运输、集装箱运输相关的规范性文件和技术法规、争端解决机制，推动跨境铁路运输的标准化、便利化。二是由省交通运输厅、中国铁路昆明局集团、省商务厅等部门联合建立集装箱调运协调机制，统筹拟订保障集装箱调运的综合工作方案和政策措施，协调解决出现的重大问题。三是由中国铁路昆明局集团、集装箱公司、物流企业、外贸企业等建立联席会议机制，不定期就集装箱运输相关内容进行会商，互通信息。

表6-3　中国与周边国家运输相关协定

时间	标题	主要内容	涉及国家
1979.03.23	《中华人民共和国政府和泰王国政府海运协定》	协定就中泰海运相关问题进行了明确	中国、泰国

时间	标题	主要内容	涉及国家
1993.12.03	《中华人民共和国政府和老挝人民民主共和国政府汽车运输协定》	协定就两国间定期和不定期的汽车旅客运输（包括游客）、货物运输通等稳定进行了明确。	中国、老挝
1994.11.22	《中华人民共和国政府和越南社会主义共和国政府汽车运输协定》【已终止】	协定就两国间定期和不定期的汽车旅客运输（包括游客）、货物运输通等稳定进行了明确。	中国、越南
2000.04.22	《中老缅泰澜沧江-湄公河商船通航协定》	该协定规定，此次四国缔约方一致签约的开放港口共十三个，分别是：中国的思茅、景洪、孟军、关累；老挝的班赛、相果、孟莫、会晒、琅勃拉邦；缅甸的万盛、万崩；泰国的清盛、清孔。实现开放后，四方缔约国的船舶在中国思茅港至老挝琅勃拉邦水域上可自由航行，不征收任何税费，在办理进出港手续、海关及其他手续和服务上相互给予优惠待遇，实现共同开发、共同受益、共同保护、共同振兴的目标。	中国、老挝、缅甸、泰国
2002.11.03	《大湄公河次区域便利货物及人员跨境运输协定》	协定主要包括跨境手续、道路标志、运输价格、海关检查、车辆管理等涉及交通运输领域的便利化措施，旨在实现GMS 六国之间人员和货物的便捷流动，使该次区域公路网发挥最大效益，使GMS 各国在交通基础设施投资的"硬件"方面与便利客货运输的"软件"方面协调发展。	中国、老挝、越南

续表

时间	标题	主要内容	涉及国家
2007.12	《中国－东盟海运协定》	协定共有 16 条，主要包括船舶的待遇、船员方面的问题、便利化运输、船上管辖权、付款和汇款方式、海事合作、争端的解决机制以及保护国家安全和公共卫生等方面的内容。	中国、东盟
2012.03.12	《中华人民共和国政府和越南社会主义共和国政府关于修改中越两国政府汽车运输协定的议定书》《中华人民共和国政府和越南社会主义共和国政府关于实施中越两国政府汽车运输协定的议定书》【两定协议】	"两定协议"与 1994 年签订的协定和 1997 年签订的议定书相比较，"两议定书"在运输合作范围、运输模式、出入境车辆管理等方面内容进行了修改补充；"两议定书"还增加了公务车辆相互驶入的有关内容，实现中越间公务车辆相互驶入的历史性突破，对拓展个人自用车等非经营性汽车运输活动将起到积极的示范效应。"两议定书"的签订标志着中越两国国际道路运输合作进入一个新的发展阶段。	中国、越南
2014.09.12	《上海合作组织成员国政府间国际道路运输便利化协定》	协定为国际道路运输通畅提供可靠的法律保障，简化和加快通关手续，消除非物理性障碍，降低运输成本，提升成员国间经贸合作水平。同时，为上合组织各成员国开展国际道路运输提供便利条件，推动区域互联互通，促进各成员国间经贸合作与发展。	中国、哈萨克斯坦、吉尔吉斯斯坦、俄罗斯、塔吉克斯坦、乌兹别克斯坦

续表

时间	标题	主要内容	涉及国家
2019.04.30	《中华人民共和国政府与老挝人民民主共和国政府国际道路运输协定》	该协定立足服务"一带一路"倡议，从中老两国经贸合作发展的大局出发，对中老两国政府 1993 年签署的双边国际道路运输协定进行了修订，就中老国际道路运输便利化相关内容作出了全面规定。该协定的签署，将为两国在"一带一路"框架下进一步提升互联互通水平、增进民间往来和人文交流、推动中老命运共同体建设发挥积极作用。	中国、老挝

参考文献

［1］李宝平. 卷钢集装箱化运输方案研究［D］. 大连：大连海事大学，2016

［2］王普玉. 国际贸易中拼箱运输业务发展分析［J］. 物流技术 2020 年第 39 卷第 11 期（总第 410 期）：9-13，17

［3］何凌.《王家营西集装箱中心站发展的思考》［J］. 铁道货运 2012-1：27-31

［4］张应华. 王福生. 王晓芳 .2018 甘肃商贸流通发展报告 2018 版［M］. 北京：社会科学文献出版社，2018：11

［5］蓝天. 为"击穿大柱山"的铁路建设者喝彩——云南省大瑞铁路大柱山隧道建设项目表彰大会举行［J］. 时代风采，2020（9）：7-8

抢抓 RCEP 重大机遇
深度参与云南铁路网建设

申雅洁①

《区域全面经济伙伴关系协定》（RCEP）的签订为云南正在推进的区域跨境物流中心建设、跨境农业合作发展等重点领域带来巨大发展机遇。云南省投资控股集团有限公司作为云南省 RCEP 研究专班成员，结合自身的实践探索和业务领域，就抢抓 RCEP 机遇，以铁路网为基础，支撑云南建设面向南亚东南亚辐射中心进行了深入考察和研究。

研究认为：建设面向南亚东南亚辐射中心，交通基础设施是基础，国际运输大通道是关键。而在众多的交通方式中，铁路建设，特别是高速铁路建设尤为突出。RCEP 的签订对中国铁路主动参与国际产业链供应链保障来说，犹如一阵春风。充分利用 RCEP，加快面向南亚东南亚的铁路网络建设，将有力推动云南辐射中心建设迈上新的台阶，将对云南构建"大循环、双循环"作出新贡献。

一、RCEP 为中国铁路和云南辐射中心建设带来的机遇

在 RCEP 中，贸易便利化相关协定、服务贸易及投资相关协定和电子商务的相关协定，都将有利于我国与 RCEP 成员国的进出口贸易，间接推动我国交通运输业发展，这也包括铁路运输。铁路将让国内各个地区之间经济相通，陆上国家相连，协同创造繁荣的经济生态。

---

① 申雅洁，云南省投资控股集团有限公司。

（一）铁路运输市场份额更加巨大

RCEP 成员国总人口、经济体量、贸易总额约占全球总量 30%，区域内 90% 以上的货物贸易将最终实现零关税意味着物流量有望持续增长。铁路无论是客流还是物流，都有其发展潜力和潜在的市场份额。铁路运输在中长途货物运输中有着运输能力较强、运输速度较快、运输成本较低、安全程度较高、受天气影响较小等特点，铁路运输或将成为中国与 RCEP 其他成员国货物贸易的交通运输主力。

（二）铁路建设项目范围更加广阔

目前，中国对东盟投资持续增长，其中包括铁路建设项目。如中国参与的雅万高铁、中老铁路、中泰铁路、马来西亚东海岸铁路等众多铁路基建工程。由于目前不少 RCEP 成员国属于传统农业国家或欠发达国家，其城市化和工业化发展滞后，对铁路运输的需求旺盛。同时随着中国与 RCEP 成员国贸易量的增长，RCEP 成员国自身以及和中国联通的铁路项目将会增多。这为"金融+物流+供应链+数字化"模式走出去带来巨大发展空间。

（三）国际经济合作更加多样化

RCEP 对于世界各国尤其 15 个成员国而言意义重大，云南作为面向南亚东南亚和环印度洋地区开放的大通道和桥头堡，是畅通"一带一路"和长江经济带的重要节点，是参与中国–中南半岛和孟、中、印、缅两个经济走廊建设的主要承载省份，与东盟各成员国家有着经贸关系密切的天然优势。RCEP 关于原产地规则、中小企业发展、经济与技术合作、政府采购等相关规定，以及中国（云南）自由贸易试验区的建设，都将有利于加快云南跨境电子商务的发展，为云南跨境电商发展提供巨大的市场空间，为云南辐射中心建设带来巨大利好。

二、云南辐射中心高速铁路网络的基本框架

阮成发书记曾指出，云南省要在抢抓 RCEP 机遇中，构建畅通的国际物流运输体系。要构建这一国家物流运输体系，加快铁路建设是基础中的基础。必

须充分发挥铁路，特别是高速铁路带动高端产业、高流动要素向高地聚集的虹吸聚集效应和传统产业、低流动要素向洼地聚集的溢出分散效应，加快构建以昆明为辐射核心区的向东、南、西、北辐射的四大高铁枢纽站和加快昆明到全省各州市的城际高速铁路网络；全面构建"一体两翼"的国际高速铁路线，以铁路大格局带动大交通、大物流。

（一）加快建设昆明四大高速铁路枢纽站

昆明是亚洲的地理中心和中国内地通往南亚、东南亚的必经通道，随着内地通往昆明高铁的开通，昆明必将汇聚来自国内外的人流、物流、信息流、资金流等，目前的昆明市吴家营高铁枢纽站虽然号称西南最大的高铁枢纽，但覆盖面窄、发展空间受限，来自东、南、西、北的高铁都汇聚于此，必将导致拥堵、无序、不便捷等一系列问题。因此，建议应时而谋、顺势而为、早做打算，围绕把昆明建设成为面向南亚东南亚辐射中心的核心区和枢纽城市，规划建设"东、南、西、北"四大对内对外开放的高速铁路枢纽站。

（二）全面推进城际高速铁路网和"市市通高铁"

随着云南经济快速发展、城镇化进程不断加快、辐射中心逐步形成，云南交通需求将处于一种高速膨胀的时期，尤其是各大城市群之间的通勤客流将会处于一种井喷的状态。为了适应城市群、开放经济、区域经济的快速发展，满足区域内人们出行、货物运输的需要，要加快建设运量大、污染少、速度快的城际高速铁路网。因此，建议提速现有城际轨道交通的同时，加快建设新的城际高速铁路，力争到2025年实现"市市通高铁"的目标。

（三）布局国际高速铁路网络

围绕孟、中、印、缅经济走廊和中国-中南半岛经济走廊，加快面向南亚东南亚各国的高速铁路建设，将使南亚东南亚各国与中国内地的时空距离发生历史性改变，为中国与南亚东南亚各国的交流和贸易往来提供高效、便捷的通道。建议推进中老铁路建设的同时，参与中缅高铁、中印高铁、中老泰高铁、中越柬高铁等铁路项目布局。

三、多措并举推动面向"两亚"的高速铁路网络早见成效

云南省地处我国西南边陲，政府财力有限，加上云南通往南亚东南亚各国的通道受自然地理环境影响，高铁建设成本高，在用好、用活、用足现有政策的同时，要打好联合牌，搭好开放台，唱好经济戏，加强区域和跨境合作联动发展，释放国际大通道潜力。

（一）打造国际货运"云南品牌"

以现有铁路干线为基础，形成以中老铁路区域性国际货运班列集结中心为枢纽，内联长三角、珠三角、成渝和京津冀等国内重要经济圈；外接老挝万象等南亚东南亚国家的内外互济铁路运输格局，打造国际货运"云南品牌"。

（二）加强与国铁集团合作

抓住国铁集团到云南会谈的机会，积极争取"十四五"期间国铁集团对云南省铁路干线建设的支持，帮助云南高速铁路枢纽站、城际高速铁路、出境高速铁路的规划及建设，云投集团代表省方参与相关项目出资和运营。

（三）不断推进国际交流合作

以论坛或展会形式邀请越南、老挝、缅甸、柬埔寨、泰国、孟加拉国、印度等国到云南探讨区域贸易、物流合作等事宜。推动建立联席会议机制，打通联运国际中转（过境）物流通道，探索运贸一体化业务合作。

（四）争取亚洲基础设施投资银行对云南省"一带一路"项目的支持

争取亚洲基础设施投资银行将云南跨境高速铁路建设项目作为国家铁路"一带一路"规划的重点项目，给予政策和资金支持。

第七篇

07

| 综合保障篇 |

抓住 RCEP 机遇
推动人员出入境便利化

何苏剑　李　璇①

目前国内的签证政策开放程度较低，手续、资格审查要求相对复杂烦琐，造成了出入境的不便。同时，云南省与 RCEP 中越南、老挝、缅甸三国接壤，但因这些国家经济发展水平有限，基础设施建设不完善等导致云南省与临近接壤国家的经贸往来存在一定程度的不便。

一、云南省跨国访问便利化发展面临的问题

（一）外国入境人员

1. 签证类别不够细，阻碍外国人申请国内签证

美国将非移民签证分为 18 大类 36 种，相比国内的 12 类 16 种，中国仍然存在签发标准不够详细、种类较少的问题。中国签证种类分为外交签证、礼遇签证、公务签证、普通签证。其中普通签证又分为 12 种 16 个类别。其中搜集 Quora、Reddiet、Facebook 等社交平台的信息后发现，外国人在申请 L（旅游签）、M（商务签）时不会存在太多问题，较难申请的类型是 J1（长期新闻签）、J2（短期新闻签）、D（永居）、Z（工作签），申请时经常面临审核材料较为严格、延期等多种情况。另外，相对于多数国家的外国人来说，申请签证时所需的行程单（尤其是申请西部地区的签证）、邀请函流程比较复杂烦琐，与申请美国、加拿大、英国的难度水平相当，造成了"中国签证申请难"这种

---

① 何苏剑、李璇，云南省国际贸易学会。

"风评被害"的情况。此外，中国签证的获取还存在"周期性"变化，除了让外国人觉得烦琐的材料清单外，一些"未成文"批签松紧期也造成了申请中国签较难的刻板印象。

2. 积分表运用不够广，对外国入境人员限制较多

RCEP 成员国经济发展水平参差不齐，国内的签证分类将不利于欠发达国家的居民申请中国签证。工作签证积分要素计分赋值表使获得中国签证的要求过高（仅针对高端人士）。同时，国内仅对申请工作签证采用积分要素计分赋值表，将来华工作外国人分为 A、B、C 三类，按标准实行分类管理。但设计上对于欠发达国家的考量不够，直接排除了中低层次的外籍人员，阻碍中老、中缅、中越等国家的双边合作。RCEP 签署后，区域关系发生改变，因此顶层设计需要根据时代发展进行调整、细化以适应国际关系变化。

（二）省内出境人员办理手续复杂、耗时长

1. 国家工作人员出境难

国家工作人员包括国家机关单位的工作人员，国有企业、事业单位和其他依照法律从事公务的人员。根据国家工作人员因公临时出国有关政策规定，国家工作人员因公临时出国（境）的团组人员总数，省部级以下不得超过 6 人；同一地区、同一部门的负责人原则上 6 个月内不得分别率团出访同一国家（地区），不得同团出访。同时还需根据工作需要尽量压缩在外停留时间，出访 1 国不超过 6 天，出访 2 国不超过 10 天，出访 3 国不超过 12 天，离抵境当日计入在外停留时间，严禁以各种名义前往未报批国家（地区），包括未报批的"申根国家"和互免签证国家。除此之外，国家公职人员外出调研差旅报销仅限于国内，缺乏对海外调研的政策支撑。例如商务干部外出开拓中东市场、欧洲市场时，因停留时间限制、出团限制等多种原因导致项目磋商无法进行，阻碍了云南省绿色食品牌海外市场开拓。

2. 企业人员出境难

首先，缅甸边境陆路口岸条件受限，不允许人员持护照入境，虽允许持边民通行证通行，但允许通行区域有限，这对我国企业在边境投资项目的出境经营管理造成极大阻碍。其次，申办边民证不得异地办理，企业人员需多次往返昆明与边境口岸所在地办证，影响了企业在海外业务的正常运营，导致部分企

业正常运营不得不通过"违规"申办替代种植等其他方式出境。另外，国企中层以上人员管理参照公务员管理办法，需要对方出具邀请函并提前一年报外事预算，导致国企相关负责人不能参与短期、临时突发的招投标、磋商等活动，严重影响了国企在海外市场的开拓。私企人员主要面临因现行政策导致的频繁绕行，增加了企业的负担与运转的周期。

3. 免签政策适用范围小

中国目前已经与 147 个国家缔结了互免签证协定，普通护照享受的免签政策少。参照 Passport Index 的分级方法，普通签证对应绿色 21 个、蓝色 36 个、黄色 3 个、红色 138 个①，综合签证便利度得分仅为 60 分。其中，中国与 RCEP 各成员国签订的协议大多数为有条件的免签、落地签协议。

表 7-1　中国与 RCEP 成员国签证情况

国家	新冠肺炎疫情发生前
印度尼西亚	免签 30 天，需从 124 个口岸入境。如从不符合规定的口岸入境，可办理落地签证
马来西亚	30 天，电子签证，经马来西亚转机前往任意第三国家（非始发地）并持有亚航或马航机票和第三国签证可免签 5 天。持有新加坡、泰国或印度尼西亚签证可落地签证 7 天
菲律宾	持官方旅行社行程单和酒店订单并由旅行社通知旅游局可落地签证 14 天
泰国	落地签证，入境需出示 20000 泰铢现金
新加坡	电子签证
文莱	14 天，落地签证，需提供机票和酒店订单
柬埔寨	落地签证/电子签证/30 天
老挝	落地签证/30 天
缅甸	落地签证/电子签证/30 天
越南	持有政府批准信可落地签证，富国岛免签 30 天
日本	需要签证。乘坐邮轮前往日本可免签 15 天

① 绿色：免签。蓝色：落地签或电子签。黄色：电子旅行授权。红色：需要签证或新冠停签。

续表

国家	新冠肺炎疫情发生前
新西兰	需要签证
韩国	济州岛可免签 30 天。持有欧洲 30 国以及美国、加拿大、澳大利亚（非电子签证）、新西兰签证可中转免签 30 天。指定旅行团、邮轮参观团可免签证 3 天
澳大利亚	需要签证

二、RCEP 机遇下推动人员流动便利化的对策建议

在 RCEP 机遇下，云南省应依托自由贸易试验区优势，主动向国家申请签证便利化示范试点，允许一定条件内的大胆创新，采用"细化管理，安全开放，积分申报"的模式，为跨国人员提供最大限度的便利化。争取从申请机制上做到"仅次于欧盟"的模式，管理上尽可能细化，强化治安风险防范，形成"安全、开放、和谐、共赢"的局面。

（一）外国入境人员

1. 探索对外教育合作

试点"青幼教育"项目，在与越南、老挝、缅甸接壤的有条件的县市，创办、改扩建一批中小学、幼儿园，为外国适龄儿童开班办学，免除对入境学习学生的证件要求，可凭学生卡在中国境内限定的县市范围内自由流动。探索在跨合区内开设职业技术学院，越南、老挝、缅甸的学生可持学生卡自由出入跨合区，鼓励省内大学在跨合区开设短期教学班、研学讲座，扩大云南省教育对外的影响力。

2. 对我国现有签证种类进行细分、增补

一是对 F 类签证进行细分。进一步将 F 类签证细化为 F-1、F-2、F-3 和 F-4 四类，分别为学术科研类、文艺演出和赛事类、国外非政府组织和民间团体类以及商务洽谈类。

二是对 R 类签证以职业为标准进行细分。进一步将 R 类签证细化为 R　1、

R-2、R-3 三类，分别为商业人才、科研人才以及其他技术人才。

三是增设宗教类签证 E。将国外合法从事宗教人员的名单予以备案，同时建立宗教极端主义"黑名单"，防范极端宗教势力窜入中国进行违法犯罪活动。

四是增设身患疾病类患者来华就医签证 B。细分就医签证为 B-1、B-2 两类，分别为须赴中国就医的外国人、就医者的随行家属。

五是增设 V 字开头的试验容错签证。对于赴国内创业的外国人、不符合已有签证类型的国际人才等无法归类的签证申请情况，在不威胁国家安全稳定、社会治安的前提下，可以酌情批准，探索更加符合云南省建设南亚东南亚辐射中心需要的签证政策。通过该类签证进行试验，推动签证便利化"试行—更改—实行"闭环。

六是细化 Z 字工作签证，对 Z-2、Z-3 签增加分数补偿。在云南省申请设立工作签细分试点，将工作签证分为发达国家（高收入国家）赴中国境内工作的人员、中等收入国家赴中国境内工作的人员、低收入国家赴中国境内工作的人员三种，率先对越南、老挝、缅甸到云南省就业人员发放 Z-2、Z-3 工作签，减少申请 Z-2、Z-3 工作签所需分值，减少对申请人工作经验的限制，降低云南省周边欠发达国家赴滇就业门槛。

表 7-2 建议试点调整的签证类别

签证种类		签发对象
B	B-1	申请赴中国就医的外国人
	B-2	申请赴中国就医的外国人的随行家属
C		执行乘务、航空、航运任务的人员
D		入境永久居留的人员
E		从事宗教事务的人员
F	F-1	学术科研类
	F-2	文艺演出和赛事类
	F-3	非政府组织和民间团体
	F-4	商务洽谈
G		经中国过境的人员

续表

签证种类		签发对象
J	J-1	常驻中国的外国记者
	J-2	临时来中国采访的外国记者
L		入境旅游或团体入境旅游的人员
M		入境进行商业贸易活动的人员
Q	Q-1	因家庭团聚申请赴中国居留的中国公民的家庭成员（配偶、父母、子女、子女的配偶、兄弟姐妹、祖父母、外祖父母、孙子女、外孙子女以及配偶的父母）和具有中国永久居留资格的外国人的家庭成员（配偶、父母、子女、子女的配偶、兄弟姐妹、祖父母、外祖父母、孙子女、外孙子女以及配偶的父母），以及因寄养等原因申请入境居留的人员
	Q-2	申请入境短期（不超过 180 日）探亲的居住在中国境内的中国公民的亲属和具有中国永久居留资格的外国人的亲属
R	R-1	商业人才
	R-2	科研人才
	R-3	其他技术人才
S	S-1	申请入境长期（超过 180 日）探亲的因工作、学习等事由在中国境内居留的外国人的配偶、父母、未满 18 周岁的子女、配偶的父母，以及因其他私人事务需要在中国境内居留的人员
	S-2	申请入境短期（不超过 180 日）探亲的因工作、学习等事由在中国境内停留居留的外国人的家庭成员（配偶、父母、子女、子女的配偶、兄弟姐妹、祖父母、外祖父母、孙子女、外孙子女以及配偶的父母）以及因其他私人事务需要在中国境内停留的人员
V		其他未归入类别表中的人员
X	X-1	申请在中国境内长期学习的人员
	X-2	申请在中国境内短期学习的人员
Z	Z-1	发达国家（高收入国家）赴中国境内工作的人员
	Z-2	中等收入国家赴中国境内工作的人员
	Z-3	低收入国家赴中国境内工作的人员

3. 试点新签证积分制度鼓励外籍人员入境工作、商旅

依托中国（云南）自由贸易试验区，主动向国家申请新签证积分制度试点，将积分要素计分赋值表的使用范围由工作签扩大覆盖到大多数签证类别，使签证申请由申请审核制向积分制转型开放。同时，细化积分要素积分表，缩小赋值区间，去除年龄等一些非必要要求的限制，同时明确所承认的资格证书清单和承认的大学名单。

一是调整提升中低收入层次人员的得分，放宽赴国内工作的准入门槛。放宽聘用单位支付年薪的范畴，将满分所需的 45 万元降低至 20 万元，即向 RCEP 成员国开放国内就业市场，同时细化子区间，平滑得分表，便于中等收入及以下人员申请签证。

二是细化受教育程度对申请人的影响。将"受教育程度或国际职业资质证明"调整为"受教育程度或专业职业程度"，增添"政策支持引进的人员类别""补充国内就业市场的劳工类别"，并对该两个类别采取浮动名单制，用于弹性调整省内的就业市场。

三是减少对申请人工作经验的限制，允许国内就业市场成为外籍人员的第一次就业地。放宽相关工作年限的要求，给予没有工作经验且想来华工作的外籍人士机会。取消每年工作时间、年龄两项非必要要求，给予有条件、有能力的人更多的便利。

四是强调中文的重要程度，同时增设英语，建设中国成为最佳就业目的地。调整语言考核项为汉语水平或英语水平，其中获得英语水平考试的人员获得的分数为汉语水平考试得分的一半，吸引双语人才、多语人才选择中国云南省成为就业地。

五是对其他条件进行重新设计，对符合条件的人员给予政策性普惠得分。明确毕业于国（境）外高水平大学的定性要求，制定对应的学历得分清单。同时调整"世界 500 强企业任职经验"为负面企业清单制，取消已连续在华工作年限 5 年及以上的加分。

表 7-3　建议试点调整的签证积分表

条件	区间	得分
国内聘用单位支付年薪（万元）（此项最高35分）	20 及以上	35
	[17, 20)	28
	[14, 17)	23
	[11, 14)	18
	[8, 11)	13
	[5, 8)	8
	小于 5	3
受教育程度或国际职业资质证明（此项最高25分）	博士，国际通用最高等级职业技能资格证书或高级技师或相当	25
	政策支持引进的人员类别	25
	硕士，技师或相当	20
	学士，高级工或相当	15
	补充国内就业市场的劳工类别	10
相关工作年限（此项最高15分）	每增加 1 年，增加 1 分	最高 15 分
	小于 2 年	5
	应届生	10
汉语水平或英语水平（此项最高 20 分）	曾经具有中国国籍的外国人	20
	取得汉语为教学语言的学士及以上学位	20
	通过汉语水平考试（HSK）五级或以上	20
	通过汉语水平考试（HSK）四级	16
	通过汉语水平考试（HSK）三级	12
	通过汉语水平考试（HSK）二级	8
	通过汉语水平考试（HSK）一级	4
	通过雅思8.5分以上、托福115以上	10
	通过雅思8分以上、托福110以上	8
	通过雅思7.5分以上、托福102以上	6
	通过雅思7分以上、托福94以上	4
	通过雅思6.5分以上、托福79以上	2

条件	区间	得分
其他条件（此项最高5分）	毕业于国（境）外高水平大学（见详细学历得分清单）	5
	或就职于不在负面企业清单范畴的	5
	或具有专利等知识产权的	5

4. 申请在云南省设立免签评估试点，扩大普通签证免签适用范围

近五年内，主要针对 RCEP 成员国协商逐步解除免签、落地签的条件，并依托 RCEP，增加过境免签政策的适用国家范围，在原有 51 国公民持有本人有效国际旅行证件的基础上，放宽更改成为 60 国（即增加除新加坡之外的东盟 9 国）。5 年之后，依托 RCEP，结合云南省产业需求实际，率先实现与新加坡、日本、新西兰、韩国、澳大利亚 5 个国家的互免签证。10～20 年内与剩余 9 个东盟国家逐步推进有条件的互免签证协议签署，尽可能地实现有一定经济条件、社会信誉良好、无不良记录的各国居民无限制、友好自由往来。

表7-4　与RCEP各国免签进程表

国家	时间及效果
日　本	2025 年前互免签证
新西兰	2025 年前互免签证
韩　国	2025 年前互免签证
新加坡	2025 年前互免签证
印度尼西亚	2030 年前有条件地互免签证
马来西亚	2030 年前有条件地互免签证
菲律宾	2030 年前有条件地互免签证
泰　国	2030 年前有条件地互免签证
文　莱	2030 年前有条件地互免签证
越　南	2030 年前有条件地互免签证
老　挝	2040 年前有条件地、逐步互免签证
缅　甸	2040 年前有条件地、逐步互免签证
柬埔寨	2040 年前有条件地、逐步互免签证

（二）省内加大管理试点创新

1. 深化边合区"一线放开""二线管住"

深化边合区凭进口舱单信息先行提运入区，再办理进境备案手续的模式；对出区及区域内货物，实行智能化卡口、电子信息联网管理模式，完善清单比对、账册管理、卡口实货核注的监管制度，实现区内货物自由流通。同时，简化跨合区入区手续，试点居民持有合法有效身份证即可入园进行商务往来、消费等活动。

2. 针对企业发放"一年多次往返"签证

协调和争取国家层面对企业、商务人员出入云南省接壤国家边境的便利政策，并将相关政策规定逐步扩大至 RCEP 成员国家。准许云南省发放面向重点投资项目企业中高层管理人员的"一年多次往返"签证，并根据项目进展需要，准予适当延长在投资成员国或关联投资成员国家境内停留天数。重点项目项下人员、车辆和物资出入境享受绿色通道服务。

3. 探索取消公务、商务人员出境限制

试点 RCEP 开放机制，推进经备案的 RCEP 重点项目项下的公务人员、国有企业员工、研究机构相关人员等国家工作人员按试点办法进行管理。试点取消公务签、商务签邀请函，鼓励主动出境洽谈合作，简化出境办理手续，开通出境 24 小时极速审批服务，支撑公务人员、商务人员参与国外紧急会议、商务谈判。试点取消国家工作人员因公临时出国（境）的团组人员数量的限制，同时取消对负责人 6 个月内不得率团出访、同团出访同一国家（地区）的限制，为云南省更好地嵌入 RCEP 服务于南亚东南亚辐射中心打好基础。试点取消出访多国停留时间的限制，允许因公临时前往未报批国家（地区）、"申根国家"、互免签证国家，给予因公出国人员一定的裁量权，为多边合作谈判建立基础。

4. 探索建立新发展机制

针对国企试点新的干部出境管理办法，实现国企人员能出境商务洽谈、能长期在外进行项目磋商等，解决国企赴外开拓市场的政策堵点。针对公务人员，探索试点"政府带队+企业谈判"的模式，允许以项目谈妥签订的最终日

期为相关人员在国外停留的最长期限。同时扩大对公务人员调研区域的限制，将 RCEP 成员国纳入可以调研、准予报销的范围。积极从国家及省级层面的协调，使护照通过越南、老挝、缅甸陆路口岸时享有与边境通行证、边民通行证同等效力，实现"三证合一"，争取中方企业中高层管理人员可凭护照（商务签证）享有从各陆路口岸入境越南、老挝、缅甸的便利政策。升级完善云南省口岸海关部门设备，提升云南省陆路口岸通行安全性、便利性。

5. 在南亚东南亚范围内推行"RCEP 商旅卡"计划

加速推动 RCEP 商旅卡的落地实施，适当扩大允许办理商旅卡的范围，延长商旅卡的有效期为 10 年，延长单个国家停留时间至 120 天。在越南、老挝、缅甸率先开展"商旅卡"先行试点，扶持欠发达国家建设电子化信息系统，降低办理门槛，惠及中低端商旅人士自由流动。加强 RCEP 项下经济合作，促进成员国间商务人员自由流动，积极争取各成员国相互为其商务人员提供多边长期签证和快速通关礼遇。

以云南方案助力 RCEP 法律服务支撑体系的构建

刘红春①　浦理斌②

2019 年，习近平主持召开中央全面依法治国委员会第二次会议时就反复强调，要加快推进我国法域外适用的法律体系建设，加强涉外法治专业人才培养，积极发展涉外法律服务，强化企业合规意识。当前形势下，以设立的自由贸易试验区签订的《区域全面经济伙伴关系协定》（RCEP）、初步确定的《中欧全面投资协定》及正积极考虑加入的《全面与进步跨太平洋伙伴关系协定》（CPTPP）为契机和指引，云南省应及时总结与全面升级涉外法律服务与法治建设云南方案，有效助力国家和各地 RCEP 法律服务支撑体系的一体化构建。

一、RCEP 法律服务支撑体系的现状

RCEP 的创新性主要是整合了之前与成员国签署的经贸协定，吸纳了日本作为新成员，其配套法律服务支撑体系需要系统化整合国家与各地的既有成果，改变碎片化状态，构建一体化同等适用于新旧成员国的支撑体系。但该体系存在以下不足：

第一，专门与针对性的国家和地方立法相对滞后。区域全面经济伙伴关系的有序落实与不断发展需要涵盖各领域的综合与专门国家配套立法的系统性支持，但目前全国性的法律欠缺，各相关省份也缺乏专门性、针对性的地方法律法规，这不利于区域全面经济伙伴关系的深度参与和推动，亦不利于我国在此

---

① 刘红春，云南大学。
② 浦理斌，国诰律师（昆明）事务所。

过程中主导作用的发挥。另外，部分 RCEP 成员国的法律体系与我国的法律体系具有较大差异，导致我国经贸合作者不适应当地国的法律环境；而且部分 RCEP 成员国还存在立法工作严重滞后于经贸合作需求等问题。

第二，区域经贸合作的执法保障不到位。部分 RCEP 成员国存在有法不依、执法不严等严重现象，特别是与我国接壤的国家，由于特殊的地理位置和历史原因，非法入境、非法居留、非法就业等边境问题突出，境外沿边一侧"黄、赌、毒"现象常态化，但执法合作的保障却相对乏力。以云南省为例，在越南、老挝、缅甸等边境，边民出入境、探亲访友通婚、互市来往频繁，但执法合作保障的机制体制尚不完善，执法权限不甚明晰，国际执法合作力度不够，区域经贸合作的部分领域与地域成为滋生犯罪的温床和违法犯罪的庇护所。

第三，既有法律服务质量有待提高。一是经贸合作国与我国律师及其他法律工作者提供的法律服务质量不高。在与 RCEP 各国开展经贸合作时，中资企业几乎完全依赖于所在国律师，但由于语言不通、经贸合作规划不够完善等原因，加之在最初签订协议时风险意识不强，在权利义务、合同语言及纠纷解决等方面，未充分利用资金优势争取主动权，以致中资企业时常陷入被动地位。而受聘于中资企业的境内律师，又因地域、语言、人才等方面的限制，无法及时、全面、准确地掌握和运用当地国的法律法规，更是无法提供专业、高效的法律服务。二是相对单一的法律服务无法及时有效地化解多元复杂的法律风险。在 RCEP 成员国开展经贸合作的中资企业，要面对不同国家和地区的法律制度环境，多变的市场监管体制及多元复杂的法律风险。相比境内法律服务而言，涉外法律服务需要能够熟练运用外语、精通国际法律规则、通晓域外文化的高素质涉外法律服务人才提供多元法律服务，包括 RCEP 各成员国法律法规及其适用规则，尤其经贸合作中的重点与关键领域。而且，对企业及国家而言，具体的经贸合作法律服务还要起到保障依法决策、防范经营风险、化解矛盾纠纷、维护企业权益、促进国家法治建设的重要作用。但是现有涉外法律服务相对单一，并没有专业精准涵盖以上领域，无法及时有效地化解多元复杂的法律风险。

第四，法律服务网络建设与人才培训相对滞后。一是健全完善的法律服务网络能够根据需求充分提供各类法律服务项目、产品，掌握公共法律服务的知晓率、首选率、满意率，开展公共法律服务同步评价等。许多 RCEP 成员国法律制度不甚完善，部分法律法规公开透明度有限，公众难以查阅，加之很少翻译为英文或者中文，公众所能查到的中文版大多已修改或失效，且目前我国法律服务网络尚不能面向全民随时随地提供全业务、全时空的法律服务，这增加了法律服务提供的障碍。二是涉外法治专业人才培养面临培养类型缺乏专业的规划与认知，针对性培养目标不明确，各高校未有效整合资源并搭建统一培养平台，培养方案的制定和实施过程缺乏实务指导等，导致精通 RCEP 各成员国配套法律制度的优秀法治人才及经验丰富的经贸合作法律顾问的培养和储备严重不足，无法提供相应平台对 RCEP 各成员国的配套法律进行研究与交流。

第五，区域全面经济伙伴合作争端解决机构缺失。区域争端解决机构是区域经济伙伴合作发展的标配，也是国际经贸合作发展到一定阶段的需要。运用法治思维和法治方式，建设具有国际影响力、体现国际化水平的争端解决中心，是我国及各相关省份深度推进 RCEP 及全面掌握主导权的重要举措。

二、涉外法律服务与法治建设的云南经验

上海、四川、广东、江苏等省市已开展如企业培训、人才遴选培育、案例编写、与沿线国家开展培训论坛等相关涉外法律服务水平提升工作，但实质化、成熟度及综合水平仍不理想。相对而言，云南在涉外法律翻译研究、涉外卓越法治人才培育、律所与商务厅系统的法律工作站等实体性机构的成立与运行、国家间的合作交流机制与联合执法经验、对企业的法律培训、案例收集整理、辐射南亚东南亚中心与自贸区法治建设、边境的法治化管理等方面的地方实践具有一定的优势。

一是将澜湄次区域经济合作纳入 2016 年立法工作计划，并已经实质推进面向南亚东南亚辐射中心的立法工作，相关部门积极提升法律服务水平。成立了中国贸促会（云南）南亚东南亚法律服务中心，与我国律师在南亚东南亚各国合建工作站、与省律师协会成立了南亚东南亚法律服务中心、与云南大学建立"中国—南亚法律人才培训基地"；2016 年 1 月"一带一路"研究院率先在云南大学成立，并在三年内先后升格为云南省"一带一路"研究院、获批建设教育部国别和区域研究中心，牵头发起成立中国高等教育学会"一带一路"研

究分会，同时与缅甸高校签署了战略合作协议，搭建了统一涉外法治人才培养平台；为了整合并搭建合作平台，2018 年 7 月省法学会依托云南民族大学成立了"云南省法学会澜湄合作法律研究会"；2017 年 4 月省政府发展研究中心与云投集团成立"一带一路"云南研究院，为省委、省政府提供决策咨询服务，为沿线国家及其社会各界提供研究咨询服务，为企业提供具有实操性的解决方案。省教育厅、中共云南省委政法委员会结合云南实际制定《关于卓越法治人才教育培养计划 2.0 的实施意见》，通过中外合作办学或国际交流项目等形式，推进与海外高校在学分互认、师生互换与互派等实质方面的协作，整合国内外的优质教学资源，打造联合培养涉外卓越法治人才教学平台。

二是已有多家律师事务所先后在缅甸、老挝、柬埔寨、泰国、越南等东盟十国成员国设立分支机构，为中国企业到东盟十国从事经贸活动提供了包括诉讼、合规培训、风险防范、政策法律翻译等核心法律服务，但在融入东道国法律服务市场过程中仍面临诸多挑战，尤其是人力、物力等方面，难以为企业在应对不同国家的法律制度环境、市场监管体制及复杂法律风险的过程中提供全面、充分的保障措施，成为限制更全面与高质量涉外法律服务得以提供的关键性因素。

三是多措并举提高涉外审判质效，加强专业化审判。以临沧市中级人民法院为例，临沧中院专设涉外涉边法律法规研究工作室，针对性收集、研究南亚东南亚国家法律法规及司法动态，并选编成册；配合云南省高院调研组深入边境地区开展涉外审判调研，与外办、公安、检察院、边防、边境村寨的相关人员举行座谈；编辑发行《临沧审判》（涉外涉边审判专辑）等。

三、以云南方案为参照构建 RCEP 法律服务支撑体系的建议

第一，在全面关联立法清理的基础上，尽快出台专门与针对性的地方立法。制定与启动 RCEP 配套立法政策专项清理与创制规划和行动计划，对于已经颁布并施行的与 RCEP 不相适应的国家及地方层面的法律法规政策进行清理，梳理并完善相关的法律法规政策文件。整合国内外国际经贸合作专业法律服务工作者，参与 RCEP 配套立法政策制定、规划设计和适用国际规则等工作，发挥政策法律咨询和参谋作用；积极参与区域经贸规则谈判、多双边投资

协定谈判，争取更加开放透明的国际经贸环境。根据立法分工与权限，结合 RCEP 的国别化、区域化、行业化、重点化、针对性等方面的关键需求，在合适的省份、领域和范围内出台地方性法规和政府规章。如边境省份可以效仿全国人大常委会修改《外资企业法》《中外合资经营企业法》《中外合作经营企业法》及《台湾同胞投资保护法》，决定对不涉及国家规定实施准入特别管理措施的企业，实行备案管理的做法，出台相应地方性法规和地方政府规章，进一步提升各省外商投资便利化水平，营造更加国际化、法治化的投资环境，进一步转变政府职能，提高行政效率。学习上海出台《上海市发展涉外法律服务业实施意见》《关于推进法治国企建设加强法律案件管理的实施方案（2020—2022 年）》的经验，为法律服务与法治建设提供强有力的、有针对性的政策支撑。

第二，分层分级分类完善国际经贸执法合作机制，提升区域经贸合作的执法保障水平。全面加强 RCEP 国别化、区域化、行业化、重点化、针对性等方面执法合作的分层分级分类统筹安排与实施工作，启动办理跨国案件扁平化对接机制建设，努力使每一起跨国案件都得到及时高效办理。完善省、州（市）、县三级公安国际警务合作机构和机制建设，尝试在沿边重点地区成立独立的国际执法安全合作机构。完善中、老、缅、泰四国湄公河执法安全合作机制，推动建立 RCEP 综合与专门执法合作中心，积极推动与其他国家警方间的合作机制建设。加大对边境地区开展执法合作的授权，建立边境地区公安机关与周边国家地方警务、边检（移民）、禁毒、边防、海关、检验检疫等执法部门对口合作机制。加强文化执法合作，强化文化市场监管，深入开展卫星电视地面接收设施等集中整治活动，打击非法文化产品流入和非法传教，构筑地区文化安全屏障。

第三，以法律服务的多元化需求为导向，有效提升法律服务质量。一要实质有效鼓励与整合律师事务所通过多种渠道与方式为 RCEP 各成员国提供多元多样法律服务，支持其他主体参与高质量法律服务供给，构建满足 RCEP 法律服务需求的多元一体法律服务主体体系、多措举并充分保障服务质量。政府及职能部门可通过政策引导，给予一定的经费支持、专业培训、税收等多方面支持，鼓励支持律所走出去开设分支机构，与国际知名律师和各成员国高端律所建立实质性法律服务合作；重点培育一批在经贸合作重点关键领域能提供核心与关键法律服务的律师事务所与律师。广泛吸纳各级各类商会、行业协会等社会力量进行对接与合作，完善调解规则和对接程序，发挥商事调解组织、行业调解组织专业化、职业化在高质量法律服务供给中的相对优势。二要借鉴国内外先进有益经验，进一步发挥现有法律服务平台的建设性作用。借鉴伦敦国际海事纠纷解决中心、粤港澳大湾区法律合作、上海发展涉外法律服务业等有效统筹国内法治、涉外法治与国际法治建设的成功经验，建立健全长期的稳定的研讨机制，消除律协、贸促会、律所、律师及其他平台基地间的沟通障碍与合作壁垒，加强各平台与主体间的协同合力；加强涉外审判、推动完善法治化、国际化、便利化的营商环境、强化法律研究基地建设和各类平台建设，吸引中外各方当事人的参与，提升法律服务的软实力和司法公信力，增强我国法律服务在 RCEP 区域国家及全球的竞争力。此外，还要及时开展 RCEP 的案例整理、专项法律研究、定期研讨会或沙龙、法规数据库创建、成立研究协会、初步建立公共法律服务体系等工作。

第四，以有效统筹国内法治、涉外法治与国际法治建设为指引，加快法律服务网络建设与人才培训。一要建立健全涉外法律服务平台网络建设，打造闭环式全链条法律服务。要利用大数据、物联网、移动互联网、云计算等新一代信息技术推动涉外法律服务模式创新，培育发展涉外法律服务网络平台，推进线上线下法律服务相结合；促进涉外法律服务业与会计、金融、保险、证券等其他行业之间开展多种形式的专业合作。商务主管部门、商会和相关行业协会搭建机构、企业间信息交流平台，发布对外经贸发展动态和涉外法律服务需求信息，把涉外法律服务作为境内外国际服务贸易展览会和经贸洽谈的重要内容予以推介。整合中国政府与外国政府网站、各类法律数据库、全球 RCEP 法律研究的信息，为涉外信息获取提供路径。通过"互联网+"的模式，广泛吸收 RCEP 成员国的仲裁员、法律专家、律师等法律职业者加盟。二要制度化、常态化规范化加强人才储备，着力培养一批 RCEP 法律服务需要的精通国别法与区域法及重点经贸合作行业或领域、能熟练运用外语、通晓域外文化的高素质涉外法律服务人才，全方位保障其发挥建设性作用。整合卓越人才培训基地、教育部国别研究基地与外语学院资源，结合《企业境外经营合规管理指引》的合法合规经营要求，把涉外律师、法务外交官、企业法务、政府职能与企业部门法务、专业教师等各类人才的培训纳入涉外卓越法治人才体系。将法治人才队伍建设纳入各省人才建设规划，并予以倾斜支持，完善法治人才激励机制，开辟法治人才引进绿色通道和有关部门、机构人员出入境政策，广泛吸引高端法治人才。大力引进高层次人才，为流动人才提供短期住房、教育培训、政策咨询、技术服务等工作生活保障。建设一批规模大、实力强、服务水平高的涉外法律服务机构，实现法院、仲裁机构、律师事务所、行业协会、高校、研究机构等部门与机构间的资源共享和信息畅通，构建综合性的 RCEP 法律服务人才培养机制与梯队。吸收大量的国内外懂当地语言、法律、经济的人才，以便接受法院的委托，就具体涉外民商事案件审判过程中的法律适用问题，尤其是外国法的查明问题作出建议。通过与 RCEP 各成员国政府、高校、科研机构等订立合作协议，搭建平台，建立广泛的网络联系等活动，为法律查明提供服务。按国别、行业、领域建立外国法专家库，为需要专家对外国法提供专家意见的政府机构、仲裁机构、司法机构和当事人等，提供人力支持。

第五，打造国际经贸规则创制与纠纷解决的综合话语权和影响力，尝试建立 RCEP 争端解决中心、各国法律查明中心与多元化纠纷解决机制。建立"RCEP 多元化纠纷解决机制"是 RCEP 国家间民心相通的重要举措，通过东方文化和东方经验来达成共识、解决纠纷、维系友好，提升我国的软实力与话语权。整合既有机制机构与资源等适时设立 RCEP 国际商事仲裁中心和国际商事调解中心，借鉴世界各国纠纷解决机制的经验，把调解中心设为常设调解机构，以调解的方式，独立、公正地帮助中外当事人解决商事纠纷，并与 RCEP 各成员国既有的争议解决机构搭建广泛的合作关系，共同服务于调解解决中外当事人的商事纠纷，通过调解方式解决的纠纷包括但不限于涉及各成员国的国际商事纠纷；建立纠纷解决告知制度、推动调解员、仲裁员和法律专家专业化建设，吸纳经贸合作重点关键领域的专业人才加入调解、仲裁员和法律专家队伍，利用仲裁和调解公平公正高效地处理国际经贸争端，为 RCEP 法律服务体系建设及统筹国内法治、涉外法治与国际法治建设积累经验。积极探索仲裁员名册的开放化、国际化，不断完善涉外仲裁的现代化规则，努力探索与国际接轨的国际商事仲裁和国际商事调解制度机制。各地法院要进一步完善仲裁司法审查工作，特别是涉及 RCEP 的案件，依法及时承认与执行涉外商事海事仲裁裁决和外国商事海事仲裁裁决，支持相关纠纷的仲裁解决。

参考文献

[1] 习近平.习近平向金砖国家政党、智库和民间社会组织论坛致贺信 [N].人民日报,2022-05-20 (01).

[2] 肖琬君,冼国明.RCEP 发展历程:各方利益博弈与中国的战略选择 [J].国际经济合作,2020,(02):12-25.

[3] 张天桂.RCEP:特点、问题与前景 [J].国际展望,2021,13 (02): 120-135+157-158.

[4] 刘红春,徐敏慧.“一带一路”倡议下涉缅卓越法治人才培养路径 [J].法学教育研究,2020,28 (01):158-174.

RCEP 背景下我国企业海外各行业投资法律风险的主要诱因与防控建议

刘红春①　　浦理斌②

通过对我国企业海外投资法律风险相关权威公开资料梳理与调研访谈发现，2013—2020 年至少发生法律风险事件 679 起，可确认的诱发原因累计 1690 项，其中 76% 的法律风险事件集中在亚太地区、拉丁美洲和非洲的采矿、建筑和能源（化石燃料和可再生能源）行业。在 1690 项诱因中，50% 涉及信息披露或环境影响评估不充分、侵犯土地权利、生计影响、侵犯劳工权利、污染和健康威胁；24% 涉及抗议、土著人民权益、殴打与暴力、安全/安保问题和冲突地区。相较于其他地区，亚太地区发生法律风险事件最多，共计 269 起，其中，发生最多的国家依次为缅甸 97 起、老挝 39 起、柬埔寨 34 起、印度尼西亚 25 起；法律风险事件主要集中在建筑、金属与采矿、可再生能源、能源（化石燃料）以及粮食、农业和畜牧业等行业；法律风险诱因主要涉及不充分的信息披露或环境影响评估、土地权利、劳工权利、生计影响和抗议等。非洲仅次于亚太地区，共计 181 起法律风险事件，其中，发生最多的国家依次为乌干达 27 起、肯尼亚 23 起、津巴布韦 23 起、刚果民主共和国 16 起；法律风险事件主要集中在金属与采矿、能源（化石燃料）、建筑、金融与银行、可再生能源以及食品、农业和畜牧业等行业；法律风险诱因主要涉及生计影响、信息披露和环境影响评估不充分以及侵犯劳工权利等。拉丁美洲最少，共计 177 起法律风险事件，其中，秘鲁 60 起、厄瓜多尔 39 起；主要集中于金属与采矿、建筑、能源（化石燃料）和可再生能源等行业；法律风险诱因主要涉及信息披露和环境影响评估不充分、土著人权利、生计影响、安全/安保问题、冲突地区、土地

---

①　刘红春，云南大学。

②　浦理斌，国谐律师（昆明）事务所。

权利、殴打与暴力、抗议等。在《区域全面经济伙伴关系协定》（RCEP）即将
生效的背景下，分类分层采取切实有效地精准法律措施，以对症用药、标本兼
治的方式防控各领域的投资法律风险显得尤为重要。

一、各行业法律风险的主要诱因

（一）金属与采矿

据统计，该行业共计发生法律风险事件 236 起，占总数的 35%，是最高危
行业，高风险国家以秘鲁、缅甸、厄瓜多尔为典型。从已发生法律风险事件来
看，该行业的主要诱发原因包括信息披露（67 起）、土地权利（58 起）、抗议
（55 起）、生计影响（54 起）、安全/安保问题与冲突地区（52 起）、殴打与暴
力（49 起）、污染与健康威胁（50 起）、土著人权利（43 起）、劳工权利（38
起）、工作场所的健康与安全（27 起）、获取水源（25 起）、任意拘留（24
起）。可以看出，除了信息披露、土地纠纷和生计影响等常见诱因外，在金属
与采矿行业，殴打与暴力、抗议、任意拘留、土著人权利以及采矿活动也给位
于冲突和高险地区的社区带来极大的风险。典型法律风险事件如在拉美和巴布
亚新几内亚经营的中资大型跨国矿业公司与当地社区有着旷日持久的冲突，在
加纳和缅甸的非法矿工涉嫌破坏当地社区的民生、污染环境等。尽管中国的矿
业协会，如中国五矿化工进出口商会作出了积极努力，但中国企业在将矿产供
应链尽责管理主流化方面仍然存在挑战，如行业协会的成员公司对相关指南的
认识度有限、指南的自愿性标准属性缺乏执行动力等。

（二）建筑

该行业共计发生法律风险事件 152 起，占总数的 22%，是位列第二的高风
险行业，高风险国家以缅甸、老挝、印度尼西亚为典型。从已发生法律风险事
件来看，该行业的主要诱发原因包括信息披露（60 起）、土地权利（58 起）、
生计影响（55 起）、土著人权利（25 起）、劳工权利（22 起）、抗议（21 起）、
生态系统与野生动植物（20 起）、污染与健康威胁（18 起）、安全/安保问题与
冲突地区（15 起）、殴打与暴力（15 起）。典型法律风险事件如印度尼西亚雅
加达—万隆高铁项目因财政和环境评估问题而停滞不前，中老铁路因农民搬迁

和生计损失补偿未解决而屡遭社区控诉，肯尼亚的标准轨距铁路项目及连接巴西和秘鲁的亚马孙河航道项目中的征地纠纷和缺乏自由事先知情同意，柬埔寨港口城市西哈努克造成致命倒塌事故的建筑工程项目，未经授权违规开发并造成环境破坏的斐济度假酒店项目等。此外，由于部分中国企业在项目招投标、合同履行、劳动权益保护、环境保护等方面的国内法律与国际法执行力度不够引发第三国制裁的法律风险事件同样存在。例如，在塞班岛承建赌场项目的几家建筑承包商（主要为国有或上市公司），因严重安全违规行为导致我国移民工人出现伤亡而被美国政府课以巨额罚款，但未见有公开记录显示这些存在明显不当行为的中国企业在国内受到惩治。

（三）能源（化石燃料）

该行业共计发生法律风险事件 118 起，占总数的 17%，是位列第三的风险行业，高风险国家以乌干达、缅甸、巴基斯坦为典型。从已发生法律风险事件来看，该行业的主要诱发原因包括信息披露（46 起）、污染与健康威胁（41 起）、生计影响（37 起）、土地权利（37 起）、气候变化（28 起）、劳工权利（13 起）、土著人权利（12 起）、安全/安保问题与冲突地区（12 起）、抗议（11 起）、殴打与暴力（11 起）。法律风险事件以中缅油气管道项目为典型，中国石油天然气集团有限公司在 2013 年回应了有关中缅油气管道的两项置评请求，但非政府组织就该公司在全球运营的项目总共向其发出过 11 次置评请求，大部分未获回应。在对中缅油气管道项目的回应中，中石油承诺"按照国际标准和规范实施项目"，并欢迎公众对公司的环境和社会绩效进行监督。然而，缅甸-中国管道观察委员会的一份报告显示，公司在建立明确的沟通和问责机制以推动与受影响社区更好地对话及有效应对公众关切方面仍有待改进。

（四）可再生能源

该行业共计发生法律风险事件 87 起，占总数的 13%，是位列第四的风险行业，高风险国家以缅甸、阿根廷、柬埔寨为典型。从已发生法律风险事件来看，该行业的主要诱发原因包括信息披露（34 起）、土地权利（33 起）、生计影响（29 起）、生态系统与野生动植物（23 起）、其他环境问题（21 起）、土著人权利（21 起）、安全/安保问题与冲突地区（9 起）、获取水源（9 起）。相较于其他能源行业而言，可再生能源行业对环境友好且污染更少这一特点在很大程度上是受到认可的，但是仍有数据显示，公众对该行业在生态系统、水资源管理、灾害风险等方面的环境影响尤为关切。例如，晶澳太阳能科技股份有限公司和其他数家在以色列运营的跨国公司违反国际法，参与了以色列实行的与能源有关的歧视性政策，导致部分巴勒斯坦人的搬迁问题；开发墨西哥尤卡坦州太阳能公园项目的晶科能源投资有限公司因没有获得受项目影响的土著社区的自由事先知情同意而败诉；在阿根廷，中国风能公司远景能源与当地社区发生过冲突。此外，2020 年的《可再生能源和人权基准评估》对全球 16 家最大的可再生能源公司的人权政策与实践进行了评估排名，三家中国企业（晶科能源、中国广核集团、中国电力建设集团）的得分均明显低于 22 分平均分（总分为 100 分）。

（五）金融与银行

该行业共计发生法律风险事件 72 起，占总数的 11%，是位列第五的风险行业，典型高风险国家有印度尼西亚、巴西、巴基斯坦（加纳、肯尼亚）。从已发生法律风险事件来看，该行业的主要诱发原因包括信息披露（38 起）、生计影响（31 起）、土地权利（22 起）、土著人权利（19 起）、气候变化（18 起）、污染与健康威胁（15 起）、其他环境问题（15 起）、生态系统与野生动植物（13 起）、获取水源（10 起）、抗议（8 起）、劳工权利（7 起）。如 2020 年中国工商银行从肯尼亚的拉穆煤电厂项目撤资，此前，当地社区持续请愿，肯尼亚环境管理局因项目环境和社会影响评估存在缺陷以及公众没有充分参与被起诉。此外，中国金融与银行业对法律风险指控的回应率较低，仅为 5%，而该行业的全球回应率是 63%。

（六）粮食、农业与畜牧业

该行业共计发生法律风险事件 61 起，占总数的 9%，是位列第六的风险行业，典型高风险国家有老挝、柬埔寨、缅甸。从已发生法律风险事件来看，该行业的主要诱发原因包括土地权利（23 起）、生计影响（20 起）、劳工权利（16 起）、殴打与暴力（13 起）、污染与健康威胁（13 起）、生态系统与野生动植物（12 起）、信息披露（12 起）、土著人权利（10 起）、工作场所的健康与安全（10 起）、抗议（9 起）。如从阿根廷的养猪场、加拉帕戈斯群岛沿岸的捕鱼船队到缅甸北部的香蕉种植园，不少中国企业的经营活动都曾被指控引发土地纠纷、侵犯劳工权利和造成环境破坏。此外，加纳、乌拉圭和斐济等国也有类似报道指控中国拖网渔船上的剥削和虐待行为。而巴基斯坦、伊朗、巴布亚新几内亚、利比里亚、索马里、厄瓜多尔、秘鲁、智利、哥伦比亚和乌拉圭等地的渔民甚至是当地政府有时也担心中国远洋捕鱼船队的过度捕捞会威胁到当地社区的民生。

（七）服装与纺织

该行业共计发生法律风险事件 23 起，占总数的 3%，是位列第七的风险行业，典型高风险国家有柬埔寨、南非、缅甸。从已发生法律风险事件来看，该行业的主要诱发原因包括劳工权利（22 起）、抗议（10 起）、工作场所的健康与安全（6 起）。虽然中国纺织工业联合会 2005 年出台《CSC9000T 中国纺织服装企业社会责任管理体系》（2018 年修订），引领了该行业的合规商业行为建设，并为在东南亚的中资工厂提供关于改善劳资关系和加强与利益攸关方沟通的能力建设培训。但从目前来看，缅甸等地的企业员工罢工问题仍较为突出。

综上所述，在所有的行业中，法律风险最常诱发原因分别为信息披露和环境影响评估不充分（211 起、占 31%）、侵犯土地权利（195 起、占 29%）、生计影响（190 起、占 28%）、劳工权利侵犯（126 起，占 19%）以及污染与健康威胁（125 起，占 18%）。其他诱因包括抗议、土著人权利、殴打与暴力、安全/安保问题与冲突地区、工作场所健康与安全等。

二、防控建议

以 RCEP 对各行业投资的最新合规要求与发展趋势为指引，从以下方面建立健全防控机制：

（一）建立健全申诉救济机制

（1）中国企业和金融机构应建立有效可行的行业化、类型化非司法申诉机制。一方面机制应合法、透明，具有可获得性、可预测性和平等性，并实现权利兼容；为环境维护者和权利受侵犯者及举报人等权利人建立强有力的保护机制。权利人应能根据不同的情况，如侵害行为的性质和个人偏好，寻求、获得和强制执行一系列补救措施。如中国纺织工业联合会在 2013 年发布的《中国纺织服装企业的申诉和申诉机制研究报告》中列出了中国纺织服装企业有效申诉机制的适用标准。另一方面，在最低限度上，机制应明确对公司造成或加剧的任何法律风险提供包括道歉、恢复原状、修复、财政或非赔偿和惩罚性制裁（刑事或行政，例如罚金）以及禁财政令或不再重犯的保证防止伤害等补救或在补救问题上进行合作。

（2）建立健全与负责企业监管的政府机构（如中国银行保险监督管理委员会）独立的行业协会申诉机制。如在金融行业建立此类机制，在个人、社区或其他相关方对中国企业在海外的经营和投资产生负面影响表示关切时，推动对话或开展调查。中国政府应加强司法和非司法机制建立健全，为企业侵犯人权行为提供有效的补救措施。中国驻东道国使馆也应考虑加强自身能力建设，建立接收和处理申诉的单位和机制。东道国可考虑要求公司为受影响的个人和民间社会组织建立便利的独立申诉机制。

（二）完善法律风险尽职调查机制

（1）企业应当完善以法律风险尽职调查及其风险防控为核心的合规管理体系。一是在开始项目运营、投资或采购之前，持续、定期识别和评估整个价值链上下游的实际和可能存在的法律风险。二是优先关注突出法律风险，采取包括改革业务和采购实践等措施防止和缓解负面影响，积极主动地与商业伙伴和供应商进行切实接触，并在必要时采取具体措施加大影响。三是通过在公司内部设立专业的沟通部门，邀请可能受影响的个人（特别是环境和人权维护者、妇女和土著人）、社区或代表他们的民间组织等利益攸关方和权利持有者参与尽责管理过程和补救的所有阶段，与其进行积极的接触和磋商，并妥善处理参与可能带来的风险。四是在受冲突影响地区经营或建立商业关系时，加强合规尽责管理，避免面临更大风险，避免成为其他相关方（如安全部队）严重侵犯人权行为的同谋，采取与风险等级相称的额外措施预防和缓解负面影响。

（2）充分发挥行业协会商会的引导和辅助等作用。纺织工业联合会、五矿化工进出口商会、对外承包工程商会、农业国际合作促进会、银行业监督管理委员会等行业协会应加强与各级律师协会的沟通合作，尤其是能源（化石燃料）和可再生能源行业的商（协）会应与律协合作制定国别化、行业化、类型化、主次化、分众化的行业的法律风险尽调、评估与防控指南，并通过遴选、培养或委托专业知识扎实、实务经验丰富的国别化、行业化、类型化、分众化的涉外法律服务人才为会员公司提供能力建设培训，加强指南的落实。另外，RCEP 成员国行业商（协）会应积极对接指南并制订行动计划，共同助力区域市场开放。

（3）加强政府的监督管理与国家间的合作监管机制。借鉴荷兰、法国和德国等的先进立法经验，通过立法明确相关政府及各职能部门应要求企业对包括海外项目在内的业务活动进行强制性完善以法律风险尽职调查及其风险防控为核心的合规管理体系建设；进一步授权中国驻东道国大使馆指派单位监督中国企业的依法合规商业行为，并为公司提供该领域的培训，促进公司与民间社会沟通；整合融通各职能部门的监测、统计、预警与惩戒机制。同时，加强与东道国政府的合作，构建强有力的监管机制。如应当在强制性法律风险尽职调查和全面影响评估方面进行协商与合作（包括与可能受影响的个人和社区进行切实磋商），并加强行业化、类型化双边协议的执行和落实。此外，还应加强涉外法治服务体系建设工作，遴选与培育一批国际一流的包括律师、智库专家、学者、律师事务所、智库、科研机构等在内的法律服务工作者与机构，为涉外企业提供专业全面的法律服务。

（三）加强透明度提升工作建设

（1）企业应当制定和实施强有力的机构政策，提升透明度和信息披露质量。政策应包括公布有关项目和投资在考察、实施和关闭/结束阶段相关信息的义务；开展严格、透明的法律风险评估，并确保社区和利益攸关方切实参与；以适当、可及的形式披露评估结果，以便利益攸关方有效地表达意见。在可能发生或实际发生法律风险的情况下，积极与受影响社区和民间社会接触与沟通，公开透明地通报法律风险防控计划和纠正措施，如在项目获批前的土地征用和移民安置计划等。

（2）银行和金融机构（包括政策性银行和商业银行）应参照亚洲基础设施投资银行和世界银行建立带有搜索功能、全面、实时更新的关于拟议和当前投资与项目的数据库。该数据库应涵盖项目的所有信息，如法律风险尽职调查与防控最终报告，以及其他应该公开与可以公开的信息，尤其是利益相关方关注特定项目时所需要的信息。证券交易所也应要求上市公司进行同等程度的信息披露。为确保中国企业遵守上述规定，中国政府应利用现有的强制性法律规定，在负责任商业行为承诺的基础上继续推进相关工作。适时制定"工商企业与人权国家行动计划"，指导各级立法和政策制定者将人权保障纳入包括国际经济合作在内的经济发展政策法规，并敦促国有和民营企业在负责任商业实践领域建设领导力方面采取行动。此外，要切实提升对非政府组织等主体专门针对企业的指控、质疑或询问的回应率、效率与质量。

（3）加强与东道国政府的合作。在有关国内外企业的采购、签订合同和发放许可证与执照的过程中，应帮助和促进东道国政府将行业化、类细化的信息披露和其他条件纳入所涉条款，以加强监管体系建设，确保投资企业依法合规经营，降低其非法经营行为对国家形象和其他软实力的负面影响。基于国企投资远超民企投资、国家战略投资高于商业投资这一现实，为更好更快更稳定地实现我国企业海外各行业战略投资目标，打造 RCEP 样板国，巩固扩大与美英日等国在各国各领域竞争博弈的相对优势，建议从营商环境、国家形象、大国博弈、地缘政治、周边外交、国家战略等宏观视角的高度，加强 RCEP 下我国企业海外各行业投资法律风险的防控整体性与国别化、行业化的顶层设计，精准战略布局，将金属与采矿、建筑、能源（化石燃料）、可再生能源、金融与银行、粮食、农业与畜牧业、服装与纺织等与 RCEP 相关的关键经贸合作领域的合规经营等纳入总体规划中，并在政府双边经贸协定、投资协定等谈判过程中统筹考虑，加强与东道国政府的沟通合作，签署与实质推进备忘录，为我国各行业企业"走出去"保驾护航。

参考文献

[1] 计金标等. 中资企业在印度发展报告（2021 年版）［M］. 北京：社会科学文献出版社，2021：13-15.

[2] 中国贸促会研究院.《中国企业对外投资现状及意向调查报告》［R］. 北京：中国贸促会研究院，2021.

[3] 刘红春. 协同共治：对缅投资系统性风险防控机制的发展［J］. 印度洋经济体研究，2021，(01)：110-127+155-156.

[4] Going Global" Responsibly：The Social, Environmental and Human Rights Implications of China's Global Investments［J/OL］. London：Business & Human Rights Resource Centre，2021.

总结与优化云南省的中缅劳务合作经验助力 RCEP 的人力资源支撑体系建设

刘红春①　徐敏慧②

调研发现，所有境外投资项目，包括拟议、即将实施、正在实施或已完成的项目，以及因公共压力、合同协议等问题被搁置的项目，都不可避免地经历过、正在面临或即将面临人力资源支撑体系不足的短板，而其根源在于人力资源支撑体系有效性、公平性与双赢性等不足。而人力资源支撑体系不足是招聘难、流动快、管理难、罢工多、骨干少、成本大等投资风险出现的重要诱因，应采取必要措施及时弥补不足，有效化解风险，从而充分发挥劳务合作体系在我国企业走出去、外籍劳动力走进来或引进来中的支撑性、建设性作用。因此，鉴于云南省在中缅劳务合作中的一些经验已经有效地助力了我国对缅投资的有序开展与推进，应适时总结云南省经验，助力 RCEP 的人力资源支撑体系的建设。

一、RCEP 的人力资源支撑体系建设短板

第一，国家与企业等对人力资源支撑体系的具体内容、目标与价值认知不清，导致 RCEP 的人力资源支撑体系建设的体系性不够。RCEP 的人力资源支撑体系建设的具体内容是政府宏观调控、市场公平竞争、单位自主用人、个人自主择业、人力资源服务机构诚信服务、社会力量参与、行业自律等组成的有机整体；目标是形成多元主体共建共治共享的支撑体系；价值是有效弥补投资支撑体系空白、加强国家宏观调控、减低与降低罢工等风险、缓解外派与外籍

① 刘红春，云南大学。
② 徐敏慧，国诰律师（昆明）事务所。

员工招聘管理培养中的压力、提升投资运转和回报效率，助力以中国速度、中国品质、中国制造为核心的国家形象的塑造与完善。但在企业层面，目前部分在 RCEP 成员国开展经贸合作的企业仅是以其招聘管理等内部微观角度对人力资源服务体系中的中介与培训服务等有所认知与诉求，缺乏对人力资源服务体系的整体性认知与重视，对企业战略发展帮助相对有限。在国家层面，虽然《人力资源服务业发展行动计划》《企业境外经营合规管理指引》等规定相继出台，从投资审批、投资规划、安全管理、监督管理、问责机制、风险评控、纠纷解决、合规管理及国别指南等涵盖财税金融、行业发展方面打造了较为全面、综合的人力资源服务体系支撑体系，构建了相对公平稳定、透明高效、监管有力、接轨国际的人力资源服务境外投资管理体制，但尚未出台专门性的 RCEP 人力资源支撑体系政策或指南，也未将其纳入 RCEP 推进工作、经贸合作的相关顶层设计之中，各涉 RCEP 职能部门亦未联合制定针对性政策。

第二，已开展的人力资源工作系统性不强，各工作主体的职责分工不清晰、协同性差，专业工作人才缺乏、工作效能亟待提升。一是在人力资源领域尚未与 RCEP 成员国、国际劳工等专业国际组织展开实质性合作，仅在局部有所进展，例如国内有关部门和企业与缅甸劳工部签署《中缅企业关于建立中缅职业技能培训合作协议》、云南一高校与缅甸驻昆明总领事馆签署《中缅人力资源服务框架协议》。二是未与 RCEP 成员国开展各行业或者整体的人力资源培训合作，例如公开资料显示目前我国与缅甸政府、高校、人力资源企业、工会等开展的人力资源培训工作基本属于空白，成效局限于职业教育领域。三是没有 RCEP 成员国单独与综合的人力资源论坛等专题会议。四是缺乏专业规范的劳务派遣公司与招聘中介。五是缺乏人力资源尽职调查与体检专项业务，缺乏高层次人力资源、翻译与法律人才。六是企业人力资源管理工作及成效参差不齐，例如在缅投资的中小企业很少单独设置专门的人力资源部门，基本都只设置专职的人力资源主管；虽然国有企业都设有专门人力资源部门，但专业能力与实际成效不足。七是企业内部人力资源培训工作战略性与专业性不足，尤其是没有将普通话培训作为常规内容，并纳入绩效考核。

第三，已经开展的人力资源支撑体系建设工作未能满足既有 RCEP 成员国的劳工立法的合法要求与外籍员工的合理诉求，人力资源工作与各类工会沟通渠道欠缺。以缅甸为例，公开数据显示，缅甸《劳工组织法》自 2012 年生效至今，在服装和纺织品、农业和重工业等行业已形成约 1200 个企业级工会；

2013 年 12 月，缅甸《职业和技能开发法》要求雇主必须向"技能开发基金"提供强制性捐款。诸如上述法律的要求，以及缅籍劳工在薪酬待遇、管理制度等方面的合理诉求，我国对缅投资中的劳务合作工作目前尚未能够系统化、专业化应对，也未能因地制宜地搭建好与各类工会的沟通渠道。而且，国际劳工组织通过对缅甸国内职业安全与卫生框架调查后发现，现行相关法律、法案及规章制度未与国际劳工组织的规定相匹配，虽已经向有关部门提出了修改建议，但也意味着现有人力资源工作如不能与时俱进，将面临更多新的困境。

第四，对入境外籍劳工工作的重要性、战略性等认识不够，统筹安排与协同联动不足。以缅甸为例，进一步加强中缅劳务合作是中缅深化经济合作、我方扩大对外开放和区域经济合作的必然要求。但绝大部分缅籍劳工由于文化水平低、缺乏专业技能，只能从事技术含量低、重体力劳动为主的低薪工作，如玉石加工、木材加工、建筑、摩托组装、洗车搬运、旅游业、仓储、物流、宾馆酒店、按摩保健、家政、餐饮、养殖、种植、环卫等劳动力密集型行业工作；还有一部分在农村从事季节性务农工作；而有一定文化基础并有一技之长的缅籍劳工主要从事商贸、缅语翻译、管理以及技术工人等收入较高的工作。总体而言，虽务工领域越来越多，行业覆盖面越来越广，但相应的管理与服务工作却相对滞后。

二、以云南省中缅劳务合作经验助力 RCEP 的人力资源支撑体系建设的建议

第一，转变与深化国家与企业等对 RCEP 的人力资源支撑体系内容、目标与价值的认知，加强顶层合作以补齐 RCEP 系统性布局的短板。基于国企投资远超民企投资、国家战略投资高于商业投资这一现实，为更好更快更稳定地实现战略投资目标，打造"一带一路"与 RCEP 样板国，巩固扩大与美、英、日等国在各国各领域竞争博弈的相对优势，建议从营商环境、国家形象、大国博弈、地缘政治、周边外交、国家战略等宏观视角的高度，加强 RCEP 的人力资源支撑体系整体性与国别化顶层设计，精准战略布局，将人力资源建设纳入"一带一路"与 RCEP 等关键经贸合作领域总体规划中。在政府双边经贸协定、投资协定等谈判过程中统筹考虑人力资源问题，妥善解决外籍员工和派驻管理人员与技术工人间的关系；加强与各国各级劳动部门、工会的沟通合作，签署

与实质推进备忘录，互通相关劳动法律政策信息。构建政府主导、企业自主、商会等社会组织和公众共同参与的各利益主体协同合作体系，充分发挥政府、市场与社会等的作用，形成多元主体共建共治共享的人力资源支撑体系，助力以中国速度、中国品质、中国制造为核心的国家形象塑造和完善。以上述各政策及《企业境外经营合规管理指引》对经贸合作中人力资源合规的硬性要求为契机，出台国别化"经贸合作人力资源管理指导意见"，适时细化涵盖电力、石油、纺织业、建筑等重点行业的"经贸合作人力资源管理指导意见"。

第二，科学统筹与整合涉及 RCEP 的人力资源支撑体系建设工作的政府及职能部门、经贸合作企业、人力资源服务企业、商会、高校等主体职责分工与各项工作，提升人力资源工作的协同效应与效率。一是鼓励与支持各职能部门与主体将既有人力资源合作协议推向实质化与高质量发展阶段，例如《中缅企业关于建立中缅职业技能培训合作协议》《中缅人力资源服务框架协议》等，适时在各重点投资领域和各国政府及行业组织谈判签订《人力资源服务协议》及专门培训的细化协议。二是借鉴卢森堡帮助缅甸开办关于旅游业的人力资源培训班，日本国际协力机构与缅甸工商联合总会合作开设缅甸－日本人力资源培训机构，并在曼德勒和仰光设立人力资源开发中心，特别是计划与商业领域专业人才培训的科目及班级等有益经验，与各国政府、高校、人力资源企业、商会、工会等合作开设培训机构、开展 RCEP 各类经贸合作急需人力资源培训工作，培训各类人才，提升职业培训质量，并提供相应学历教育。三是以中国人民大学劳动人事学院主办的全球人力资源论坛的经验为指引，鼓励该学院及其他行业组织或职能部门与国际劳工组织，各国商会、工会、企业、高校等合作适时召开 RCEP 人力资源论坛等专题会议。四是以上海商务部门向社会集中采购面向上海市企业的"对外投资合作公共服务培训班"经验为借鉴，要求与鼓励政府职能部门等通过购买集课程开发、培训、实战型师资与专家团队、指导与帮扶业绩等经验的涉外人力资源服务企业为 RCEP 各类经贸合作提供专业人力资源培训服务。五是强制要求国有企业开展人力资源尽职调查与体检专项业务，鼓励民营企业开展同样工作，引进与订单式培育高层次人力资源、翻译和法律等工作人才。六是以《企业境外经营合规管理指引》《人力资源服务业发展行动计划》《人力资源市场暂行条例》为指引，加强国有与民营企业的人力资源部门设置工作，通过培训与实践提升这些部门及工作人员的专业与前瞻管理能力。七是参考部分投资企业借力孔子学院为员工开展普通话培训、举办汉语等级考试，并将此纳入员工绩效考核、工资奖励、职位升迁等经验，在所有已经在成员国开展经贸合作的企业中积极推广以外籍员工自愿和适度为原则的同样工作。

第三，及时开展法律政策、纠纷解决规则、工会与员工诉求调研工作，并据此编制与选配法治培训、纠纷防治、工会与员工沟通的课程，及时有效回应法律、规则、员工、工会的合理诉求，妥善应对非法要求。首先，遴选与培训 RCEP 的高层法律人才与团队开展法律政策与纠纷解决潜明规则的梳理与撰写工作，以有效应对依据新旧法律提出的合法与非法诉求。其次，委托我国或国际性非政府组织对 RCEP 成员国工会及其他关注或参与过中资企业罢工的非政府组织进行全面调研，并按照政治与经济诉求为标准进行分类，分别建立针对性的沟通交流平台和机制，协同倡议出台符合国际人权标准、国际劳工组织标准与成员国实情的各行业薪酬福利制度及动态调整机制，以有效防止过度与超前的维权型罢工的出现，同时制定重点联络组织、负责人或关键人清单，在工会与员工中设立信息员。再次，开发涵盖企业人力资源管理链各个环节的课程体系，例如跨文化沟通与融合、文化差异和融合、跨境派驻、薪酬个税、工时休假、解雇保护、就业歧视、强迫劳动、职业安全、隐私保护、反性骚扰、工会组织、罢工风险及防范、企业社会责任、劳资关系、国际人才培养与发展等；以中国纺织工业联合会社会责任办公室主导的"推进中资企业社会责任与劳资关系专题培训走进缅甸、柬埔寨"系列培训为参照，开发与开展更实质有效的专题培训；培育专业辅导教师并鼓励与支持其参与撰写不同类型的人力资源管理模式指南。接着，企业要编制科学的人力资源规划体系、优化员工招聘管理、完善培训效果评估、推动培训成果转化、创新科学绩效管理体系、构建符合成员国国情的激励机制、建立健全国际化的薪酬体系等。最后，要强化有关职能部门的 RCEP 人力资源市场培育职责，明确市场活动规范，综合运用信息公示、随机抽查、国家标准、行业自律等监管手段，确保 RCEP 各成员国的人力资源市场的活力与秩序。

第四，提高政治站位积极融入和服务国家战略统筹规划，把云南昆明打造成向全国输送缅籍劳动力的枢纽，扩大合法正规引入缅籍劳动力的渠道和途径，制定吸收缅甸高层次人才和优质劳动力的移民管理新政策，规范缅籍劳动力就业市场，大力开展职业教育培训。在 RCEP 的人力资源支撑体系建设中，云南要积极主动融入和服务国家互利共赢的开放战略，坚持维护国家安全、促进睦邻安邦友好、服务和管控并重、推进法治化国际化的原则，大力践行新时期周边外交方针政策，先行先试，敢于担当作为，同时做好相关安全风险的评估和防范工作，为 RCEP 的人力资源支撑体系建设积累与提供有益地方案。积极探索缅籍劳动力通过云南昆明进入我国内地务工的方式和途径，为其提供必要政策支持，规范相关程序，将昆明市打造成为向我国内地大规模输送缅籍劳动力的枢纽。为保证入境缅籍劳工的基本素质，探索在境外设立人才招聘和劳动力培训机构，允许省内企业到缅甸重点城市和地区设立人才招聘机构和职业培训机构；允许国内企业在边境一线城市设立职业培训机构，招收缅籍人员进行职业培训并安排专业实习。在仰光、曼德勒等高校集中的城市探索以招收研修生的形式，为国内企业招聘高素质劳动力。探索在境外建立为国内特别是沿海地区企业招聘和培训劳动力的劳务互联网，通过线上线下相结合的方式，将企业招聘信息和境内外人员的组织、流动安排结合起来，减少因国内企业变动造成入境缅籍劳工失业滞留境内的概率。此外，加快推进滇西科技师范学院、澜湄国际职业学院等职业院校建设，及时总结人力资源培育经验。可以参考和借鉴云南民族大学致力于种好澜湄国际职业学院、澜湄职业教育基地（目前已在中缅、中越、中老边境口岸设立了 8 个培训基地，在缅甸、老挝、柬埔寨三国建立 3 个培训基地，为湄公河国家提供了 4 万余人次的专业技术人才培训）、澜湄职业教育联盟、澜湄国际合作研究院、澜湄国际干部学院这"五颗蓝莓"，宽领域、多层次促进澜湄区域人力资源开发合作，打造面向南亚东南亚职业教育人才培养辐射中心和澜湄区域现代职业教育新标杆的经验做法。

参考文献

［1］张彦. RCEP 区域价值链重构与中国的政策选择——以"一带一路"建设为基础［J］. 亚太经济，2020，（05）：14-24+149.

［2］蔡静雯，赵曙明，赵宜萱. 全球投资、新技术与创新人力资源管理实践——第十届（2020 年）企业跨国经营国际研讨会综述［J］. 改革，2021，（04）：146-154.

［3］董良坤. 人力资源服务业诚信共治：框架逻辑与实现路径［J］. 中国行政管理，2021，（04）：46-51.